D1667006

Schriften zum Bio-, Gesundheits- und Medizinrecht

Herausgegeben von
Prof. Dr. Marion Albers
Prof. Dr. Ivo Appel
Prof. Dr. Ulrich M. Gassner
Prof. Dr. Henning Rosenau

Band 21

Marion Albers (Hrsg.)

Bioethik, Biorecht, Biopolitik

Eine Kontextualisierung

Nomos

Gedruckt mit Unterstützung der Fritz Thyssen Stiftung.

Fritz Thyssen Stiftung
für Wissenschaftsförderung

Die Deutsche Nationalbibliothek verzeichnet diese Publikation in
der Deutschen Nationalbibliografie; detaillierte bibliografische
Daten sind im Internet über http://dnb.d-nb.de abrufbar.

ISBN 978-3-8487-3209-8 (Print)
ISBN 978-3-8452-7573-4 (ePDF)

1. Auflage 2016

Vorwort

Die folgenden Beiträge beruhen auf Ausarbeitungen im Anschluss an die erste Fachtagung des Hamburg Center for Bio-Governance, die sich mit dem Thema „Bioethik, Biorecht, Biopolitik – eine Kontextualisierung" auseinandergesetzt hat. Auf der interdisziplinär zusammengesetzten Tagung ging es um mehrere Ziele: Hintergründe, Implikationen und Charakteristika von Bioethik, Biorecht und Biopolitik sollten vertiefend geklärt und kontextualisiert werden. Dazu wurden gerade auch Überlegungen einer Disziplin zu einer anderen eingebracht. Darüber hinaus standen besonders markante gemeinsame Schlüsselprobleme, zum Beispiel der Umgang mit Wissen, Ungewissheit und Nichtwissen oder Konfliktbewältigungs- und Legitimationsmechanismen im Falle fundamentaler Wertdivergenzen im Mittelpunkt der Diskussionen. Nicht zuletzt ging es um Möglichkeiten und Grenzen inter- und transdisziplinärer Zugänge auf die mit dem „Bio-" umrissenen Problemfelder. Die Beiträge der hier vorliegenden Publikation sind bis Ende Januar 2016 ausgearbeitet worden.

Für das vorliegende Buch haben Stefanie Pitschmann und Kerstin Diop die Manuskripte der Beiträge formatiert und vereinheitlicht. Raoul-Darius Veit hat bei der Erarbeitung des Sachverzeichnisses wesentlich mitgewirkt. Darüber hinaus danke ich der Fritz-Thyssen-Stiftung sowohl für die großzügige Förderung der Tagung, die deren Durchführung ermöglicht hat, als auch für den Druckkostenzuschuss für die Veröffentlichung dieses Buches.

Hamburg, im März 2016   *Marion Albers*

Inhalt

Bioethik, Biopolitik, Biorecht: Grundlagen und Schlüsselprobleme

Marion Albers

I. Einleitung

„Bioethik", „Biopolitik" und zunehmend auch „Biorecht" sind relativ neuartige, teilweise schnell popularisierte Leitbegriffe, die sich herausgebildet und mittlerweile mehr oder weniger fest etabliert haben. Die Konstitution, Verwendung und Entwicklung solcher Leitbegriffe lassen sich als gesellschaftliche Semantiken verstehen[1], mittels derer gesellschaftliche Vorgänge oder Erwartungsstrukturen überhaupt erst zugänglich, beobachtet, beschrieben oder gebündelt werden und die ihrerseits als gesellschaftliche Phänomene und Einflussfaktoren beobachtbar sind, so dass zirkuläre und reflexive Relationen entstehen.[2] Diesen groben Ausgangspunkt kann man noch vielschichtig auffächern, zum Beispiel unter Berücksichtigung der Ausdifferenzierung gesellschaftlicher Teilsysteme wie Wissenschaft, Politik und Recht, vor dem Hintergrund der Pluralität epistemischer Regime oder mit Blick auf unterschiedliche Praxen. Die Beiträge in dem hier vorliegenden Buch dienen vor allem der Analyse der Wechselbezüge und des Zusammenspiels zwischen Bioethik, Biopolitik und Biorecht, die sich als anregend und weiterführend erweist.

Die folgenden Überlegungen gehen zunächst den Grundlagen, der jeweiligen Genealogie und einer Kontextualisierung von Bioethik, Biopolitik und Biorecht nach (Punkt II.). Danach widmen sie sich den Möglichkeiten, den Grenzen und dem Mehrwert eines Zusammenspiels, insbesondere disziplinärer Offenheit und inter- oder transdisziplinärer Zugänge (Punkt III.). Im Anschluss daran werden einige markante Schlüsselprobleme aufgezeigt, die Bioethik, Biopolitik und Biorecht gleichermaßen betreffen: die Globalisierung

---

1 Zum Begriff der Semantik und zu den damit verbundenen theoretischen Problemen vgl. *Luhmann*, Gesellschaftliche Struktur und semantische Tradition, in: ders., Gesellschaftsstruktur und Semantik I, 1. Aufl., 1980, S. 9 (9 ff., 19); *Stichweh*, Semantik und Sozialstruktur, in: Tänzler/Knoblauch/Soeffner (Hrsg.), Neue Perspektiven der Wissenssoziologie, 2006, S. 157 (159 ff.); s. außerdem *Koselleck*, Begriffsgeschichte und Sozialgeschichte, in: ders. (Hrsg.), Historische Semantik und Begriffsgeschichte, 1979, S. 19 (19 ff.).

2 Vgl. auch *Koselleck*, „Neuzeit", in: ders., Vergangene Zukunft: Zur Semantik geschichtlicher Zeiten, 2. Aufl., 1992, S. 300 (300 ff.).

und Fragen nach der Universalisierbarkeit bestimmter Grundwerte (Punkt IV.1.), Beschreibungen und Bewertungen der in bestimmtem Umfang konvergierenden Techniken (Punkt IV.2.), Wissen, Ungewissheit und Nichtwissen (Punkt IV.3.) sowie sich wandelnde Konfliktmuster und adäquate Entscheidungsverfahren (Punkt IV.4.). Der Ausblick verweist auf den Nutzen inter- und transdisziplinärer Kooperationen und auf Weiterentwicklungserfordernisse (Punkt V.).

II. Bioethik, Biopolitik und Biorecht: Genealogie und Kontextualisierung

1. Bioethik

Die „*Bioethik*" kann man von ihrer Genese her als einen der maßgeblichen Beiträge zur Renaissance normativer Ethik einordnen. Ende des 19./Anfang des 20. Jahrhunderts führten mathematisierte Naturwissenschaften und Positivismus sowie die gesellschaftliche Säkularisierung und Pluralisierung zu einer „Grundlagenkrise der normativen Ethik".[3] Im wissenschaftlichen Kontext führte dies dazu, dass man sich auf formale[4] und theoretische Fragen oder auf Meta-Beobachtungen von Moral und Ethik fokussierte. Zum Teil sah man Metaperspektiven als einzig sinnvolle Zugänge zu moralischen Angelegenheiten an. Der Bereich der Medizinethik grenzte sich gegen solche Strömungen ab, indem er schon traditionell dadurch geprägt war, dass man moralisch-ethische Herangehensweisen nicht allein mittels theoretisch hergeleiteter Prinzipien, sondern mit Blick auf objektivierbare Interessen und Bedürfnisse in praktischen Fallkonstellationen herauszukristallisieren versuchte.[5] Allerdings musste die überkommene medizinische Ethik, die im Wesentlichen eine ärztliche Ethik war, ihrerseits auf den Wandel reagieren, den zum einen die zunehmende Arbeitsteilung im Gesundheitswesen, zum anderen der medizinische und der technische Fortschritt mit sich brachte.[6] Breit diskutierte Themen, die Debatten um eine „neue" problemadäquate Ethik auslösten, waren die künstliche Befruchtung, die Herztransplantation oder die Lebensverlängerung aufgrund maschineller Unterstützung. Im Wissenschaftssystem spiegelten sich diese Herausforderungen an die Ethik unter anderem in der Gründung

---

3 *Düwell/Steigleder*, Bioethik – Zu Geschichte, Bedeutung und Aufgaben, in: dies. (Hrsg.), Bioethik, 2003, S. 12 (12).

4 Zur Formalisierung der Ethik und zu ihrer Trennung von Metaphysik und Naturerkenntnis *Siep*, Der Philosoph in der Ethik-Kommission, in: Toellner (Hrsg.), Die Ethik-Kommission in der Medizin, 1990, S. 93 (94 f.).

5 Vgl. *Toulmin*, How medicine saved the life of ethics, Perspectives in Biology and Medicine 25 (1982), 736 ff.

6 Vgl. auch *Schramme*, Bioethik, 2002, S. 10.

des Institute for Society, Ethics, and the Life Sciences im Jahre 1969 wider (heute: Hastings Center).[7] Kurze Zeit später wurde „bioethics" in der Literatur als wissenschaftliche Disziplin bezeichnet.[8] Gegenüber der gewohnten Medizinethik zeichnete sich die Bioethik durch ein breiteres Themenspektrum, durch die Einbeziehung weiterer Akteure des Gesundheitswesens und vor allem durch die Reflektion in und mit der Öffentlichkeit aus. Hinzu kamen einflussreiche Denkansätze, etwa die Figur der „Prinzipien mittlerer Reichweite".[9] Diese Figur wurde über das Feld der Biomedizin hinaus populär. Der Prinziplismus und seine Ergebnisse haben eine Kaskade von Anschlussüberlegungen, Zustimmungen und Kritik ausgelöst.[10] In der Folgezeit hat das neue Feld der „bioethics" oder „Bioethik" eine rasante Karriere gemacht.

Zum einen haben sich die erfassten Bereiche schnell ausgedehnt. Heute wird der Begriff Bioethik in verschiedener Weise verwendet.[11] Schließt man mit Blick auf die etymologische Wurzel „bíos" Bezüge auf alles Lebende ein, bezeichnet Bioethik denjenigen Teilbereich der Ethik, der sich auf moralische Probleme im Umgang mit Lebensphänomenen bezieht.[12] Dieses weite Verständnis erfasst Fragen des Umgangs mit Menschen, insbesondere in existentiellen Situationen von Gesundheit, Leben und Tod, ebenso wie Fragen der Beziehungen zu Tieren, etwa in der Tierhaltung oder der Tierreproduktion, oder Fragen der grünen Biotechnologie. Einwände lauten, dass Biomedizin-, Tier- und Umweltethik mit ihren Charakteristika differenziert werden müssten und dass der Begriff der Bioethik seine Leistungskraft verlöre, wenn er ganz verschiedene Bereichsethiken bündelte.[13] Bei einem engeren Verständnis

---

7   *Callahan*, The roots of bioethics, 2012, S. 7 ff.; s. auch übergreifender *Jonsen*, The Birth of Bioethics, 1998, S. 3 ff.

8   Zur Debatte *Callahan,* Bioethics as a Discipline, in: Hastings Center Studies, 1973, 66 ff.; *Jonsen* (Fn. 7), S. 325 ff.

9   S. *Beauchamp/Childress*, Principles of Biomedical Ethics, 7. Aufl. 2013, s. hier insbes. S. 404: „Neither general principles nor paradigm cases adequately guide the formation of justified moral beliefs in some circumstances. Instead of a top-down or bottom-up model, we support a version of a third model, usually referred to as „reflective equilibrium".

10 Statt vieler s. *Quante/Vieth*, Welche Prinzipien braucht die Medizinethik?, in: *Düwell/Steigleder* (Fn. 3), S. 136 ff.; *Steigleder*, Kasuistische Ansätze in der Bioethik, in: *Düwell/Steigleder* (Fn. 3), S. 152 ff. Vgl. außerdem *Birnbacher*, Welche Ethik ist als Bioethik tauglich?, in: Ach/Gaidt (Hrsg.), Herausforderung der Bioethik, 1993, S. 45 (51 ff.).

11 *Ach*, Bioethik und Biopolitik, in diesem Band, S. 41 ff.; s. auch *Spranger*, Recht und Bioethik, 2010, S. 5 ff.

12 Etwa *Birnbacher* (Fn. 10), S. 46; s. auch *Düwell*, Bioethik. Methoden, Theorien und Bereiche, 2008, S. 23 und passim.

13 Vgl. etwa *Schramme* (Fn. 6), S. 9.

dreht sich die Bioethik um den Menschen.[14] Dabei gibt es unterschiedliche Akzentuierungen. Teilweise richtet man die Aufmerksamkeit auf medizinische Praktiken und konzentriert sich darauf, medizinethische Prinzipien und Regeln angesichts eines neuen sozialen Umfelds angemessen weiterzuentwickeln; Bioethik erscheint als biomedizinische Ethik. Allerdings gehen markante gesellschaftliche Entwicklungen über das Feld der Medizin hinaus: Beispiele sind der Fortschritt und die Konvergenz der Bio-, Gen-, Neuro- und Informationstechniken, die „Entgrenzung" von Gesundheit, Krankheit und Medizin oder das „Enhancement". Mit Szenarien der Herstellung von Mensch/Tier-Chimären oder weitreichender Mensch/Maschine-Konstruktionen verschwimmen zudem Konstitution und Grenzen des Menschen. Der Fokus der Bioethik muss gerade auch diese Phänomene einschließen. Bioethik greift insofern aus und erfasst im Ergebnis ein breites Spektrum an Themen, die in bestimmtem Umfang wiederum aufgefächert werden müssen. Dieses Spektrum reicht von der Gestaltung des Ärztinnen/Patienten-Verhältnisses oder der Forschung unter Berücksichtigung veränderter Rahmenbedingungen[15] über Analysen des Wandels des Krankheits- und des Gesundheitsverständnisses[16] oder der Technisierung und Technikfolgenabschätzungen[17] bis hin zu Chimären, Cyborgs und Biofakten[18] oder zu Fragen des Enhancements[19]. Was man wie einbezieht, hängt nicht zuletzt von den gewählten Metaperspektiven, Analysekriterien und Erkenntnisinteressen ab.[20] Binnendifferenzierungen und Grauzonen sind im Übrigen keine Beeinträchtigung der Leistungskraft, sondern Teil der reflexiven Komponente des Begriffs.

Zum anderen hat sich die Bioethik in unterschiedlichen Kommunikationsnetzen verankert und sich insoweit jeweils zwar mit Wechselbezügen, aber auch relativ eigenständig entwickelt. *Johann Ach* bezeichnet sie als „Sammelbegriff für eine Mehrzahl miteinander zusammenhängender, sich im Detail aber doch erheblich unterscheidender *bioethischer Praxen*"[21]. Dabei zeigt er Unterschiede nicht nur mit Blick auf Aufgaben, Arbeitsweisen, Rahmenbe-

---

14 Zur Diskussion mit unterschiedlichen Ansichten *Ach* (Fn. 11), S. 42 f.; *Callahan,* Bioethics as a Discipline, in: Hastings Center Studies, 1973, S. 66 ff.; *Schramme* (Fn. 6), S. 9.
15 Übergreifend und unter Berücksichtigung neuer Fragen s. *Lenk/Duttge/Fangerau* (Hrsg.). Handbuch Ethik und Recht der Forschung am Menschen, 2014.
16 S. die Beiträge in *Viehöver/Wehling* (Hrsg.), Entgrenzung der Medizin, 2011.
17 Als Überblick s. die Beiträge in *Bogner* (Hrsg.), Ethisierung der Technik – Technisierung der Ethik. Der Ethik-Boom im Lichte der Wissenschafts- und Technikforschung, 2013.
18 Dazu etwa *Irrgang*, Posthumanes Menschsein?, 2005.
19 Dazu ewa *Heilemann*, Anthropologie und Ethik des Enhancements, 2010.
20 *Düwell/Steigleder* (Fn. 3), S. 24 ff.
21 Mit nachfolgenden Erläuterungen *Ach* (Fn. 11), S. 43 ff. (Hervorh. im Orig.).

dingungen, Erwartungen oder Produkte, sondern auch mit Blick auf die Formen ethischer Tätigkeit oder auf die Bedingungen der Anerkennung von Gründen als „gute Gründe" auf. Als wissenschaftliche Disziplin ist Bioethik ein Teilbereich der normativen Ethik[22], in dem man auf der Basis bestimmter theoretischer Ansätze und Perspektiven moralische Normen, Prinzipien oder Werte begründet oder analysiert, Argumente und deren Geltungsbedingungen untersucht oder kritisiert und für richtig gehaltene Normen in eine bestimmte gesellschaftliche oder institutionelle Realität zu vermitteln versucht.[23] Sofern es zu ihren Aufgaben gehört, Zusammenhänge und Vernetzungen herzustellen und die Ergebnisse mehrerer Wissenschaften einzubinden, verlangt sie aus sich heraus nach Interdisziplinarität.[24] Bioethik als Beratung umfasst verschiedene Formen einer institutionalisierten Ethik-Beratung, die darauf zielt, Entscheidungsfindungsprozesse in Politik, Forschung oder Kliniken bei bestimmten moralischen Fragen methodisch und strukturell zu unterstützen.[25] Nicht zuletzt zählen öffentliche Diskurse und Auseinandersetzungen mit bioethisch relevanten Problemen zur bioethischen Praxis.[26] Bereits von ihrer Genese her kennzeichnet es sie, dass sie, im Unterschied zur traditionellen Arztethik, „keine Standes- oder Berufsethik mehr"[27] ist, sondern „als öffentliche Reflexion über medizinisches Handeln verstanden" wird.[28] Die Entwicklungen der modernen Bio-, Gen-, Neuro- und Informationstechniken führen noch weit darüber hinaus zu breiten gesellschaftliche Debatten. Insofern hat die Bioethik ihre Bedeutung auch als kommunikatives Netzwerk in der Gesellschaft.[29] Wechselspiele zur Biopolitik und zum Biorecht liegen damit auf der Hand.

---

22 Kritisch zur Bezeichnung „angewandte Ethik" *Gehring*, Bioethik als Form – Versuch über die Typik bioethischer Normativität, in: Finkelde/Inthorn/Reder (Hrsg.), Normiertes Leben. Biopolitik und die Funktionalisierung ethischer Diskurse, 2013, S. 229 (231 f.).
23 *Ach* (Fn. 11), S. 44, 47 f.; s. weiter *Ach/Runtenberg*, Bioethik: Disziplin und Diskurs, 2002, bes. S. 54 ff.; *Brand/Engels/Ferrari/Kovács*, Die Herausforderungen der Bioethik – zur Einführung, in: dies. (Hrsg.), Wie funktioniert Bioethik?, 2008, S. 11 ff.
24 S. nur *Potthast*, Bioethik als inter- und transdisziplinäre Unternehmung, in: Brand/Engels/Ferrari/Kovács (Fn. 23), S. 255 (256 ff.).
25 *Ach* (Fn. 11), S. 45; s. weiter *Ach/Runtenberg* (Fn. 23), bes. S. 138 ff.
26 *Ach* (Fn. 11), S. 44 f..
27 *Ach/Runtenberg* (Fn. 23), S. 16.
28 *Ach/Runtenberg* (Fn. 23), S. 16.
29 Vgl. auch *Ach*, Bioethik – Eine Einführung, in: Martin (Hrsg.), Am Ende – die Ethik ?, 2002, S. 100 (103 ff.); *Düwell/Steigleder* (Fn. 3), bes. S. 17 ff.

2. Biopolitik

Das Paradigma der „*Biopolitik*" hat sich nicht im Zusammenspiel und in Auseinandersetzung mit der „Bioethik" entwickelt. Frühe Verwendungsweisen finden sich in organizistischen Staatskonzepten und später in rassistischen Argumentationsmustern.[30] Als ein in die Tiefe greifendes analytisches Konzept führte dann Michel Foucault den Begriff der „Biopolitik" in seinen Arbeiten ein, um eine Zäsur in politischen Praktiken zu markieren, die er im Übergang zwischen Ancien Régime und modernem Staat verortete. Souveränitätsmacht und Biomacht werden als verschiedene Machtmechanismen gegeneinander abgegrenzt: Während Machtbeziehungen unter dem Souveränitätsparadigma durch Zugriffs- und Entzugsmöglichkeiten gekennzeichnet sind, die Güter, Dienste, Arbeit und nicht zuletzt das Leben der Untertanen erfassen, werden sie, so Foucault, seit dem 17. Jahrhundert zunehmend von einer neuen Machtform geprägt: die Biomacht, die darauf zielt, das Leben zu disziplinieren, produktiv zu machen, zu verwalten und zu bewirtschaften. Die Logik der Souveränitätsmacht, „sterben zu *machen* und leben zu *lassen*"[31], werde im modernen Staat ergänzt um eine genau umgekehrte Macht: die Macht, leben zu „machen" und sterben zu „lassen".[32] „Bio-Politik" bezeichnet „den Eintritt des Lebens und seiner Mechanismen in den Bereich der bewußten Kalküle und die Verwandlung des Macht-Wissens in einen Transformationsagenten des menschlichen Lebens".[33] Foucault identifiziert zwei durch ein Bündel von Zwischenbeziehungen verbundene Pole. Dazu gehörten zum einen die Disziplinarmacht und Disziplinartechnologien, die sich seit Beginn des 17. Jahrhunderts im Rahmen bestimmter Institutionen wie Armee, Schulen oder Fabriken entwickelt hätten und die auf die Dressur und Überwachung menschlicher Körper, auf deren Einbindung in ökonomische Nutzenkalküle und auf die Erzeugung der benötigten „Arbeitskraft" abzielten. Hinzu komme zum anderen die Bio-Politik der Bevölkerung, die darauf ausgerichtet sei, die Bevölkerung mit den ihr eigenen Phänomenen wie Geburten- und Sterblichkeitsrate, Gesundheitsniveau oder Lebensdauer der Individuen zu kontrollie-

---

30 Dazu *Lemke*, Eine Analytik der Biopolitik. Überlegungen zu Geschichte und Gegenwart eines umstrittenen Begriffs, Behemoth. A Journal on Civilisation 2008, 72 (73 ff. m. w. N.), hier dann auch zu den unter dem Stichwort „biopolitics" firmierenden heterogenen biologistischen, etwa neodarwinistischen oder soziobiologischen, Ansätzen.

31 *Foucault*, Der Wille zum Wissen. Sexualität und Wahrheit I, 1. Aufl., 1983, S. 162 (Hervorh. im Orig.).

32 *Foucault*, In Verteidigung der Gesellschaft, in: Folkers/Lemke (Hrsg.), Biopolitik. Ein Reader, 2014, S. 88 (90 und 96). Diese Perspektive verknüpft Foucault u. a. mit Überlegungen zu den Bedingungen der Möglichkeit und den Funktionen eines gesellschaftlich verbreiteten Rassismus, vgl. ebda., S. 104 ff.

33 *Foucault* (Fn. 31), S. 170.

ren und zu regulieren.[34] In der Kombination von disziplinierender Reglementierung und bevölkerungspolitischer Regulierung sieht Foucault eine entscheidende Voraussetzung sowohl für die Durchsetzung des Kapitalismus, „der ohne kontrollierte Einschaltung der Körper in die Produktionsapparate und ohne Anpassung der Bevölkerungsphänomene an die ökonomischen Prozesse nicht möglich gewesen wäre"[35], als auch für die Konstitution des modernen Staates und bestimmter Machtmechanismen. Später stellt er Zusammenhänge zwischen der Biopolitik und Liberalismus her.[36] Foucault hat seine Grundüberlegungen im Laufe der Zeit selbst weiterentwickelt. Seine Arbeiten sind jedoch unabgeschlossen geblieben.[37] Das Potential der Arbeiten Foucaults liegt vor allem darin, dass er elementare Kategorien wie Körper, Leben und Tod als Orte der Macht markiert und die Durchdringung ihrer historischen und aktuellen Entwicklung vor dem Hintergrund einer Genealogie der Macht ermöglicht hat.[38]

Mittlerweile hat sich der Begriff „Biopolitik" in verschiedenen Kontexten weiterentwickelt und in verschiedenste Richtungen aufgefächert.[39] Analyseebenen, Ausgangsannahmen und Erkenntnisinteressen sind ebenso breit und heterogen wie die Themenfelder. Zum einen gibt es im Anschluss an Foucault eine Reihe von Ansätzen, die den grundlegenden analytischen und konzeptionellen Anspruch teilen, aber zu eigenständigen Ausarbeitungen gelangen. In diesem Sinne wird das Paradigma der Biopolitik beispielsweise im Kontext einer erneuerten Kapitalismuskritik, in den Gender Studies, den Postcolonial

---

34 *Foucault* (Fn. 31), S. 166 ff.
35 *Foucault* (Fn. 31), S. 168. Anschaulich dazu *ders.*, Die Geburt der Sozialmedizin, in: Schriften in vier Bänden, Band III, 2003, S. 272 (275): „[D]er Kapitalismus, der sich Ende des 18. Jahrhunderts und Anfang des 19. Jahrhunderts entwickelt, hat zunächst einmal ein erstes Objekt vergesellschaftet: den Körper, seine Funktion als Produktiv- oder Arbeitskraft. Die Kontrolle der Gesellschaft über die Individuen wird nicht nur über das Bewusstsein oder durch die Ideologie, sondern ebenso im Körper und mit dem Körper vollzogen. Für die kapitalistische Gesellschaft war vor allem die Bio-Politik wichtig, das Biologische, das Somatische und das Körperliche."
36 *Foucault*, Die Geburt der Biopolitik. Geschichte der Gouvernementalität II, 2006, s. insbes. S. 41 ff.
37 Dazu etwa *Folkers/Lemke*, Einleitung, in: dies. (Fn. 32), S. 11 ff. Zur Unabgeschlossenheit von Foucaults Überlegungen zu Biopolitik sowie zu den verschiedenen Strängen s. auch *Pieper/Atzert/Karakayali/Tsianos*, Biopolitik in der Debatte – Konturen einer Analytik der Gegenwart mit und nach der biopolitischen Wende, in: dies. (Hrsg.), Biopolitik – in der Debatte, 2011, S. 11 ff.
38 Vgl. im Einzelnen zum analytischen Potenzial und zu den Grenzen des foucaultschen Konzeptes *Pieper/Atzert/Karakayali/Tsianos* (Fn. 37), S. 7 ff.
39 Einen einführenden Überblick hierzu gibt *Lemke*, Gouvernementalität und Biopolitik, 2. Aufl., 2008, S. 13 ff.

Studies oder den Governmental Studies,[40] aber auch in Analysen zu Technologien des Selbst[41] eingesetzt. Betrachtet man diese wissenschaftlichen Diskurse aus einer Metaperspektive, hat der Begriff „Biopolitik" wegen des weiten Spektrums theoretischer Konzepte, die in die biopolitische Semantik einbezogen werden, zwar kaum noch Konturen, verhilft aber jeweils zur Entwicklung neuer Perspektiven.

Zum anderen taucht der Begriff Biopolitik als Komplementärbegriff oder als Gegenchiffre zur Bioethik auf. In Reaktion auf die bioethischen Debatten in der Gesellschaft beschreibt er das Erfordernis, gesellschaftliche Herausforderungen und Folgen biotechnologischer oder biomedizinischer Entwicklungen in der Politik zu bearbeiten und zu regulieren.[42] Gelegentlich bündelt er einfach nur verschiedene Positionen, die dazu vertreten werden.[43] Mehr Tiefe gewinnt der Begriff, wenn Biopolitik auf die Charakteristika der Politik zugeschnitten und insofern gegen Bioethik abgegrenzt wird. Ihr Kern dreht dann nicht um die „Richtigkeit" von Entscheidungen, sondern um Prozesse der Konsensfindung und Dissensbewältigung, um die Legitimität von Verfahren oder um Mechanismen der Machtausübung. In politikwissenschaftlichen Untersuchungen ist „Biopolitik" heute eines der anregendsten Referenzgebiete für weiterführende Erkenntnisse zur Rolle des Staates als biopolitischer Akteur[44], zu den spezifischen Konflikt-, Diskurs- und Regulierungsmechanismen[45], zu Legitimationsproblemen oder zu den Mustern und Folgen der Globalisierung, etwa im Bereich der assistierten Reproduktion oder mit Blick auf die Kommodifizierung und Vermarktlichung des Körpers unter den Bedin-

---

40 Vgl. den Überblick in *Pieper/Atzert/Karakayali/Tsianos* (Fn. 37), S. 14 ff. Zu den auch über den akademischen Diskurs hinaus bekannten Erörterungen zählen etwa *Hardt/Negri*, Empire. Die neue Weltordnung, 2002, bes. S. 37 ff.; *Agamben*, Homo Sacer. Die souveräne Macht und das nackte Leben, 2002; *Agamben*, Ausnahmezustand, 2004, bes. S. 7 ff., 101 ff.

41 Als Beispiel *Hirseland/Schneider*, Biopolitik und Technologien des Selbst: zur Subjektivierung von Macht und Herrschaft, in: Rehberg/Deutsche Gesellschaft für Soziologie (Hrsg.), Die Natur der Gesellschaft, 2008, S. 5640 (5644 ff.); vgl. auch *Feuerstein/Kollek*, Vom genetischen Wissen zum sozialen Risiko: Gendiagnostik als Instrument der Biopolitik, Aus Politik und Zeitgeschichte B 27/2001, 26 (31 ff.).

42 Vgl *van den Daele*, Einleitung: Soziologische Aufklärung zur Biopolitik, in: ders. (Hrsg.), Biopolitik, Leviathan Sonderheft 23/2005, 7 ff.

43 Vgl die Beiträge in *Geyer* (Hrsg.), Biopolitik. Die Positionen, 2004; und in *Bundeszentrale für politische Bildung* (Hrsg.), Gentechnik – Biopolitik, Aus Politik und Zeitgeschichte, B 27/2001.

44 Vgl. *Kauffmann/Sigwart*, Biopolitik im liberalen Staat – Einleitung, in: dies. (Hrsg.), Biopolitik im liberalen Staat, 2011, S. 9 ff.

45 Dazu anregend *Martinsen*, Der Mensch als sein eigenes Experiment? Bioethik im liberalen Staat als Herausforderung für die Politische Theorie, in: Kauffmann/Sigwart (Fn. 44), S. 27 (39 ff.).

gungen globaler Märkte[46]. In sämtlichen Hinsichten können sich nicht nur Bezüge zur Bioethik, sondern auch zum Biorecht ergeben.

3. Biorecht

Im Unterschied zu Bioethik und Biopolitik ist das *„Biorecht"* noch nicht etabliert. Der Begriff taucht bislang nur vereinzelt, freilich – insbesondere bei einem Blick auf das Ausland („biolaw", „bio-droit" oder „biogiuridica") – zunehmend auf.[47] Gegen die etablierten Beschreibungen „Medizinrecht"[48] und „Gesundheitsrecht"[49] wird das Biorecht abgegrenzt. Dabei gibt es jedoch Überschneidungen und die Kriterien sind weder einheitlich noch in Gestalt einer scharfen Abgrenzung formuliert.

Das „Biorecht" hat sich ursprünglich allerdings auch nicht aus einer intradisziplinären Abgrenzung oder aus rechtsintrinsischen Überlegungen heraus

---

46   Etwa *Schneider*, The Body, the Law, and the Market. Public Policy Implications in a Liberal State, in: Albers/Hoffmann/Reinhardt (Hrsg.), Human Rights and Human Nature, 2014, S. 197 ff. S. außerdem *Gehring*, Kann es ein Eigentum am menschlichen Körper geben? – Zur Ideengeschichte des Leibes vor aktuellem biopolitischem Hintergrund, in: Schürmann (Hrsg.), Menschliche Körper in Bewegung, 2001, S. 41 ff.; *Kauffmann*, Gattungspolitik: Der menschliche Körper als globales öffentliches Gut, in: Kauffmann/Sigwart (Fn. 44), S. 135 ff.

47   Etwa bei *Rosenau*, Reproduktives und therapeutisches Klonen, in: Amelung/Beulke/Lilie/Rosenau/Rüping/Wolfslast (Hrsg), Strafrecht – Biorecht – Rechtsphiliosophie, FS Schreiber, 2003, S. 761 (761); *Spranger* (Fn. 11), S. 53 ff. Aus der ausländischen Literatur s. z. B. *Neirinck* (Hrsg.) De la bioéthique au biodroit, 1994; *Nielsen*, From Bioethics to Biolaw, in: Mazzoni (Hrsg.), A Legal Framework for Bioethics, 1998, S. 39 ff.; *Zatti*, Towards a Law for Bioethics, in: Mazzoni, a.a.O., S. 53 ff.; *Palazzani*, Introduzione alla bio-giuridica, 2002; *Beyleveld/Brownsword*, Human dignity in Bioethics and Biolaw, 2004; *Duprat*, Le biodroit, un phénomène global sans principe unificateur?, Journal International de Bioéthique 15 (2004), 45 ff.; *Andorno*, First Steps in the Development of an International Biolaw, in: Gastmans/Dierickx/Nys/Schotsmans (Hrsg.), New Pathways For European Bioethics, 2007, S. 12 ff.; *Vidalis*, Meeting Darwin: The Gradual Emergence of Biolaw, JIBL Vol. 6 (2009), 221 ff.; *Palazzani*, Biolaw, in: ten Have (Hrsg.), Encyclopedia of Global Bioethics, 2014, S. 1 ff.; aus Law and Literature-Perspektive s. die Beiträge in *Carpi* (Ed.), Bioethics and Biolaw through Literature, 2011. Vgl. auch die Analyse und Zusammenstellung bei *Poland*, Bioethics, Biolaw, and Western Legal Heritage, http://repository.library.george-town.edu/handle/10822/556902.

48   Das Medizinrecht umfasst typischerweise eher traditionsreiche Materien wie das Arzt- und Berufs-, Krankenhaus- und Apothekenrecht, Patientenrechte, das Recht der Gewebe- und Organtransplantation oder Regelungen zur medizinischen Forschung.

49   „Gesundheitsrecht" ist eine übergreifende, eher im öffentlichen Recht eingesetzte Kategorie, die neben den Feldern des „klassischen" Medizinrechts zusätzlich vor allem das gesamte Recht der Krankenversicherung einschließt.

entwickelt. Vielmehr ist der Begriff – Stichwort „Bioethics and Law"[50] – im Anschluss an und in Abgrenzung gegen die bioethischen Debatten entstanden. Die Themen der Bioethik wurden in juristischen Zusammenhängen zu Gegenständen eines Biorechts. In der Sache hat man es zu Beginn überwiegend als eine komplementäre juristische und damit gegebenenfalls rechtsverbindliche Fortentwicklung ethischer Prinzipien oder Lösungen verstanden.[51] Bioethik und Biorecht sind danach intrinsisch miteinander verbunden.[52] Biorecht gilt als neuer Begriff, der das Feld der Bioethik mit demjenigen des Rechts in der Absicht kombiniert, juristische Antworten auf bioethische Dilemmata zu geben[53] sowie konsentierte Prinzipien und Praktiken der Bioethik in das Recht zu übernehmen, damit dessen Sanktionen zur Verfügung stehen[54]. Später ist die Beziehung zur Ethik allerdings auch als kontrahente Relation beschrieben worden. Danach sind Ergebnisse der Ethik in der pluralen Gesellschaft immer ihrerseits plural und heterogen, die Selektionsmechanismen, die bestimmte Ergebnisse herausrücken, aus Sicht des Rechts unzureichend legitimiert und spezifisch rechtliche Lösungen angemessener.[55] Ethische Argumente seien ohnehin nicht mehr als das, was das Recht mit mehr Rationalität in elaborierten Abwägungsmodellen abarbeite.

Das Wechselspiel zwischen Bioethik und Biorecht muss sich aber komplexer gestalten als in diesen unterschiedlichen Entweder/Oder-Positionen. Das wird gerade mit der zunehmenden Verrechtlichung der neuen biotechnischen und biomedizinischen Komplexe deutlich. Die assistierte Reproduktion und Fragen des Umgangs mit Embryonen werden mittlerweile im Embryonenschutzgesetz oder in Fortpflanzungsmedizingesetzen reguliert[56]; genetische Daten und Informationen sind Gegenstand des Gendiagnostikgesetzes; bei Biobanken gibt es in manchen Ländern Spezialgesetze[57]; „Patente auf Leben"

---

50 Statt vieler und mit einem Überblick *Broekmann*, Law and Bioethics, Rechtstheorie 28 (1997), 1 ff.; *Capron/Michel*, Law and Bioethics, Loyola of Los Angeles Law Review 1993, 25 ff.

51 Mit partiellen Modifikationen etwa *Rendtorff/Kemp*, Basic Ethical Principles in European Bioethics and Biolaw Vol. I, 2000, S. 17 ff., 143 ff., 341 ff.

52 *Carpi*, Introduction, in: dies. (Fn. 47), S. 5. „Bioethics and biolaw are intrinsically connected [...]."

53 *Carpi* (Fn. 52), S. 5.

54 *Kemp/Rendtorff/Johanssen* (Eds.), Bioethics and Biolaw Vol I: Judgment of Life, 2000, S. 246.

55 S. z. B. die Auseinandersetzung mit unterschiedlichen Ansätzen zum Verhältnis zwischen Bioethik und Recht bei *Ashcroft*, Could Human Rights Supersede Bioethics?, Human Rights Law Review 2010, 639 ff. m. w. N.

56 Rechtsvergleichende Analysen bei *Jofer*, Regulierung der Reproduktionsmedizin, 2015.

57 S. dazu *Albers*, Rechtsrahmen und Rechtsprobleme bei Biobanken, MedR 2013, 483 (483).

werden europarechtlich und nationalstaatlich geregelt[58], und auf völkerrechtlicher Ebene geben die Biomedizin-Konvention des Europarates und ihre Zusatzprotokolle bestimmte Rechtsmaßstäbe vor[59]. Diese Verrechtlichung bedeutet, dass die Herausforderungen, die die gesellschaftlichen, biomedizinischen und biotechnischen Entwicklungen mit sich bringen, im Rechtssystem auf der Basis bestimmter Rechtstexte und Rechtsbegriffe bearbeitet werden, die nicht einfach eine Transformation bioethischer Denk- oder Lösungsmuster sind, sondern im Gegenteil mittels spezifisch rechtlicher Herangehensweisen verstanden und weiterentwickelt werden. Dennoch griffe es zu kurz, wenn man meinte, man könne sich nun vollständig auf das Recht und auf konventionelle juristische Methoden konzentrieren. Denn „Biorecht" zeichnet sich dadurch aus, dass man in Abhängigkeit von den im Fokus stehenden Themenfeldern, Problemen und Erkenntnisinteressen Hintergrundannahmen und Grundkonstruktionen des Rechts, die man bisher als relativ selbstverständlich gegeben vorausgesetzt hat, mitreflektieren und ganz neu konzipieren muss. Über genuin rechtliche Perspektiven hinaus müssen daher im Biorecht komplexe Bezüge und Wechselspiele aufgebaut werden: zu den Technik-, Medizin- oder Biowissenschaften[60], aber auch zur Ethik, zur Soziologie oder zu den Politikwissenschaften. Gegenüber der Bioethik ist das Biorecht somit relativ eigenständig und gerade deshalb müssen die Rezeptions- und Reflektionskraft des Rechts wachsen.

Bei den Themenfeldern gibt es ähnliche Abgrenzungsschwierigkeiten und Grauzonen wie bei der Bioethik und der Biopolitik. Sind mit Rücksicht auf den Grundbegriff „Leben" die „grüne Biotechnologie" und der Umgang mit Tieren einzubeziehen oder erscheint es sinnvoller, den Fokus im Grundsatz auf Menschen zu richten? Kerngehalte des Biorechts drehen sich zumindest auch um Existenz, Leben und Gesundheit des Menschen, dies insbesondere unter dem Aspekt eines „management of life" im Sinne zweckgerichteter Interventionen in „natürliche" Funktionen.[61] Auch für das Biorecht gilt, dass es von den gewählten Metaperspektiven, Analysekriterien und Erkenntnisinteressen abhängt, welches Feld man wie einbezieht, und dass Binnendifferenzierungen und Grauzonen keine Beeinträchtigung der Leistungskraft, sondern Teil der reflexiven Komponente des Begriffs sind.

---

58   Näher *Albers*, „Patente auf Leben", JZ 2003, 275 ff.
59   Ausf. zur Biomedizin-Konvention *Albers*, Die rechtlichen Standards der Biomedizinkonvention des Europarats, EuR 2003, 801 ff.
60   Nach *Chen* beschreibt „Biolaw" alle Bereiche des Rechts, die durch die Biowissenschaften und eine entsprechende Interdisziplinarität geprägt sind, s. *Chen*, Biolaw: Cracking the Code, Kansas Law Review, Vol. 56 (2008), http://www.law.ku.edu/publications/lawreview/pdf/01-Chen_Final.pdf.
61   *Vidalis,* Gradual Emergence (Fn. 47), S. 222, hier auch zu den Schwierigkeiten der Abgrenzung.

Im Recht und als Teil des Rechtssystems konstituiert sich Biorecht ebenso wie die Bioethik in unterschiedlichen Kommunikationsnetzen, die das Bild noch einmal auffächern. Im Bereich der Rechtswissenschaft ist Biorecht ein besonderes wissenschaftliches Referenzgebiet, wenn nicht sogar mittlerweile ein eigenständiger intradisziplinärer Teilbereich.[62] Rechtswissenschaft kann weit über die Rechtstexte oder über die Analyse und methodische Kritik von Gerichtsentscheidungen hinausgreifen und sich etwa mit Grundlagen des Rechts oder mit interdisziplinären Projekten befassen. In der wissenschaftlichen Annäherung wird besonders deutlich, dass „Biorecht" ein Feld ist, das schnell in grundlegende Fragen führt. Wie ist das rechtliche Verhältnis zwischen Mensch und Körper zu beschreiben? Wo liegen Grenzen des Menschen und inwieweit kann man außerhalb des Körpers liegende Umwelten oder Mensch/Maschine-Kombinationen mitdenken[63], um Grundrechtssubjekte zu beschreiben oder juristische Zurechnungskonstruktionen zu begründen? Wie lassen sich – insbesondere vor dem Hintergrund gendiagnostischer oder neurowissenschaftlicher Entwicklungen und Ergebnisse – Freiheit, Selbstbestimmung oder Identität denken?[64] Kann man im Strafrecht beispielsweise weiterhin mit der Figur des Schuldprinzips arbeiten?[65]

Gegen die Rechtswissenschaft mit ihren Aufgaben und Arbeitsweisen lassen sich unter anderem Rechtsetzung und Rechtsprechung als relativ eigenständige institutionelle Kontexte abgrenzen. Rechtsetzung produziert in bestimmten Verfahren gesetztes Recht in Gestalt von Rechtstexten. Auch hier ist das „Biorecht" ein Feld, in dem schnell klar wird, dass es nicht allein darum geht, neue Fragen rechtlich zu regulieren, sondern auch darum, die Bedingungen der Möglichkeit und die Adäquanz bisheriger Regulierungsmechanismen mitzureflektieren. Wie lässt sich beispielsweise eine nationale Regulierung vor dem Hintergrund globaler Angebote für assistierte Reproduktion, Körperteile oder Sterbehilfen sinnvoll gestalten? Sollen die gewohnten Verfahren um

---

62 Zu den Indikatoren für eine neue Teildisziplin zählt etwa *Pauly*, Die Entstehung des Polizeirechts als wissenschaftliche Disziplin. Ein Beitrag zur Wissenschaftsgeschichte des öffentlichen Rechts, 2000, S. 1 ff., eine eigenständige Erfassung und Systematisierung, die Ausarbeitung abgrenzender Charakteristika, gesonderte Vorlesungen, gesonderte Lehrbücher oder eigenständige Fachzeitschriften.
63 Vgl. etwa *Clark*, Natural-Born Cyborgs, 2003, S. 3 ff.
64 Zu Freiheit und Selbstbestimmung vgl. die kontroversen Beiträge in *Geyer* (Hrsg.), Hirnforschung und Willensfreiheit, 2004. Zur Identität vgl. im Kontext von Gehirn-zu-Gehirn-Schnittstellen *Trimper/Wolpe/Rommelfanger*, When "I" becomes "We": ethical implications of emerging brain-to-brain interfacing technologies, frontiers in Neuroengineering (Vol. 7) 2014, Article 4, 1 (3): „Might one´s concept of the self yield to a new, communal sense of identity?"
65 Vgl. zu den Debatten im Strafrecht die Beiträge in *Hillenkamp* (Hrsg.), Neue Hirnforschung – neues Strafrecht?, 2005; und in *Schleim/Spranger/Walter* (Hrsg.), Von der Neuroethik zum Neurorecht?, 2009.

Ethikräte oder neue Bürgerbeteiligungsformen ergänzt werden und wie verhalten sich solche Institutionalisierungen zu den normativen Demokratie- oder Repräsentationsprinzipien?[66] Inwieweit kann man bei biorechtlichen Regulierungen an bisherige Muster des Medizinrechts anschließen, sind Figuren, wie sie aus dem Umweltrecht bekannt sind, sinnvoll und braucht man mit Blick auf die Grundlagenfragen unter Umständen ganz neue dogmatische Konstruktionen?[67] Die Produkte der Rechtsetzung sind Prüfungs- und Entscheidungsmaßstab für die Rechtsprechung, die man als einen wiederum relativ eigenständigen institutionellen Kontext beschreiben kann: Gerichte haben als neutrale Instanz an sie herangetragene Fälle in vorgegebenen Verfahren letztverbindlich zu entscheiden. Bindungswirkungen von Normen, Gerichtsverfahren mit ihren Strukturmerkmalen, der Fallbezug mit all seinen Implikationen und Entscheidungszwänge sind somit maßgeblich für die in diesem Rahmen stattfindende Rechtskommunikation. Trotz der grundsätzlichen Bindung an Normen kann sich die Rechtsprechung in methodisch zulässigem, mehr oder weniger weitreichendem Umfang vom Alltagsverständnis bestimmter Begriffe ebenso lösen wie von ursprünglichen Intentionen der Rechtsetzungsinstanzen. Unter Umständen müssen die Gerichte Konflikte entscheiden, die rechtlich nicht, gegebenenfalls: noch nicht, reguliert sind. Anschaulich wird ihre Bedeutung zum Beispiel mit Blick auf die Entscheidung des Bundesgerichtshofs in Strafsachen zur Präimplantationsdiagnostik, nach der der Einsatz einer bestimmten Diagnosemethode nicht unter die Straftatbestände des Embryonenschutzgesetzes fällt und die eine neue Debatte mit dem Ergebnis eines neuen Gesetzes ausgelöst hat.[68] Ein weiteres Beispiel sind die Gerichtsentscheidungen zur Frage, welcher Status einem Kind nach deutschem Recht zuzuerkennen ist, wenn eine – in Deutschland verbotene – Leihmutterschaft im Ausland in Anspruch genommen und das Kind dort nach ausländischem Recht den Wunscheltern zugeordnet worden ist.[69] Hier zeigt sich, dass Gerichte, vor allem in grund- und menschenrechtlichen Verfahren, nicht selten in die Rolle von Akteuren rücken, die zu bestimmten Lösungen gelangen, die

---

66   Dazu, auch zu den verschiedenen Ebenen und Formen, *Albers*, Die Institutionalisierung von Ethik-Kommissionen: Zur Renaissance der Ethik im Recht, in: Ruch (Hrsg.), Recht und neue Technologien, 2004, S. 99 (99 ff.; bes. 105 f.). Ausf. zu den rechtlichen Problemen *Ammann*, Medizinethik und medizinethische Expertengremien im Licht des öffentlichen Rechts, 2012, S. 319 ff. S. noch Punkt IV. 4. dieses Beitrags.
67   Dazu *Albers*, Risikoregulierung im Bio-, Gesundheits- und Medizinrecht, in: dies. (Hrsg.), Risikoregulierung im Bio-, Gesundheits- und Medizinrecht, 2008, S. 9 ff.; *Gruber*, Bioinformationsrecht, 2015.
68   BGHSt 55, 206 (210 ff.), sowie das nachfolgende Gesetz zur Regelung der Präimplantationsdiagnostik – Präimplantationsdiagnostikgesetz v. 21. 11. 2011, BGBl I 2228.
69   S. dazu die Leitentscheidung des Bundesgerichtshofs in Zivilsachen aus dem Jahr 2014, Az. XII ZB 463/13, abrufbar unter http://www.bundesgerichtshof.de.

wiederum Regulierungserfordernisse auslösen oder vorantreiben. Auch an dieser Stelle landet man bei einer Reihe von Grundsatzfragen, bei denen rechtliche Konzeptionen auf verschiedenen Ebenen neu durchdacht werden müssen.

„Biorecht" wird sich künftig weiter verankern. Wechselspiele mit der Bioethik und mit der Biopolitik können zu dieser Etablierung beitragen, weil das Recht auf diese Weise lernen und sich weiterentwickeln kann.

4. Fazit

„Bioethik", „Biopolitik" und „Biorecht" haben ihre je eigene, unter bestimmten Aspekten aber auch teilweise miteinander verflochtene Genealogie. Mit ihren spezifischen Bezügen sind sie relativ eigenständig etabliert. Gerade deshalb kann eine Zusammenführung der jeweiligen Ergebnisse zu bestimmten Themen ebenso anregend sein wie eine Analyse der Perspektiven auf- und der Erkenntnisse übereinander oder ein inter- und transdisziplinäres Vorgehen.

III. Möglichkeiten eines Zusammenspiels

Da Bioethik, Biopolitik und Biorecht unterschiedliche Praxen bündeln[70], hängt es vom Kontext und von der jeweils institutionalisierten Form des Zusammenwirkens ab, wie sich das Zusammenspiel jeweils gestaltet. In klinischen Zusammenhängen sieht es anders aus als in parlamentarischen Verfahren oder in der Politikberatung, hier etwa in Berichten oder Stellungnahmen von Ethikräten.[71] Im Wissenschaftssystem lauten die Stichworte: prinzipielle Disziplinarität, disziplinäre Offenheit, Interdisziplinarität und Transdisziplinarität.

Die wissenschaftliche Praxis prägt, dass wissenschaftliche Kommunikationszusammenhänge im Ansatz durch die Ausdifferenzierung verschiedener Disziplinen gekennzeichnet sind.[72] Diese sind teilweise, wie zum Beispiel die

---

70   Näher Punkt II. dieses Beitrags. Die früher oft verwendete Unterscheidung von Theorie und Praxis ist zu grobschlächtig, als dass man mit ihrer Hilfe die verschiedenen Kommunikationsnetzwerke angemessen beschreiben könnte.

71   Übergreifende Überlegungen dazu etwa bei *Weber-Hassemer*, Wie finden ethische Erwägungen Eingang in politische Entscheidungsprozesse?, in: Brand/Engels/Ferrari/Kovács (Hrsg.), Wie funktioniert Bioethik?, 2008, S. 303 (304 ff.).

72   In sozial- und wissenschaftsgeschichtlicher Rekonstruktion *Stichweh*, Zur Entstehung des modernen Systems wissenschaftlicher Disziplinen, 1984. Vgl. auch *Mittelstraß*,

Rechts- oder Politikwissenschaften, auf bestimmte funktionale Teilsysteme der Gesellschaft zugeschnitten.[73] Innerhalb des Wissenschaftssystems haben sich Disziplinen durch die Entwicklung jeweils eigener Erkenntnisinteressen und -perspektiven, Methodiken, Publikationsmuster oder Reputationsmechanismen weiter verfestigt. Disziplinarität zählt insoweit zu den Strukturmerkmalen und Selbstbeschreibungen des Wissenschaftssystems. Disziplinenspezifische Sehweisen und Kommunikationszusammenhänge führen einerseits zu einer besonderen Leistungsfähigkeit. Arbeitsteilung, je eigene Perspektiven und fokussierte Problembearbeitung zählen zu den Gründen der Dynamik des jeweiligen wissenschaftlichen Fortschritts. Andererseits entstehen disziplinenspezifische Erkenntnisgrenzen und disziplinäre Verengungen. Da „sich Disziplinen in ihrer Arbeit von methodischen und theoretischen Vorstellungen leiten lassen, die sie selbst allein disziplinär nicht hervorbringen können" und „sich die Probleme, deren Lösung die Wissenschaften dienen, häufig nicht einfach in einen disziplinären Rahmen einfügen"[74], entwickeln sich grenzüberschreitende Dynamiken, die man unter verschiedenen Aspekten und mit Hilfe verschiedener Methoden, etwa mit Netzwerkanalysen[75], untersuchen kann. Disziplinäre Offenheit, Inter- und Transdisziplinarität haben ihren je eigenen Fokus. Das Verständnis ist allerdings uneinheitlich. Unabhängig davon gibt es Interdependenzen und Grauzonen.

Eine Öffnung hin zu anderen Disziplinen erfolgt zunächst mittels der *disziplinären Rezeption* von Wissensbeständen anderer Disziplinen. Je nach Problem und Erkenntnisinteresse wird immer auch Wissen benötigt, das im Kern in anderen Disziplinen angesiedelt ist. Erkenntnisse einer Disziplin werden dabei nicht in eine andere „übertragen", sondern in einer durch die aufnehmende Disziplin bestimmten Form aufgegriffen, eingeordnet und verarbeitet.[76] Auf einer basalen Ebene setzt eine reflektierte disziplinäre Rezeption von Wissensbeständen anderer Disziplinen voraus, dass man deren Beobachtungs- und Beschreibungsmuster im erforderlichen Umfang (mit-)erfasst. *Interdisziplinarität*, in engerem Verständnis also das, was „zwischen" den

---

Transdisziplinarität – wissenschaftliche Zukunft und institutionelle Wirklichkeit, 2003, S. 7 f.

73 Vgl. dazu *Stichweh*, Wissenschaft, Universität, Professionen: Soziologische Analysen, 1994, S. 20 ff.

74 *Mittelstraß* (Fn. 72), S. 7 f.

75 Vgl. näher *Fangerau*, Bioethik, Biopolitik, Biorecht: Interdisziplinäre Netzwerke, in diesem Band, S. 171 (175 ff.).

76 Vgl. *Trute*, Staatsrechtslehre als Sozialwissenschaft?, in: Schulze-Fielitz (Hrsg.), Staatsrechtslehre als Wissenschaft, Die Verwaltung Beiheft 7, 2007, 115 (125 ff.); *von Arnauld*, Die Wissenschaft vom Öffentlichen Recht nach einer Öffnung für sozialwissenschaftliche Theorie, in: Funke/Lüdemann (Hrsg.), Öffentliches Recht und Wissenschaftstheorie, 2009, S. 65 (bes. 78 ff.).

Disziplinen stattfindet, setzt die Differenz von Disziplinen voraus und konstituiert auf der Folie der Beobachtung dieser Differenz Erkenntnisse, die sich gegen die disziplinären Zugänge abgrenzen lassen.[77] Interdisziplinarität ist relativ und abhängig von Gegenstand und Erkenntnisinteresse; sie gewinnt an Eigenständigkeit, sofern nicht nur punktuelle, sondern verdichtete Verhältnisse zwischen bestimmten Disziplinen entstehen. Der Begriff der *Transdisziplinarität* wird teilweise gewählt, um „wirkliche" Interdisziplinarität auf den Begriff zu bringen. Damit ist dann eine Kooperation gemeint, die „zu einer andauernden, die fachlichen und disziplinären Orientierungen selbst verändernden wissenschaftssystematischen Ordnung führt".[78] Transdisziplinarität ist gegebenenfalls in der Lage, disziplinäre Perspektiven zu rekonstruieren und disziplinäre Reflektionen zu steigern, Engführungen und disziplinäre Grenzen zu modifizieren sowie disziplinenübergreifende Perspektiven zu schaffen. Da es keinen Ort gibt, von dem aus man die Welt übergreifend und umfassend begreifen könnte, läuft sie aber nicht etwa auf „ganzheitliche" Deutungs- und Erklärungsmuster hinaus.[79] In anderer Akzentuierung wird das Stichwort „Transdisziplinarität" verwendet, um einen Formwandel der Wissensproduktion in Gestalt der Vernetzung der Wissenschaft und wissenschaftsexterner Akteure oder der (betroffenen) Öffentlichkeit einzufangen.[80] Aus verschiedenen Gründen – Grenzen und Selektivität der Wissenschaft selbst, Bedingungen der Möglichkeit der Vermittlung und Umsetzung erzeugten Wissens – sollen außerwissenschaftliche Wissensbestände und Perspektiven in die Wissenschaft einbezogen werden. Man kann bei den Konzepten verschiedene Ebenen unterscheiden, etwa die theoretisch-kognitive Ebene, die praktisch-methodologische Ebene und die institutionell-organisatorische Ebene.[81]

All diese Aspekte erweisen sich in den Bereichen der Bioethik, der Biopolitik und des Biorechts als relevant, und man kann entsprechend viele Facetten

---

77 Vgl. *Bora*, Wissenschaftliche Politikberatung und die disziplinären Grundlagen der Wissenschaft, in: Bogner/Kastenhofer/Torgersen (Hrsg.), Inter- und Transdisziplinarität im Wandel?, 2010, S. 25 (33 ff.).

78 *Mittelstraß* (Fn. 72), S. 9, hier auch erläuternd mit Blick auf die Gehirnforschung, S. 17 ff.

79 *Mittelstraß* (Fn. 72), S. 10 f. Anders noch *ders.*, Stichwort Interdisziplinarität, 1996, S. 13 f.

80 *Bogner/Kastenhofer/Torgersen*, Inter- und Transdisziplinarität – Zur Einleitung in eine anhaltend aktuelle Debatte, in: dies. (Fn. 77), S. 7 (10 f., 13); *Decker*, Interdisziplinäre Zusammenarbeit in der Technikfolgenabschätzung – problemorientiert und transdisziplinär?, in: Banse/Fleischer (Hrsg.), Wissenschaft im Kontext. Inter- und Transdisziplinarität in Theorie und Praxis, 2011, S. 255 (256 ff.).

81 So *Bogner/Kastenhofer/Torgersen* (Fn. 80), S. 14; vgl. auch *Sukopp*, Inter- und Transdisziplinarität. Definitionen und Konzepte, in: Jungert/Romfeld/Sukopp/Voigt (Hrsg.), Interdisziplinarität. Theorie, Praxis, Probleme, 2. Aufl. 2013, S. 13 (23 ff.).

eines Zusammenspiels auffächern. Im Kontext disziplinärer Offenheit ginge es beispielsweise darum, Perspektiven einer jeweils anderen auf die eigene Disziplin wahrzunehmen und zu reflektieren, daraus resultierende Erkenntnisse zu verarbeiten oder auch Kritik zurückzuweisen. Das ist immer nur punktuell möglich und kann Grundlagen- ebenso wie Detailfragen betreffen. Hinsichtlich einer Bioethik, die auf Politikberatung zielt, führt etwa *Stefan Huster* vor dem Hintergrund der rechtlich relevanten Strukturprinzipien aus, dass sie „in pluralistischen Gesellschaften [...] nicht als Moralphilosophie, sondern nur als politische Philosophie sinnvoll [ist], die das Problem des religiös-weltanschaulichen und moralischen Pluralismus von vornherein in ihre Überlegungen einbezieht oder es sogar zu ihrem Ausgangspunkt macht. [...] Man sollte daher nicht mit allgemeinen moralischen Erwägungen anfangen und dann begründen, warum und inwieweit die einzig richtige und rationale moralphilosophische Position auch für das staatliche Recht geeignet ist, sondern müsste von vornherein mit Überlegungen zu Grund und Grenzen der staatlichen Befugnisse in einem pluralistischen Gemeinwesen beginnen und diese dann für die Probleme der Bioethik konkretisieren.“[82] Kritik aus der Soziologie lautet, dass bioethische Argumentationsweisen manchmal „gleichsam vorauseilend ein Begründungsrepertoire [...] für fragwürdige technische Zukunftsversprechen zur Verfügung stellen“[83] oder „die historische Genese und den sozialen Kontext biotechnologischer und biomedizinischer Innovationen regelmäßig zugunsten der Präsentation von Entscheidungsalternativen“[84] ausblendeten. Da die Wahrnehmung einer Disziplin durch eine andere immer auch ihrerseits von Hintergrundannahmen abhängig, selektiv und gegebenenfalls intradisziplinär umstritten ist, erweist sich eine entsprechende disziplinäre Offenheit als ebenso voraussetzungs- wie anspruchsvoll. Es geht somit darum, trotzdem die notwendige Rezeption zu leisten und dabei sowohl die Bedingungen der Rezeption als auch die Zirkularität und Dynamik zu reflektieren, die daraus resultieren, dass sich die eigene Disziplin in diesen Prozessen mitverändern muss und mitverändert. Möglichkeiten und Grenzen disziplinärer Rezeptivität werden in diesem gesamten Rahmen ebenso deutlich wie deren Mehrwert, der sich unter anderem in einer, wenn auch immer nur begrenzten, inhaltlichen Anreicherung des disziplinären Zugriffs und in den Reflektionsleistungen widerspiegelt.

---

82 *Huster*, Bioethik und Biorecht: Symbiose oder Konflikt?, in diesem Band, S. 59 (70 f.).

83 *Wehling,* Vom Schiedsrichter zum Mitspieler? Konturen proaktiver Bioethik am Beispiel der Debatte um Neuro-Enhancement, in: Bogner (Fn. 17), S. 147 (148, 151 ff.).

84 *Lemke* (Fn. 30), S. 86. Vgl. auch *Wehling,* Selbstbestimmung oder sozialer Optimierungsdruck? Perspektiven einer kritischen Soziologie der Biopolitik, Leviathan 2008, 249 (249 ff.).

Über diese disziplinäre Offenheit hinaus liegen inter- und transdisziplinäre Ansätze nahe. Transdisziplinäre Metatheorien sind zwar ein Desiderat und man hat bei inter- oder transdisziplinären Projekten mit bestimmten Problemen zu kämpfen, etwa mit demjenigen der Selektivität oder dem einer Trivialisierung der im disziplinären Kontext implikationsreichen Überlegungen. Trotzdem ist wiederum ein erheblicher Mehrwert zu erwarten. Das gilt umso mehr, als man das „Bio", wie *Heiner Fangerau* erläutert, in der Rolle eines „Boundary Objects" als eines Gegenstandes begreifen kann, „der von allen beteiligten Disziplinen für betrachtenswert erachtet und gemeinsam verwendet wird" und [...] „in der jeweiligen disziplinären Orientierung der Deuter eine eigene Gestalt an[nimmt], [...] dabei aber gleichzeitig über eine so große eigene Kernbedeutung [verfügt], dass er sich der Vereinnahmung durch eine einzelne der genannten Disziplinen widersetzt."[85] In bestimmtem Umfang lassen sich auch interdisziplinäre Verbundbegriffe, Brückenbegriffe oder Schlüsselbegriffe herausarbeiten, denen Verständigungs-, Deutungs-, Vernetzungs- und Orientierungsfunktionen zukommen.[86] Unter anderem bezeichnen sie gemeinsame Aufmerksamkeits- und Arbeitsfelder, die sich gegebenenfalls um bestimmte Schlüsselprobleme herum gruppieren.

IV. Schlüsselprobleme

Im Folgenden sollen einige Schlüsselprobleme erörtert werden, auf die man sowohl aus bioethischer als auch aus biopolitischer und biorechtlicher Perspektive Antworten geben muss. Je nach Erkenntnisinteresse können eine ganze Reihe solcher Schlüsselprobleme herausgearbeitet werden. Die hier ausgewählten Themen drehen sich um die Globalisierung und Fragen nach der Universalisierbarkeit bestimmter Grundwerte, um die Rollen der Techniken, um den Umgang mit Wissen, Ungewissheit und Nichtwissen sowie um Konfliktmuster und adäquate Entscheidungsverfahren. In der Diskussion dieser und weiterer Schlüsselprobleme kann anschaulich werden, inwiefern Bioethik, Biopolitik und Biorecht je spezifische Perspektiven einnehmen, sich wechselseitig bereichern und dann treffendere Antworten geben können.

---

85 *Fangerau* (Fn. 75), S. 171 f.; vgl. auch zum Bezug auf sich eignende Probleme *Decker* (Fn. 80), S. 258 ff.
86 Ausf. *Voßkuhle*, Neue Verwaltungsrechtswissenschaft, in: Hoffmann-Riem/Schmidt-Aßmann/Voßkuhle, Grundlagen des Verwaltungsrechts, 2. Aufl., 2012, § 1 Rn. 40 ff. m. w. N.

1. Globalisierung und Universalisierbarkeit bestimmter Grundwerte

Globalisierung und ihre Folgen stellen Bioethik, Biopolitik und Biorecht gleichermaßen vor Herausforderungen. Viele Hintergrundannahmen ethischer, politischer oder rechtlicher Überlegungen werden obsolet. Das gilt nicht nur, weil die weltweite Pluralität der Überzeugungen und Normen die Kontingenz nationaler Standards verdeutlicht, sondern auch, weil diese Standards in dem veränderten Umfeld globaler Mobilität und globaler Märkte existieren. Anschaulich wird dies mit Blick auf den Reproduktions- oder Sterbetourismus, auf unterschiedliche Rahmenbedingungen für die Forschung an Embryonen oder mit Stammzellen, auf die Institutionalisierung grenzüberschreitender Biobanken oder auf den globalen Handel mit Körperteilen und Organen. Zu den übergreifenden Schlüsselproblemen, mit denen sich Bioethik, Biopolitik und Biorecht beschäftigen, gehören Fragen danach, ob, wie, aus welchen Gründen, unter welchen Bedingungen und mit welchen Folgen trotz der Globalisierung bestimmte grundlegende Werte oder Standards formuliert und umgesetzt werden können. Um dieses Schlüsselproblem herum können sich ganz unterschiedliche theoretische Ansätze und Thesen, mehrere konkretere Themenfelder und verschiedene methodische Annäherungen gruppieren.

Formen eines Zusammenspiels können zum Beispiel mit Blick auf die Interdependenzen zwischen der Suche nach einer *globalen Bioethik* und dem *Menschenrechtsdiskurs* herausgearbeitet und weiterentwickelt werden.[87] Menschenwürde, Autonomie und Gleichheit spielen in den Diskursen über moderne biotechnische Entwicklungen eine zentrale Rolle.[88] Zu den Gründen gehört, dass es sich um Schlüsselbegriffe handelt, an die unterschiedliche Disziplinen anknüpfen können. Dies geschieht prinzipiell aus der je eigenen disziplinären Perspektive und mit einer je eigenen Konzeption. Im Verhältnis zwischen Bioethik und Biorecht fallen aber die engeren Bezüge auf, die zu- und aufeinander hergestellt werden, damit Lösungen für jeweils eigene Probleme entwickelt werden können. Eine häufiger vertretene These lautet, dass der Menschenrechtsdiskurs bereits eine akzeptierte Sprache internationaler Ethik bereitstelle.[89] Der Rückgriff auf ihn biete sich umso mehr an, als er gut organisiert und in der Lage sei, universalisierbaren Grundwerten gegebenen-

87 Statt vieler s. die Beiträge in *Teays/Gordon/Dundes Renteln* (Hrsg.), Global Bioethics and Human Rights: Contemporary Issues, 2014.
88 Zur Menschenwürde ausf. *Albers*, Biotechnologies and Human Dignity, in: Grimm/Möllers/Kemmerer (Hrsg.), Human Dignity in Context, 2016 (i. E.).
89 *Baker*, Bioethics and Human Rights: A Historical Perspective, Cambridge Quarterly of Healthcare Ethics Vol. 10 (2001), 241 (249).

falls rechtliches Gewicht zu verschaffen[90] und unerwünschten wissenschaftlich-technischen Anwendungen Grenzen zu setzen[91]. Umgekehrt haben bioethische Debatten einen erkennbaren Einfluss auf die verschiedenen internationalen Deklarationen gehabt und spiegeln sich in ihnen wider: Das betrifft die Allgemeine Erklärung zum menschlichen Genom und zu Menschenrechten aus dem Jahr 1997, die internationale Erklärung zum Umgang mit genetischen Daten des Menschen aus dem Jahr 2003, die Allgemeine Erklärung über Bioethik und Menschenrechte aus dem Jahr 2005 und die aus demselben Jahr stammende Erklärung der Vereinten Nationen zum Klonen des Menschen. Mit solchen Beobachtungen ist man allerdings erst am Anfang gründlicherer Analysen des Zusammenspiels. Vorstellungen eines hierarchischen Systems mit universalisierbaren Grundwerten an der Spitze, die in Menschenrechten festgehalten werden, wären kurzschlüssig. Das gilt schon deshalb, weil mit der Verrechtlichung durch Deklarationen rechtliche Standards entstehen, die interpretationsbedürftig sind und bei Einsatz rechtlicher Interpretationsmethoden, zumal in unterschiedlichen Rechtskulturen, in unterschiedliche Interpretationsergebnisse münden können. Hinzu kommt, dass man auf der Rechtsfolgenseite mit „Soft Law" zu tun hat. Aus „biopolitischer" Sicht könnte ergänzt werden, dass der Verankerung vager Standards die Funktion zukommt, verschiedenste Positionen auf einen gemeinsamen Nenner zu bringen und einen Konsens zu symbolisieren, der bei näherer Betrachtung konkreter Konflikte nicht existiert.[92] Legt man dies zugrunde, geht es weniger um universalisierbare Grundwerte als um prozedurale Konfliktentschärfung. Im Ergebnis wird jedenfalls deutlich, dass weltregionale Ordnungen unter Globalisierungsbedingungen in bestimmtem Umfang mittels bestimmter Verfahren und Instrumente miteinander kompatibilisiert werden müssen und dass im Zusammenspiel bioethischer, biopolitischer und biorechtlicher Zugänge weiterführende Antworten auf die Frage entwickelt werden können, wie dies gelingt.

2. Rollen und Wandel der Techniken

Techniken haben wesentlich zur Ausdifferenzierung von Bioethik, Biopolitik und Biorecht beigetragen. Populäre Stichworte sind dasjenige der Technisie-

---

90 Vgl. *Fenton*, Genetic Enhancement – A Threat to Human Rights?, Bioethics Vol. 22 (2008), 1 (2).

91 *Honnefelder*, Der Menschenrechtsgedanke und die Herausforderung durch die moderne Biomedizin, in: Hoffmann/Schweiger (Hrsg.), Normkultur vs. Nutzenkultur. Über kulturelle Kontexte von Bioethik und Biorecht, 2006, S. 507 (514 ff.).

92 S. etwa *Caulfield/Brownsword*, Human dignity: a guide to policy making in the biotechnology era? Nature Review Genetics Vol. 7 (2006), 72 (75).

rung des Menschen, die tradierte Vorstellungen einer Natürlichkeit verschwinden lässt, oder das der Technisierung der Medizin, die überkommene Kommunikations- und Wissenszusammenhänge auflöst. Komplexere Analysen müssen inzwischen eine *Konvergenz* und ein *Zusammenwirken* von Bio-, Gen-, Neuro- und Informationstechniken in Rechnung stellen, die die technischen und wissenschaftlichen Möglichkeiten noch einmal dynamisieren und zu rasanten Entwicklungen führen. Das gilt etwa für die Entschlüsselung des Genoms und das Potential der Gendiagnostik, die durch eine Reihe fortentwickelter Datenverarbeitungstechniken beschleunigt und gesteigert werden, mittels derer riesige Mengen an Daten über DNA-Sequenzen schnell und relativ kostengünstig generiert werden können.[93] Moderne Genomeditierungstechniken, -methoden oder -werkzeuge lassen Eingriffe in existierende DNA-Sequenzen in einer Weise zu, die als überraschend einfach, kontrollierbar und kostengünstig erscheint.[94] Auch die Fortschritte, welche die Neurowissenschaften und die Neurotechnik in den letzten Jahrzehnten gemacht haben, erklären sich unter anderem damit, dass sich vielschichtig binnendifferenzierte, intra- und interdisziplinär vernetzte Felder – zum Beispiel Neurologie, Neurokybernetik, Neurogenetik, Neuroimaging, Neurochirurgie oder Neuroprothetik – herausgebildet haben, die ihre Leistungskraft nicht zuletzt durch Kombinationen und Konvergenzen von Wissenschaften und Techniken gewinnen.[95]

Allerdings kommt es keineswegs allein auf die einschlägigen technischen und wissenschaftlichen Entwicklungen an. Technikgenese und Technikanwendungen sind immer eingebettet in gesellschaftliche Zusammenhänge.[96]

---

93 Sog. next-generation sequencing.
94 So die grds. Einschätzung in *Nationale Akademie der Wissenschaften Leopoldina, Deutsche Forschungsgemeinschaft, acatech – Deutsche Akademie der Technikwissenschaften, Union der deutschen Akademien der Wissenschaften*, Chancen und Grenzen des *genome editing*, Stellungnahme, 2015, S. 4 und 5. Vgl. näher *Doudna/Charpentier*, The new frontier of genome engineering with CRISPR-Cas9, Science Vol. 346 (2014), 6231 ff.; *Sander/Joung*, CRISPR-Cas systems for editing, regulating and targeting genomes, Nature Biotechnology Vol. 32 (2014), 347 ff.
95 Vgl. dazu, auch mit einer Erläuterung der zentralen Entwicklungsschritte, *Kandel/Squire*, Neuroscience: Breaking Down Scientific Barriers to the Study of Brain and Mind, in: Science (Vol. 290) 2000, 1113 ff. Zum Überblick, auch über die ethischen und interdisziplinären Debatten, *Merkel/Boer/Fegert/Galert/Hartmann/Nuttin/Rosahl*, Intervening in the Brain. Changing Psyche and Society, 2007; *Müller/Clausen/Maio* (Hrsg.), Das technisierte Gehirn. Neurotechnologien als Herausforderung für Ethik und Anthropologie, 2009; *Blank*, Intervention in the Brain. Politics, Policy, and Ethics, 2013, S. 9 ff.
96 Vgl. mit gründlicheren Überlegungen zum Begriff der Technologie *Grunwald*, Philosophy and the Concept of Technology – On the Anthropological Significance of Technology, in: Grunwald/Gutmann/Neumann-Held (Hrsg.), On Human Nature. Anthro-

Mehr noch gilt dies für die durch Techniken entstehenden Gefährdungen oder Risiken. So erschließt sich etwa das viel diskutierte Enhancement erst vollständig, wenn man es als Teil und Folge der modernen Gesellschaft und ihrer Charakteristika begreift: der Leistungsgesellschaft, der Wettbewerbsgesellschaft, der funktional differenzierten Gesellschaft, der globalisierten, sich aus verschiedenen Kulturen und Rechtsordnungen zusammensetzenden Gesellschaft, der pluralistischen Gesellschaft und der individualisierten Gesellschaft.[97] Auch das Beispiel des Neuroimaging kann gut veranschaulichen, dass der Blick allein auf Techniken nicht ausreicht. Mittels moderner bildgebender Verfahren werden die ehemals für andere nicht beobachtbaren Vorgänge im Inneren des Kopfes zugänglich, und als Gefährdungen werden oft Probleme der Privatheit und des Datenschutzes diskutiert, gelegentlich auch mit Schlagworten wie demjenigen eines drohenden „Gedankenlesens".[98] Die Zugänglichkeit ist freilich keineswegs eine unvermittelte – deswegen erweist sich das „Gedankenlesen" als Schlagwort –, sondern erfolgt in Gestalt von Artefakten, die immer ein eigenständiges Konstrukt in Differenz zum individuellen Erleben darstellen. Die Bedeutung der technikgeprägten Daten und Bilder und aus ihnen herleitbare Aussagen hängen nicht zuletzt von dem jeweils zugrunde gelegten theoretischen Modell sowie den entsprechenden Annahmen ab, und sie zeichnen sich durch ein mehr oder weniger hohes Maß an Ungewissheit aus. Wie die Daten und Bilder interpretiert und welche Informationen aus ihnen gewonnen werden, ist dann kontextrelativ: Wissen entsteht im jeweiligen sozialen Kontext nach Maßgabe der darin bestehenden Erkenntnisinteressen, Interpretationsperspektiven, Vorverständnismustern und Vor- oder Zusatzwissensbausteinen.[99] Ebenso kontextrelativ sind die mit generiertem Wissen verbundenen Folgen für die betroffenen Personen. Die Bedeutung, die Bilder von Gehirnbereichen oder -funktionen im Ärztin/Patienten-Verhältnis gewinnen, ist eine andere als diejenige, die den gleichen Bil-

---

pological, Biological and Philosophical Foundations, 2002, S. 179 ff. S. weiter die Beiträge in Kehrt/Schüssler/Weitze (Hrsg.), Neue Technologien in der Gesellschaft, 2011. Vgl. auch zum Konstrukt der Technowissenschaften am Beispiel der Nanotechnologie *Lösch*, Die diskursive Konstruktion einer Technowissenschaft, 2014.

97 Vgl. dazu *Elliot*, Better Than Well. American Medicine Meets the American Dream, 2004; *Müller*, Der Mensch zwischen Selbstgestaltung und Selbstbescheidung. Zu den Möglichkeiten und Grenzen anthropologischer Argumente in der Debatte um das Neuroenhancement, in: Clausen/Müller/Maio, Die „Natur des Menschen" in Neurowissenschaft und Neuroethik, 2008, S. 185 (194 f.); *Coenen/Schuijff/Smits/Klaassen/Hennen/Rader/Wolbring*, Human Enhancement. Study, European Parliament, 2009, S. 38 ff.; *Grunwald*, Are We Heading Towards an ‚Enhancement Society'?, in: Hildt/Franke (Hrsg.), Cognitive Enhancement. An Interdisciplinary Perspective, 2013, S. 203 (206 ff.).

98 Vgl. *Arstila/Scott*, Brain Reading and Mental Privacy, Trames 2011, 204 (204 ff.).

99 S. noch sogleich Punkt IV. 3. dieses Beitrags.

dern zukommt, wenn eine Arbeitgeberin sie für die Auswahl zwischen mehreren Bewerbern zur Verfügung hat.[100] Beobachtungen und Beschreibungen der Techniken und damit verbundener Gefährdungen erfordern daher immer hinreichende Kontextualisierungen.

Die Eingebettetheit der Techniken ist nicht nur für bioethische, biopolitische und biorechtliche Beschreibungen relevant. Sie bedeutet auch, dass sich zahlreiche Anknüpfungspunkte für Gestaltungs- und Regulierungsmöglichkeiten ergeben. Darauf gerichtete Überlegungen müssen bereits etablierte Praktiken ebenso in den Blick nehmen wie Zukunftsvisionen. Selbst futuristische Entwürfe oder Science Fiction-Narrative, wie sie aus den Kulturwissenschaften oder aus der Literatur kommen, haben hier ihren Platz als gegenwärtige Imaginationen, sofern Herkunft und Kontext von Beschreibungen in der Rezeption nicht untergehen. Auch das in anderen Disziplinen oft nur als reaktiv-konservativ wahrgenommene Recht setzt nicht etwa bloß nachträglich, sondern vielfach antezipativ und in Gestalt präventiver Regulierungen an. Die mittlerweile multi- und transdisziplinär etablierten Technikfolgenabschätzungen[101], die unter anderem mit Zukunftsszenarien arbeiten[102], können sich in

---

100 So wird die Ärztin beispielsweise die Ungewissheit darüber, ob bestimmte Auffälligkeiten eine Beeinträchtigung hervorrufen können, immer herausstellen, während die Arbeitgeberin die Ungewissheit ausblenden und Bilder relativ deterministisch deuten mag, weil sie einen Bewerber ohne solche Auffälligkeiten wählen kann. S. auch *Alpert*, Brain Privacy. How Can We Protect It?, The American Journal of Bioethics Vol 7 (2007), 70 (72), die wegen der gesellschaftlich verbreiteten Neigung zu deterministischen Überinterpretationen dafür plädiert, funktionellen Bildern des Gehirns ebenso wie genetischen Daten einen exzeptionellen Status und damit einen besonderen Schutz zuzuerkennen. Übergreifender zu diesem Problem *Kollek*, Der normative Status genetischer Informationen, in: Anzinger/Hamacher/Katzenbeisser (Hrsg.), Schutz genetischer, medizinischer und sozialer Daten als multidisziplinäre Aufgabe, 2013, S. 3 (7 ff.).

101 Näher zur Technikfolgenabschätzung *Paschen*, Technikfolgenabschätzung in Deutschland – Aufgaben und Herausforderungen, in: Petermann/Coenen (Hrsg.), Technikfolgen-Abschätzung in Deutschland, 1999, S. 77 (77 ff.); *Petermann*, Technikfolgen-Abschätzung: Konstitutierung und Ausdifferenzierung eines Leitbilds, in: Bröchler/Simonis/Sundermann (Hrsg.), Handbuch Technikfolgenabschätzung, Bd. 1, 1999, S. 17 (17 ff.); *Grunwald*, Technikfolgenabschätzung – eine Einführung, 2002; *ders.*, Auf dem Weg zu einer Theorie der Technikfolgenabschätzung. Der Einstieg, in: Technikfolgenabschätzung – Theorie und Praxis Bd. 16 (2007), 4 ff.; *Böschen*, Technikfolgenabschätzung und Gesellschaftstheorie, in Technikfolgenabschätzung – Theorie und Praxis Bd. 17 (2008), 101 ff.

102 Vgl. dazu *Liebert/Schmidt*, Zukunftswissen und Technikfolgenabschätzung, in: Decker/Grunwald/Knapp (Hrsg.), Der Systemblick auf Innovation, 2012, S. 283 ff. S. aber auch die Anmerkung, dass hinreichende wissenschaftliche Zukunftsstudien partiell ein Forschungsdesiderat sind, bei *Cornips/van Asselt*, Human Enhancement in Futures Explorations, in: Koops/Lüthi/Nelis/Sieburgh/Jansen/Schmid (Hrsg.), Enginee-

den Bereichen der Bio-, Gen- oder Neurotechniken besonders anspruchsvoll gestalten. Dies gilt zum einen, weil Erfahrungswissen fehlt und nicht im Vorfeld gebildet werden kann. Genauso wichtig ist zum anderen, dass mitberücksichtigt werden muss, dass sich die Folgenbeurteilungen mit ihrem Objekt unter Umständen mitverändern. Für normative Konzepte bedeuten diese Herausforderungen, dass sich sowohl die Bioethik als auch das Biorecht durch besondere Formen der Prozeduralisierung und der Reflexivität auszeichnen müssen.[103]

3. Wissen, Ungewissheit und Nichtwissen

Disziplinen und ihre Grenzen wurden gelegentlich in eher oberflächlicher Annäherung mit Hilfe der Unterscheidung zwischen Wissen und Normen oder Wissen und Werten beschrieben. Mittlerweile hat sich dies vielschichtig aufgefächert. Neben dem Wissen rücken Ungewissheit und Nichtwissen in den Mittelpunkt der Aufmerksamkeit. Was unter diesen Kategorien jeweils zu verstehen ist und wie man den Umgang mit Wissen, Ungewissheit und Nichtwissen regulieren kann, gehört in Bioethik, Biopolitik und Biorecht zu den zentralen Schlüsselproblemen.

Wissen als Grundbegriff kann man im Ausgangspunkt als Struktur begreifen, die aus komplex aufgebauten kognitiven, d. h. sich durch prinzipielle Lernfähigkeit und -bereitschaft auszeichnenden, Erwartungen besteht.[104] Es ist allerdings nicht etwa als Bestand oder „Vorrat" von Erkenntnissen im Hintergrund stets präsent. Vielmehr kann es immer nur selektiv im jeweiligen sozialen Kontext nach Maßgabe der darin bestehenden Erkenntnisinteressen, Handlungsmuster oder Rahmenbedingungen aufgebaut werden. Als stets Kontextualisiertes wird Wissen seinerseits von eben den Kontexten geprägt, in denen es aktualisiert wird und zu denen es beiträgt, die es aber umgekehrt ihrerseits mitbestimmen und verändern.[105] Auf dieser Grundlage wird schnell klar, dass Wissen weder im Sinne eines „Abbilds der Wirklichkeit" begriffen werden kann noch einfach vorhanden und eindimensional beschreibbar ist. Man hat vielmehr mit kontextbezogenen Wissensregimen als strukturierten, relativ

---

ring the Human. Human Enhancement Between Fiction and Fascination, 2013, S. 45 ff.

103   S. für das Recht ausf. *Albers* (Fn. 67), S. 9 ff.

104   Vgl. dazu und zu den folgenden Überlegungen näher *Albers*, Umgang mit personenbezogenen Informationen und Daten, in: Hoffmann-Riem/Schmidt-Aßmann/Voßkuhle (Hrsg.), Grundlagen des Verwaltungsrechts, Bd. 2, 2. Aufl., 2012, § 22, Rn. 14 ff.

105   S. auch *Trute*, Wissen – Einleitende Bemerkungen, in: Röhl (Hrsg.), Wissen – Zur kognitiven Dimension des Rechts, Die Verwaltung Beiheft 9 (2010), 11 (15 f.).

stabilisierten Zusammenhängen von Praktiken und Regeln des Umgangs mit Wissen in seinen unterschiedlichen Formen zu tun.[106] Jede Form des Wissens, gerade auch wissenschaftliches Wissen, erweist sich als eine spezifische Konstruktion, die ihre eigenen Beobachtungs- und Deutungsformen einsetzt und daher immer auch spezifische Grenzen hat. Zugleich muss man davon ausgehen, dass eine gemeinsame Basis geteilten Wissens, die lange Zeit als selbstverständlich gegeben vorausgesetzt wurde, nicht länger existiert. In Gestalt einer Pluralität des Wissens in der Sozialdimension werden daher zum Beispiel die Sehweisen von Entscheidern und Betroffenen oder Laien- und Expertenwissen differenziert.

Für Bioethik, Biopolitik und Biorecht eröffnet sich ein breites Themenspektrum, im Hinblick auf das sich auch inter- und transdisziplinäre Annäherungen anbieten. Die Selektivität auch wissenschaftlichen Wissens stellt im Ansatz klar, dass immer zugleich die eingesetzten Beobachtungs- und Deutungsformen und die daraus resultierenden Grenzen mitreflektiert werden müssen. Allgemein kann man danach fragen, „in welchem Vokabular [...] Lebensprozesse beschrieben, gemessen, kritisiert und bewertet"[107] werden, welches Wissen in bestimmten Zusammenhängen als besonders aussagekräftig gilt oder umgekehrt marginalisiert wird, ob dies durch wie konstituierte gute Gründe abgestützt wird, wie dies mit Machtmechanismen verknüpft ist oder wie dies durch Regulierungsmechanismen beeinflusst werden könnte. Eine gemeinsame Aufmerksamkeit sollte darauf gerichtet werden, dass die Konvergenz und Zusammenwirken von Bio-, Gen-, Neuro- und Informationstechniken in den nächsten Jahrzehnten erhebliche Veränderungen der Formen und der Organisation des Wissens bewirken werden; „Big Data" ist hier nur eines der Schlagworte. Ein übergreifend wichtiges Problem besteht zudem darin, dass die Pluralisierung von Wissensperspektiven und die entsprechend unterschiedliche Bewertung der Bedeutung und der möglichen Folgen von Wissen, Ungewissheit und Nichtwissen Konfliktlagen erzeugt, die die überkommenen Muster der Konfliktbearbeitung unterlaufen.[108]

Bei einer solchen Annäherung an Wissen versteht sich von selbst, dass es nicht nur um Wissen geht, sondern *Ungewissheit* und *Nichtwissen* gleichermaßen relevant sind. Schon traditionell sind biomedizinische Zusammenhänge dafür markante Referenzgebiete, sei es bei der medizinischen Behandlung, sei es bei der Forschung am Menschen, sei es in der Arzneimittelforschung. Das gilt umso mehr, als bestimmte Wissenslücken wegen der normativen Grenzen der Forschung an lebenden Menschen unaufhebbar sind. Für manche

---

106 Ausf. *Wehling*, Wissensregime, in: Schützeichel (Hrsg.), Handbuch Wissenssoziologie und Wissensforschung, 2007, S. 704 (704 ff.).
107 *Lemke* (Fn. 30), S. 83.
108 Dazu sogleich Punkt IV.4. dieses Beitrags.

der neuen biotechnischen Möglichkeiten und potentielle Folgen kommt hinzu, dass Erfahrungswissen nur begrenzt weiterhilft und dass in gesteigertem Maße die „Gefahr, Gefahren nicht zu erkennen"[109] mitberücksichtigt werden muss. Im Anschluss an das Paradigma der Wissensregime ließe sich auch der Umgang mit Ungewissheit noch vielfältiger analysieren und beurteilen: Wie wird Ungewissheit infolge der Wissensregime mitproduziert? Was gilt eigentlich vor dem Hintergrund pluralen Wissens als ungewiss? Welche Instrumente werden eingesetzt, um welche Ungewissheit in welchem Maße zu bewältigen? Wie und mit welchen Folgen werden Ungewissheit und Nichtwissen politisiert? Und wie kann all dies im Kontext rechtlicher Regulierung reflektiert werden?

Im Medizin-, Medizinprodukte- und Gesundheitsrecht hat der Begriff der Ungewissheit immer eine prominente Rolle gespielt. Mittlerweile sind, teilweise im Anschluss an das Umweltrecht, zahlreiche Bausteine entwickelt worden, die den steigenden Anforderungen an den Umgang mit Ungewissheit Rechnung tragen sollen.[110] Zudem werden in reflexiven Schleifen Ungewissheiten über die Folgen der rechtlichen Regulierung selbst, also die „Irrtumskosten" einer Regulierung[111], mitberücksichtigt, etwa im Wege gesetzgeberischer Beobachtungs- und Nachbesserungspflichten, institutionalisierte retrospektiver Technikfolgenabschätzungen, der Einschränkung der Legalisierungswirkung von Genehmigungen, zeitlichen Befristungen oder der Zulässigkeit nachträglicher Auflagen. In Abgrenzung gegen überkommene Bilder relativ statischer Normen werden Kontingenz und Änderbarkeit des Rechts mitlaufend präsent gehalten. Das Recht hat sich mit all dem grundlegend verändert. Entmaterialisierung, Prozeduralisierung, Temporalisierung, Pluralisierung, Reflexivität und lernfähiges Recht lauten die zentralen Stichworte.[112] Die beschriebenen Bausteine und Regulierungsmuster werden allerdings noch nicht unbedingt systematisch zur Lösung neuer biotechnischer Herausforderungen genutzt und müssen im Kontext des sich ausdifferenzierenden Biorechts weiterentwickelt werden.

Neben der Ungewissheit wird gerade in den modernen biotechnischen Feldern zunehmend das Nichtwissen als strukturell eigenständige Kategorie thematisiert. Diese Kategorie stand lange Zeit „im Schatten des Wissens"[113], weil man sie als „Noch-Nicht-Wissen" erfasste, das prinzipiell durch mehr oder besseres Wissen und durch bessere Wissensgenerierungsinstrumentarien behoben werden könnte. Vor dem Hintergrund der komplexeren Annäherungen

---

109 *Scherzberg*, Risiko als Rechtsproblem, VerwArch Bd. 84 (1993), 484 (492).
110 S. die Beiträge in *Albers* (Fn. 67).
111 *Scherzberg*, Grundlagen staatlicher Risikosteuerung, in: Albers (Fn. 67), S. 35 (39 f.).
112 *Albers* (Fn. 67), S. 18 ff.
113 Grundlegend zum Nichtwissen *Wehling*, Im Schatten des Wissens?, 2006.

an das Wissensverständnis sowie der Auffächerungen der Wissensformen und Wissensregime erweist sich Nichtwissen jedoch als unvermeidliche, sich stetig generierende Kehrseite der in bestimmter Weise angelegten und immer auch selektiven Beobachtungskonstruktionen. Zu den gegeneinander abgrenzbaren Formen gehören das explizit oder latent gewusste Nichtwissen, das strategische Nichtwissen, das unerkannte Nichtwissen oder das nicht zugängliche Nichtwissen, das sich den empirischen Methoden entzieht und sich nur retrospektiv empirisch bestätigen lässt.[114] Ebenso wie beim Wissen kann man dies noch in der Sozialdimension pluralisieren und zusätzlich in der Zeitdimension temporalisieren, so dass die verschiedenen Formen in Abhängigkeit von der Abgrenzung des Kontexts miteinander verflochten sein können.

Während Nichtwissen früher eher negativ besetzt war, werden in Ethik, Politik und Recht mittlerweile die produktiven Funktionen und der Nutzen des Nichtwissens deutlicher gesehen.[115] Praktiken wie bewusstes Ignorieren, Indifferenz, Vergessen, Geheimhaltung, Anonymisierung oder Pseudonymisierung werden unter Umständen in ihrer Bedeutung aufgewertet. Ein Beispiel für die normative Absicherung bewussten (relativen) Nichtwissens ist das „Recht auf Nichtwissen" in der genetischen Diagnostik, das Individuen vor unerwünschtem, da belastendem und möglicherweise autonomiegefährdendem Wissen über gesundheitsbezogene Anlagen oder Dispositionen schützen soll. Der Verzicht auf Wissen kann sich, wie sich hier zeigt, als Bedingung der Möglichkeit von Autonomie darstellen. Wegen des intrinsischen Drittbezugs prädiktiver genetischer Untersuchungen muss man sich allerdings sogleich mit Folgeproblemen der Anerkennung eines Rechts auf Nichtwissen auseinandersetzen, insbesondere mit Wissens- und Nichtwissensrechten mitbetroffener Verwandter und darauf bezogenen ärztlichen Pflichten. Hier „aktualisiert sich die aporetische Paradoxie des Rechts auf Nichtwissen", so *Ulrich Gassner*, die besser als mit einer Ex-post-Informationsempfehlung mittels einer Vorinformationslösung bewältigt werden könne.[116] Im Übrigen liegt der Fokus bisher vor allem auf Wissensverteilungsprozessen, die primär mittels individueller Rechte strukturiert werden: Wie stellt man sicher, dass eine Person etwas nicht zu wissen braucht, was prinzipiell gewusst werden kann? Mit dem Fortschritt der Gendiagnostik wird es künftig darum gehen, inwieweit Nichtwissen auch auf überindividueller Ebene als positiver, aktiv vom Recht herzustellender Wert zu beschreiben ist. Vergleichende Anregungen kann ein Blick auf Debatten um das Vergessen im Internet bieten, die neben

---

114 *Wehling* (Fn. 113), S. 116 ff.; s. auch *Gassner*, Wissen, Ungewissheit und Nichtwissen im Biorecht: Denk- und Argumentationsmuster, in diesem Band, S. 123 (126 f.).

115 *Wehling*, Vom Nutzen des Wissens, vom Nachteil des Wissens, in: ders. (Hrsg.), Vom Nutzen des Nichtwissens, 2015, S. 9 ff.

116 *Gassner* (Fn. 114), S. 137 ff., 138.

dem Aspekt eines individuellen Rechts auf „Vergessen-Werden" Fragen danach aufwerfen, inwieweit das Recht gesellschaftliches Nichtwissen aktiv herstellen oder fördern soll und kann. Über Detailfragen hinaus können neue soziale Praktiken und normative Bewertungen des Umgangs mit Nichtwissen in bioethischen, biopolitischen oder biorechtlichen und in inter- oder transdisziplinären Analysen anregende und weiterführende Perspektiven eröffnen.[117]

4. Konfliktmuster und adäquate Entscheidungsverfahren

Zu den zentralen Schlüsselproblemen, mit denen sich Bioethik, Biopolitik und Biorecht gleichermaßen beschäftigen, gehören nicht zuletzt Konfliktmuster und Fragen nach den Entscheidungsverfahren, mit denen Konflikte angemessen bewältigt werden können. Viele gen-, bio- oder neurotechnische Themen lösen breite und heftige gesellschaftliche Kontroversen aus. Für Deutschland braucht man nur an die Debatten um die Stammzellforschung, um das Klonen oder um die Präimplantationsdiagnostik zu erinnern.

An *Konfliktformen* werden aus analytischer Perspektive unter anderem Interessenkonflikte, Wissenskonflikte und Wertkonflikte differenziert.[118] Wissenskonflikte betreffen beispielsweise die empirische Evidenz von bestimmten Tatsachenbehauptungen oder die Stichhaltigkeit von Prognosen. Ein Beispiel im hier interessierenden Zusammenhang ist die verbreitete, aber umstrittene These, dass geklonte Personen typischerweise gesteigerten elterlichen oder gesellschaftlichen Erwartungen ausgesetzt sein und sich nicht als autonome Autoren ihrer eigenen Biographie wahrnehmen würden. Wertkonflikte entzünden sich aufgrund unterschiedlicher, etwa religiös oder weltanschaulich gestützter, Beurteilungen bestimmter Werte oder Güter. Ein Beispiel ist der Streit um den Status von Embryonen. Die Präsenz oder Dominanz bestimmter Konfliktdimensionen stellt allerdings, wie *Ulrich Willems* hervorhebt, „keine ‚natürliche' Eigenschaft der Konfliktmaterien dar, sondern ist Ergebnis eines kontingenten Prozesses der kollektiven Definition konkreter Konfliktmate-

---

117 S. auch die Beiträge in *Wehling/Böschen* (Hrsg.), Nichtwissenskulturen und Nichtwissensdiskurse, 2015.
118 Näher dazu *Böschen*, Pluralität und Evidenz. Risikoregulierung unter dem Einfluss wissenskultureller Divergenz, in: Albers (Fn. 67), S. 57 (61 f.). Ausf. auch, mit einem Schwerpunkt auf Interessen- und Wertkonflikten, *Willems*, Wertkonflikte als Herausforderung der Demokratie, 2016, S. 11 ff.; zum Verhältnis von Interesse und Moral vgl. auch *dens.*, Moralskepsis, Interessenreduktionismus und Strategien der Förderung von Demokratie und Gemeinwohl, in: ders. (Hrsg.), Interesse und Moral als Orientierungen politischen Handelns 2003, S. 9 (9 ff.).

rien".[119] Hinter der Differenzierung der Konfliktformen steht, dass man ihnen jeweils unterschiedliche Konfliktlogiken, Verlaufsdynamiken oder Befriedungstechniken zuordnet.

Dementsprechend sind die verschiedenen Konfliktformen lange Zeit mit darauf jeweils zugeschnittenen Regulierungsmechanismen behandelt worden. Wissenskonflikte sollten auf der Basis der Annahme grundsätzlich erreichbaren Wissens mit Blick auf den Vorrang wissenschaftlicher Erkenntnisse nach dem Stand der Forschung und Technik, mit Hilfe von Formen proceduralisierter Risikoabschätzung und -bewertung, durch die Institutionalisierung von Partizipationsverfahren oder durch Beobachtungs- und Nachbesserungsinstrumentarien bewältigt werden. Wertkonflikte wurden angegangen, indem man einen Konsens jedenfalls über Grundwerte unterstellte, private und öffentliche Angelegenheiten differenzierte, die dann Gegenstand entweder individueller oder gesellschaftlicher Entscheidungen waren, oder Verfahren etablierte, mit Hilfe derer man vernünftige Kompromisse zu erreichen hoffte oder die der Mehrheitsregel folgten.

Mittlerweile haben sich Voraussetzungen und Leistungskraft sowohl der eigenständige Stränge auffächernden Differenzierung von Konfliktformen als auch der Konfliktlösungsmuster jedoch teilweise verändert. In den Bereichen der neuen biotechnischen Herausforderungen wird dies besonders anschaulich. Die Vorstellung eines festgelegten Vorrats eines erlangten oder zumindest erreichbaren Wissens, über das sich Menschen einig sind oder das sie als Stand von Wissenschaft und Technik akzeptieren, verschwindet mit der Pluralisierung von Wissensperspektiven und der öffentlichen Wahrnehmung der Grenzen der Wissenschaften zunehmend[120]; Unsicherheitserfahrungen und Wissenskonflikten wird nicht mehr primär kognitiv, sondern zunehmend mit Hilfe normativer Maßstäbe begegnet, die Orientierung bieten sollen und an denen man unabhängig von den Ergebnissen der Wissensgenerierungsverfahren festhält.[121] Auch die Bedingungen der Handhabung von Wertkonflikten verändern sich. Über grundlegende Werte besteht ein schwer lösbarer Dissens. Eine Privatisierung der Entscheidungen – etwa: es bleibt den betroffenen Personen selbst überlassen, ob sie eine Präimplantationsdiagnostik oder ob sie Methoden des Enhancements für sich wünschen oder nicht – greift zu kurz, weil die Folgen solcher Entscheidungen nicht lediglich das entscheidende

---

119 *Willems*, Wertekonflikte über bioethische Fragen aus politikwissenschaftlicher Sicht. Zu Theorie und Empirie des Umgangs demokratischer Gesellschaften mit fundamentalem moralischem Dissens, in diesem Band, S. 79 (90).

120 Vgl. dazu auch *Lau/Böschen*, Wissensgesellschaft und reflexive Modernisierung, in: Böschen/Schulz-Schaeffer (Hrsg.), Wissenschaft in der Wissensgesellschaft, 2003, S. 220 (bes. 224 ff.).

121 Vgl. *Böschen* (Fn. 118), S. 63 f.

Individuum betreffen und weil ein fundamentaler moralischer Dissens sich regelmäßig nicht nur auf die Sachfrage, sondern auch darauf beziehen wird, ob dies zur „Privatsache" erklärt werden darf.[122] Der Verweis auf die Mehrheitsregel funktioniert jedenfalls als isoliertes Konzept ebenfalls nicht, denn die Mehrheitsregel stößt in den thematisierten Feldern auf ihre Grenzen: Es handelt sich um existenzielle Fragen; Lösungen haben langfristige und teils irreversible Folgen. Im Ergebnis verliert die Unterscheidung zwischen einerseits Wissenskonflikten und andererseits Wertkonflikten an Schärfe, und die überkommenen Muster vermögen eine Konfliktbewältigung nur noch begrenzt zu leisten.

Eine für Ethik, Politik und Recht gleichermaßen brisante und schwierige Frage ist dann, wie unter diesen Bedingungen *Konfliktbearbeitungs- und Entscheidungsverfahren* funktionieren und wie sie nach normativen Maßstäben gestaltet werden können. Der Zugriff auf das Problem ist disziplinenabhängig und kann beispielsweise aus empirischer Sicht, mit Blick auf normative Kriterien und Gestaltungsoptionen oder aus einer Beobachtung zweiter Ordnung erfolgen. Sofern man aus normativer Sicht über Gestaltungsoptionen nachdenkt, sind komplexere Verfahren oder neuartige Kombinationen unterschiedlicher Verfahrensmechanismen nicht mehr allein zwecks Bewältigung von Ungewissheit oder Nichtwissen, sondern darüber hinaus zur Handhabung der Pluralität und Divergenz von Werten erforderlich. Elaborierte Risikoregulierungs- oder Technikfolgenabschätzungs- und -bewertungsfiguren können, selbst wenn sie sich ursprünglich um Ungewissheitsbewältigung drehten, Vorbilder liefern, die in bestimmtem Umfang anpassungs-, weiterentwicklungs- und ergänzungsbedürftig sind.[123] Im Wege passender Verfahren könnten zumindest in bestimmtem Umfang Wertehaltungen, die sich oft auf ein Konglomerat unterschiedlicher Urteile, Einschätzungen und Einstellungen stützen, hinsichtlich ihrer Wissens-, Ungewissheits- oder Nichtwissensbasis aufgeschlüsselt und entzerrt, Wertentscheidungen im Hinblick auf implizite Annahmen oder auf ihre Begründbarkeit reflektiert und die Grundlagen der Positionen anderer sichtbar gemacht werden. Mittels Beobachtungen zweiter Ordnung könnten solche Verfahren, deren Funktionsmechanismen und deren Folgen wiederum kritisch untersucht werden. So erläutert *Renate Martinsen* die Funktionen von Diskursen dahin, „dass Diskurse in biomedizinisch brisanten Streitfragen […] die Akteure an der Konstruktion des umstrittenen Gegenstandes [beteiligen] und […] auf diese Weise die Hervorbringung von *Konsensfiktionen* [befördern]; […] Diskurse vermitteln, indem sie Konsenskon-

---

122 Ausf. dazu *Willems* (Fn. 119), S. 109 ff.
123 Vgl. näher *Albers* (Fn. 67), S. 30 ff.

strukte erschaffen, die eine unterschiedliche Lesart ermöglichen."[124] Normative Überlegungen zur Gestaltung von Konfliktbewältigungs- und Entscheidungsverfahren können solche Beobachtungsweisen und -ergebnisse rezipieren, angesichts ihrer normativen Maßstäbe freilich nicht unvermittelt in Gestaltungskonzepte übernehmen.

Ein im Zuge neuer biotechnischer und biomedizinischer Probleme etablierter Baustein sind Ethikräte und Ethikkommissionen, wie sie mittlerweile auf verschiedenen Ebenen sowie teilweise im europäischen Verbund operieren.[125] Die Gremien sind transdisziplinär zusammengesetzt, so dass es nicht etwa allein um eine ethische Reflexion der Probleme geht. Aus Perspektive des Rechts muss man Einsatzfelder und Ebenen wegen je eigener rechtlicher Implikationen differenzieren: Beratung von Politik oder Gesetzgebung durch Ethikräte[126], Mitwirkung in den Bereichen der medizinischen Forschung und Praxis[127], Mitwirkung in administrativen Entscheidungsverfahren[128]. Der dritte Strang ist das rechtlich eigentlich Interessante, weil Verwaltungsverfahren, bei denen normalerweise eine zuständige Behörde aufgrund der einschlägigen Rechtsvorschriften etwas bewilligt, genehmigt oder verbietet, in institutioneller Hinsicht um Ethik-Kommissionen und in inhaltlicher Hinsicht um Beurteilungen nach dem (Gesetzes-)Maßstab „ethischer Vertretbarkeit" ergänzt werden. Beiden Elementen kommen im Recht die Funktionen zu, dessen Möglichkeiten der (rechtsinternen) Beobachtung und Beschreibung der Umwelt und dadurch dessen Lern- und Leistungsfähigkeit zu steigern. Dementsprechend ist der Maßstab „ethischer Vertretbarkeit" im Recht einerseits

---

124 *Martinsen*, Politische Legitimationsmechanismen in der Biomedizin. Diskursverfahren mit Ethikbezug als funktionale Legitimationsressource für die Biopolitik, in diesem Band, S. 141 (164, Hervorh. im Orig.).

125 Vgl. dazu in diesem Band auch die Überlegungen von *Ach* (Fn. 11), S. 44 ff.; von *Willems* (Fn. 119), S. 101 f., 104, und von *Martinsen* (Fn. 124), S. 162 ff.

126 Als Beispiele auf nationaler und internationaler Ebene: Internationaler Ausschuss für Bioethik der UNESCO (IBC), Zwischenstaatlicher Ausschuss für Bioethik der UNESCO (IGBC), Ministerkomitee des Europarates, Steering Committee on Bioethics des Europarates (CDBI), European Group on Ethics in Science and New Technologies (EGE), Deutscher Ethikrat.

127 Vgl. §§ 40 ff. AMG, 20 ff. MPG; s. außerdem zur Präimplantationsdiagnostik § 3a ESchG und §§ 4 ff. der Verordnung zur Regelung der Präimplantationsdiagnostik.

128 Import und Verwendung embryonaler Stammzellen zu Forschungszwecken werden außerhalb des Straftatbestände festlegenden Embryonenschutzgesetzes im Stammzellgesetz in einer Kombination inhalts-, verfahrens-, öffentlichkeits-, evaluations- und kontrollbezogener Bausteine geregelt. Das Genehmigungsverfahren zeichnet sich unter anderem durch die Mitwirkung der mit pluralistischem Sachverstand besetzten Zentralen Ethik-Kommission für Stammzellenforschung (ZES) aus, die anhand der eingereichten Unterlagen prüft und bewertet, ob die Forschungsprojekte bestimmte Genehmigungsvoraussetzungen erfüllen und in diesem Sinne ethisch vertretbar sind.

ein Rechtsmaßstab, zeichnet sich aber andererseits dadurch aus, dass er hinreichend offen gestaltet werden muss, damit er die ihm zukommenden Funktionen erfüllen kann.[129] Für das Recht besteht die „eigentliche Frage [...] also darin, wie es gelingt, Ethik-Kommissionen und die Entscheidungen über die ethische Vertretbarkeit so zu gestalten, dass sie die ihnen zukommenden Funktionen einer Steigerung der Lern- und Leistungsfähigkeit des Rechts erfüllen, obwohl das Recht sie nach seinen Operationsmechanismen behandeln muss."[130] Ethikräte und Ethikkommissionen erscheinen einerseits als ein sinnvoller Baustein, sind aber andererseits unter verschiedenen Aspekten und deshalb gerade auch in transdisziplinärer Kooperation reflektionsbedürftig.

Insgesamt verstärkt der biomedizinische und biotechnische Fortschritt die Erfordernisse, einer nicht auflösbaren Pluralität von Welt- und Realitätsbeschreibungen oder von (Nicht-)Wissens- und Bewertungsperspektiven, einer hochgradigen Relativität sowie einer gesteigerten Variabilität und Kontingenz Rechnung zu tragen. Zusammenspiele von Bioethik, Biopolitik und Biorecht können dazu beitragen, Konfliktbewältigungs- und Entscheidungsverfahren sinnvoll weiterzuentwickeln.

V. Ausblick

„Bioethik", „Biopolitik" und „Biorecht" konnten in einer Weise nachgezeichnet werden, die zeigt, inwiefern sie jeweils eine eigenständige, unter bestimmten Aspekten aber auch teilweise miteinander verflochtene Genealogie haben. „Bio" mag ein „Boundary Object" implizieren, dem übergreifend Bedeutung zukommt und das disziplinäre Grenzen transzendiert. Für die Bewältigung der neuen Herausforderungen, die der Fortschritt der Bio-, Gen-, Informations- und Neurotechniken mit sich bringt, werden sich fundierte transdisziplinäre Verfahrensformen als fruchtbar und weiterführend erweisen. *Bio-Governance* erscheint als sachgerechte Antwort auf die neuen Schlüsselprobleme.

---

129 Albers (Fn. 66), S. 117 ff. Zu kurz greifend an dieser Stelle *Fateh-Moghadam/Atzeni*, Ethisch vertretbar im Sinne des Gesetzes – zum Verhältnis von Ethik und Recht am Beispiel der Praxis von Forschungs-Ethikkommissionen, in: Vöneky/Hagedorn/Clados/von Achenbach (Hrsg.), Legitimation ethischer Entscheidungen im Recht. Interdisziplinäre Untersuchungen, 2009, S. 115 (120 ff.).
130 Albers (Fn. 66), S. 117.

Bioethik und Biopolitik

Johann S. Ach

I. Einleitung

Was ist Bioethik und was bietet sie dem Recht und der Politik? Wer die Aufgabe gestellt bekommt, diese Frage (oder besser: diese drei Fragen) zu beantworten, steht vor einem Dilemma: Entweder nämlich müssen die Antworten auf diese Fragen so allgemein ausfallen, dass sie kaum informativ sind; oder sie müssten in einer systematischen Untersuchung der komplexen Beziehung zwischen Bioethik und Politik einerseits und Bioethik und Recht andererseits bestehen. Eine solche Untersuchung kann an dieser Stelle aber nicht geleistet werden. Ich versuche mich im Folgenden so aus der Affäre zu ziehen, dass ich, statt einer Antwort auf die gestellte Frage zu geben, im ersten Teil des vorliegenden Beitrags verschiedene bioethische Praxen unterscheide, in einem zweiten Teil einige kursorische Thesen zur „ethischen Tätigkeit" in den verschiedenen bioethischen Praxen und zur Bioethik als Ethik zur Diskussion stelle und im dritten Teil, ausgehend von Anmerkungen dazu, was ich unter bioethischer Expertise verstehe, behaupten werde, dass die Bioethik einen Beitrag zur Rationalisierung des politischen und rechtlichen Diskurses leisten, zur Steigerung der Lern- und Leistungsfähigkeit der Politik und des Rechts beitragen und die Orientierung und Partizipation von Bürgerinnen und Bürgern an den Willensbildungs- und Entscheidungsprozessen in bioethisch relevanten Fragen unterstützen und befördern kann.

II. Was ist Bioethik?

1. Gegenstand und Praxis

Was ist Bioethik? Wer diese Frage beantworten will, sieht sich zwei Schwierigkeiten gegenüber: Erstens wird der Begriff der Bioethik mit Blick auf den Anwendungsbereich bzw. den *Gegenstand* der Bioethik uneinheitlich verwendet; und zweitens werden mit dem Begriff der Bioethik eine Reihe verschiedener *bioethischer Praxen* bezeichnet. Insbesondere das zweite Problem ist im Hinblick auf die vorliegenden Überlegungen von Bedeutung. Hinsichtlich des ersten Problems ist immerhin terminologische Transparenz erforderlich.

a) Der Gegenstand der Bioethik

Die Bioethik ist eine angewandte oder Bereichsethik. Damit ist insbesondere gemeint, dass die Bioethik mit einem spezifischen Anwendungsbereich oder *Gegenstand* befasst ist. Aus dieser Feststellung ergibt sich bereits, dass die Bioethik keiner bestimmten inhaltlichen ethischen Position verpflichtet ist. Dieser Hinweis ist deshalb wichtig, weil es zumindest zu Beginn der bioethischen Diskussion in Deutschland in dieser Hinsicht einige Missverständnisse gab, und die Bioethik beispielsweise von manchen schlicht mit dem Präferenzutilitarismus von Peter Singer gleichgesetzt worden ist.

Mit welchem Gegenstandsbereich es die Bioethik zu tun hat, wird, wie ein kurzer Blick in die Literatur zeigt, unterschiedlich bestimmt. Tatsächlich lassen sich – mindestens – vier Verwendungsweisen des Begriffs Bioethik unterscheiden:[1]

Nicht selten wird die Bioethik – implizit oder auch explizit – mit der *biomedizinischen Ethik* (*biomedical ethics*) identifiziert. Diese unterscheidet sich von der traditionellen medizinischen Ethik, die im Wesentlichen eine ärztliche Ethik war, durch ein breiteres Themenspektrum, die Einbeziehung weiterer Akteure in die ethische Reflexion (zum Beispiel Pflegende oder Kostenträger im Gesundheitswesen), sowie dadurch, dass es sich bei der biomedizinischen Ethik, im Unterschied zur traditionellen Medizinethik, um eine *öffentliche* Reflexion auf die Praxis der Medizin handelt.[2]

Für andere ist die Bioethik – der Wortbedeutung folgend – derjenige *Teilbereich der Ethik, der sich auf moralische Probleme im Umgang mit Lebensphänomenen bezieht.*[3] Die Bioethik umfasst dann zum Beispiel die medizinische Ethik, ethische Fragen im Zusammenhang von Leben und Tod, die Tierethik sowie Teile der ökologischen Ethik. Was genau dieser Definition zufolge Gegenstand der Bioethik ist, hängt davon ab, wie eng oder weit man den Ausdruck „Lebensphänomen" auslegt.

Wieder andere verstehen unter Bioethik eine *Ethik der Lebenswissenschaften*. Dieser Vorschlag ist insofern plausibel, als die Dynamik der Lebenswissenschaften tatsächlich einen Großteil der Fragestellungen der Bioethik mitbestimmt hat. Allerdings schließt diese Bestimmung manche der „klassi-

---

1   Die folgenden Unterscheidungen finden sich bei: *Düwell*, Bioethik. Methoden, Theorien und Bereiche, 2008, S. 23.
2   *Ach/Runtenberg*, Bioethik: Disziplin und Diskurs. Zur Selbstaufklärung angewandter Ethik, 2002.
3   *Birnbacher*, Welche Ethik ist als Bioethik tauglich? In: Ach/Gaidt (Hrsg.), Herausforderung der Bioethik, 1993, S. 46.

schen" Fragestellungen, die in der Regel ganz selbstverständlich dazu gerechnet werden, also etwa das Problem der Sterbehilfe, aus der Bioethik aus.[4]

Und schließlich wird der Begriff Bioethik auch einfach als *Oberbegriff für verschiedene Bereichsethiken* wie die Medizin-, Tier- und Umweltethik verwendet. Gegen diesen vierten Vorschlag ist eingewandt worden, dass der Gegenstand der Bioethik, versteht man den Begriff als bloßen Oberbegriff für alle Bereiche der angewandten Ethik, die im weitesten Sinn mit Eingriffen in das Lebendige zu tun haben, schwer eingrenzbar sei, und die verschiedenen Bereiche der Bioethik und ihre Fragestellungen zudem nur wenig miteinander zu tun hätten.[5] Manche haben vor diesem Hintergrund sogar für einen Verzicht „auf allzu vage übergeordnete Begriffe wie ,Bioethik' oder ,Sozialethik'" plädiert.[6]

Es gibt mit Blick auf den Anwendungs- oder Gegenstandsbereich der Bioethik offenbar weder ein „richtiges" Begriffsverständnis noch eine „herrschende Meinung", auf die man sich beziehen könnte. Letztlich verdanken sich die jeweiligen terminologischen Entscheidungen kontingenten historischen Entwicklungen[7] ebenso wie pragmatischen Erfordernissen. Ich selbst neige dazu, den Begriff der Bioethik als Oberbegriff zu verwenden und zur Bioethik, zusätzlich zu den bereits genannten ,Subdisziplinen' der Medizin-, Tier- und Naturethik auch *population ethics*, *food ethics* und Teilbereiche der Forschungsethik sowie die Ethik der verschiedenen Biotechnologien (Gentechnologie, Nanobiotechnologie etc.) zu zählen. Im vorliegenden Beitrag beschränke ich mich im Wesentlichen aber auf verschiedene Aspekte der biomedizinischen Ethik. Dies hat den schlichten Grund, dass nach wie vor kein anderer Bereich der Bioethik (wie generell der angewandten Ethik) auf eine so lange Geschichte zurückblicken kann und so ausdifferenziert ist wie die biomedizinische Ethik. Entsprechend stellt sich im Bereich der biomedizinischen Ethik eine Reihe von Fragen, die sich in anderen Bereichen der Bioethik (noch) nicht in gleicher Weise stellen.

b)   Bioethik als soziale Praxis

Mit der Frage nach dem Gegenstand der Bioethik ist freilich nur ein Aspekt der Frage, was Bioethik ist, angesprochen. Als weiterer Aspekt kommt hinzu, dass Bioethik auch ein Sammelbegriff für eine Mehrzahl miteinander zusam-

---

4   *Düwell* (Fn. 1), S. 23.
5   *Düwell* (Fn. 1), S. 23.
6   *Fenner*, Einführung in die Angewandte Ethik, 2010, S. 47.
7   Zur Geschichte der Bioethik: *Jonsen*, The Birth of Bioethics, 1998; *Eissa/Sorgner*, Geschichte der Bioethik: Eine Einführung, 2011.

menhängender, sich im Detail aber doch erheblich unterscheidender *bioethischer Praxen* ist. Kurt Bayertz hat die Bioethik daher als ein „hybrides Unternehmen"[8] bezeichnet. Man muss, um Missverständnisse zu vermeiden, also nicht nur etwas über den Gegenstandsbereich sagen, über den man spricht, wenn man den Begriff Bioethik verwendet, sondern auch darüber, welchen Typ bioethischer Praxis man meint.

Etwas vereinfacht lassen sich drei bioethische Praxen unterscheiden[9]:

Bioethik als Wissenschaft: Bioethik als Wissenschaft ist eine Anwendung der allgemeinen Ethik und als solche ein Teilbereich der (angewandten) normativen Ethik. Die Bioethik als Wissenschaft ist ein theoretisches Unternehmen, in dem der Versuch unternommen wird, generelle moralische Normen, Prinzipien oder Werte in einem bestimmten, durch eigene Sachgesetzlichkeiten charakterisierten Bereich zur Geltung zu bringen.[10] Diese Arbeit findet häufig in einem akademischen Kontext statt. Das ist aber keineswegs zwingend. Eine theoretisch-wissenschaftliche Beschäftigung mit ethischen Fragen kann selbstredend auch außerhalb von Universitäten oder anderen wissenschaftlichen Einrichtungen erfolgen.

Bioethik als Diskurs: Bei der Bioethik als einem (öffentlichen) Diskurs handelt es sich um verschiedene Formen einer öffentlichen Auseinandersetzung mit bioethisch relevanten Fragestellungen. Die Bioethik ist damit, wie Jonathan Moreno feststellt, zu einem Konfliktbearbeitungsinstrument der demokratischen Gesellschaft geworden: „Understood as a social institution, bioethics is not only a field of study but also a set of social practices. As such, it participates in the dominant social forms of its culture. In particular, as an institution it participates in the mechanisms that a diverse, liberal, democratic society has devised to deal with uncertainty about moral concerns that arise in studying the life sciences and in applying the knowledge that is gained from those studies."[11] Diese öffentliche Auseinandersetzung findet zum Teil in institutionalisierter Form statt. Der *Deutsche Ethikrat* beispielsweise wurde eigens damit beauftragt „die ethischen, gesellschaftlichen, naturwissenschaftlichen, medizinischen und rechtlichen Fragen sowie die voraussichtlichen Folgen für Individuum und Gesellschaft, die sich im Zusammenhang mit der Forschung und den Entwicklungen insbesondere auf dem Gebiet der Lebens-

---

8 *Bayertz*, Was ist angewandte Ethik, in: Ach/Bayertz/Siep (Hrsg.), Grundkurs Ethik Bd. 1: Grundlagen, 2008, S. 165f.
9 Vgl. zu dieser Unterscheidung: *Arras*, Theory and Bioethics, The Stanford Encyclopedia of Philosophy (Summer 2010 Edition), http://plato.stanford.edu/archives/ sum2010/entries/theory-bioethics/, abgerufen am 22.01.2013.
10 *Birnbacher* (Fn. 3), S. 50.
11 *Moreno*, Deciding Together. Bioethics and Moral Consensus, 1995.

wissenschaften und ihrer Anwendung auf den Menschen ergeben" zu verfolgen, die Öffentlichkeit zu informieren, und die Diskussion in der Gesellschaft unter Einbeziehung der verschiedenen gesellschaftlichen Gruppen zu befördern.[12]

Bioethik als Beratung: Mit der Bioethik als Beratung sind verschiedene Formen einer institutionalisierten Ethik-Beratung gemeint. Dazu gehören zum Beispiel verschiedene Ethik-Räte, insbesondere aber auch Klinische Ethikkomitees, also an Kliniken und Krankenhäusern, zunehmend aber auch an Alten- und Pflegeheimen, angesiedelte Einrichtungen. Ziel der Klinischen Ethik ist es, so Alfred Simon, „den Prozess der Entscheidungsfindung zwischen Ärzten, Pflegenden, Patienten, Angehörigen und anderen Beteiligten methodisch und strukturell zu unterstützen und zu konkreten Lösungen beizutragen".[13] „Ethische Beratungsorgane" dieser Art haben die Aufgabe, politische oder klinische Entscheidungsträger in konkreten Problemlagen zu unterstützen, „indem sie spezifisch die moralische Seite an den betreffenden Problemen reflektieren."[14]

III. Ethische Tätigkeit und gute Gründe

a) Bioethische Praxen

Selbstredend sind die Grenzen zwischen den verschiedenen bioethischen Praxen fließend. Nicht wenige akademisch tätige Bioethikerinnen und Bioethiker engagieren sich beispielsweise gleichzeitig auch in politischen Gremien oder in Klinischen Ethikkomitees. Ethik-Kommissionen und Ethik-Räte haben häufig mehrere Aufträge. Der *Deutsche Ethikrat* beispielsweise soll nicht nur den öffentlichen Dialog fördern, sondern auch den Gesetzgeber beraten, in dem er „Stellungnahmen sowie... Empfehlungen für politisches und gesetzgeberisches Handeln" erarbeitet.[15] Und auch thematisch gibt es vielfältige Überschneidungen. Gleichwohl unterscheiden sich die verschiedenen bioethischen Praxen offenkundig nicht nur hinsichtlich ihrer *Aufgaben*

---

12 Auftrag des Deutschen Ethikrates, http://www.ethikrat.org/ueber-uns/auftrag (abgerufen am 22.01.2013.

13 *Simon*, Klinische Ethik, in: Stoecker/Neuhäuser/Raters (Hrsg.), Handbuch Angewandte Ethik, 2011, S. 393; Vgl. auch: *Dörries/Neitzke/Simon/Vollmann*, Klinische Ethikberatung. Ein Praxisbuch, 2008.

14 *Kettner*, Ethik-Komitees. Ihre Organisationsformen und ihr moralischer Anspruch, in: Erwägen, Wissen, Ethik 16, 2005, S. 3-16, 4.

15 Siehe Fn. 12.

und spezifischen Zwecksetzungen, sondern auch in wichtigen anderen Aspekten.

Die unterschiedlichen Aufgaben, Aufträge oder Funktionen führen beispielsweise dazu, dass die *Arbeitsweisen* und die *Rahmenbedingungen* in den verschiedenen bioethischen Praxen unterschiedlich sind. Als Ethikerin oder Ethiker, zumal als akademische Ethikerin oder akademischer Ethiker, ist man nicht nur (weitgehend) frei im Hinblick auf die Wahl der Gegenstände der eigenen Arbeit, sondern auch im Hinblick auf die verwendeten Methoden. Und auch hinsichtlich der Allokation seiner zeitlichen Ressourcen ist der Ethiker im Prinzip frei.[16] Ein Buch oder auch nur einen Aufsatz zu einem Problem der Bioethik zu schreiben ist in der Regel ein einsamer Prozess. Dagegen sind die Themen, mit denen sich Ethik-Kommissionen oder Ethik-Räte befassen, häufig von anderer Seite vorgegeben oder müssen sich zumindest daran orientieren, was thematisch auf der politischen Tagesordnung steht. Die Mitglieder der Kommission entstammen in der Regel unterschiedlichen Disziplinen. Nicht selten sind sie nicht (allein) wegen ihrer Expertise zum Kommissionsmitglied gewählt oder ernannt worden, sondern weil sie eine bestimmte gesellschaftlich relevante Gruppe (z.B. Behinderteninitiativen, Kirchen, Gewerkschaften) vertreten. Die Arbeitsweise kann in unterschiedlich hohem Maße reglementiert sein, und es gibt häufig zeitliche Vorgaben, die durch Sachzwänge diktiert werden. Dies ist im Falle von Ethik-Kommissionen oder Ethik-Räten beispielsweise dann der Fall, wenn diese den Gesetzgeber beraten sollen (wie dies zum Beispiel bei der Stammzell-Entscheidung oder zuletzt auch bei der Frage der Regelung der Präimplantationsdiagnostik der Fall war). Im Falle der klinischen Bioethik wiederum werden konkrete Arbeitsweisen und Zeitvorgaben nicht selten durch den konkreten Fall vorgegeben, der bearbeitet (und gelöst) werden soll bzw. muss.

Darüber hinaus sind auch die *Adressaten*, an die sich die Ergebnisse oder Produkte der bioethischen Tätigkeit richten, jeweils andere, je nachdem, mit welchem Typ von bioethischer Praxis man es zu tun hat. Während sich diejenigen, die Bioethik im Sinne einer Wissenschaft beitreiben, in der Regel an Fach-Kolleginnen und -Kollegen bzw. an ein wissenschaftlich interessiertes Publikum richten, sind die Adressaten von Stellungnahmen, Empfehlungen oder Gutachten von Ethik-Kommissionen oder Ethik-Institutionen normalerweise entweder die Auftraggeber, also zum Beispiel die Politik oder bestimmte gesellschaftliche Gruppen wie die Ärzteschaft, oder aber die breite Öffentlichkeit, die sich für die diskutierten Themen interessiert bzw. dafür erst noch interessiert werden soll. Der Rat oder die Empfehlung der klinischen Ethikbe-

---

16 Man muss wohl kaum betonen, dass dies eine mit der erlebten Realität nur schwer vereinbare Idealisierung ist.

ratung wiederum richtet sich unmittelbar an die von einem konkreten Problem Betroffenen, also an Ärztinnen und Ärzte, Pflegepersonal, Angehörige oder an die Mitarbeiterinnen und Mitarbeiter einer konkreten Einrichtung.

Schließlich unterscheiden sich auch die *Erwartungen*, die an die Ergebnisse bioethischer Tätigkeit in den jeweiligen Praxen gerichtet sind, und entsprechend auch die *Produkte*, die daraus hervorgehen. Ob von der Bioethik beispielsweise eher Analysen oder eher Antworten erwartet werden, hängt, wie Jonathan Moreno herausgestellt hat, nicht zuletzt davon ab, um welche Art von bioethischer Praxis es sich handelt. „What is appropriate for the philosopher qua member of a decision-making body will depend on the nature of, and the proper procedures for, such decision-making, and whether their membership is a professional ethicist or not. " Insbesondere in entscheidungsnahen Institutionen wird von der Bioethik nicht nur eine neutrale Analyse und Präsentation verschiedener Optionen, sondern (auch) eine substantielle moralische Antwort erwartet. „[M]y own experience suggests", so berichtet Moreno, „that the more clinical the context the less welcome is an exercise that only succeeds in heightening intellectual frustration. Normally when the ethics consultant is called the ethical problem is already all too clear to the health care providers, and they are in need of a plan of action, sometimes desperately so."[17]

b) Aufklärung, Begründung, Interpretation, Lösung

Den verschiedenen Formen bioethischer Praxis korrespondieren, wie ich im Folgenden andeuten möchte, ebenso verschiedene Formen „ethischer Tätigkeit".[18]

Worin also besteht die ethische Tätigkeit in der Bioethik als Wissenschaft? Die Aufgabenstellungen der Bioethik sind hier offenbar dieselben, die für die Ethik insgesamt kennzeichnend sind. Die ethische Tätigkeit der Bioethikerin bzw. des Bioethikers besteht insofern in der *Analyse* und *Kritik* von Argumenten und deren Geltungsbedingungen, der Aufklärung der Struktur häufig verwendeter Argumentationstypen und der Explikation bzw. Präzisierung problematischer moralischer Begriffe. Hinzu kommen die *Normenkonstruktion*, d.h. die Formulierung und Begründung normativer Positionen oder Urteile, und die *Moralpragmatik*, d.h. die Vermittlung der vorgeschlagenen Normen

---

17 *Moreno*, Ethics Consultation as Moral Engagement, in: Bioethics 5, 1991, S. 44-56, 52.

18 Ich borge den Begriff der ethischen Tätigkeit von *Daniels*, Das weite Überlegungsgleichgewicht in der Praxis, in: Rauprich/Steger (Hrsg.), Prinzipienethik in der Biomedizin, 2005, S. 348.

in eine bestimmte politische, gesellschaftliche oder institutionelle Realität.[19] Bioethik in diesem Sinne ist angewandte Philosophie[20] bzw. angewandte Moralphilosophie. Philosophie bzw. die philosophische Ethik ist die primäre Bezugsdisziplin der Bioethik.

Die wissenschaftlich tätige Bioethikerin bzw. der wissenschaftlich tätige Bioethiker folgt in ihrem bzw. seinem Nachdenken – idealerweise – allein dem besseren Argument – wohin auch immer dieses sie bzw. ihn führen mag:

„The academic is free to think as deeply or to soar as high into the theoretical empyrean as she wishes. Unlike the clinical ethicist, she is unhindered by time constraints, medical custom, law, or the need to reach closure on a decision. […] And unlike the bioethicist cum policy analyst, the academic doesn't have to worry about finding a common language or bending to the necessities imposed by pluralism or sponsoring agencies of government. It is here within the academic domain that the relationship between philosophical-religious theory and bioethics will tend to be most explicit and most welcome, although even here bioethicists need to be responsive to the above constraints should they desire the fruits of their intellectual labors eventually to have some influence on public policy. Presumably, a standard motivation for engaging in practical ethics is to influence practice."[21]

Ob der Beitrag der wissenschaftlichen Bioethik zur Problemlösung darin besteht, konkrete Vorschläge für bioethische Probleme zu formulieren, oder sich darauf beschränkt, Argumente zu rekonstruieren, Optionen zu unterscheiden und argumentative Landkarten zu entwerfen, oder möglicherweise sogar in einer rein destruktiven Arbeit besteht – diese Entscheidung hängt offenbar einerseits von den zur Debatte stehenden Fragestellungen ab, andererseits aber auch von den jeweiligen Vorlieben der handelnden Akteure.

Wer an der Praxis einer Bioethik als öffentlich-politischem Diskurs mitwirkt, wird demgegenüber deutlich mehr vermittelnde Rücksichten nehmen müssen: Dies beginnt bereits bei der Sprache, die weitgehend allgemeinverständlich sein muss, wenn der Adressat bioethischer Interventionen eine diffuse „Öffentlichkeit" ist. Rücksicht nehmen muss eine öffentlich-politisch orientierte Bioethik aber ebenso auch im Hinblick auf die Umsetzbarkeit und die Anschlussfähigkeit der Lösungsvorschläge, die sie macht. Anders als in der wissenschaftlichen Bioethik wird eine öffentlich-politisch orientierte Bioethik beispielsweise verfassungsrechtliche Regeln oder auch fundamentale ökonomische Strukturen des Gesundheitswesens allenfalls ausnahmsweise in Frage

---

19 *Birnbacher* (Fn. 3), S. 45.
20 *Ach*, Bioethik als angewandte Philosophie? Wenn Philosophie auf Wirklichkeit trifft…, in: Runtenberg/Rohbeck (Hrsg.), Angewandte Philosophie, 2012, S. 85-105.
21 *Arras* (Fn. 9).

stellen und beispielsweise auch Grenzen der Finanzierbarkeit von Handlungsoptionen in der Regel nicht ignorieren können.

Stattdessen wird es insbesondere darauf ankommen, weitgehend geteilte Überzeugungen bzw. weithin akzeptierte Regelungen im Hinblick auf konkrete Problemkonstellationen zu interpretieren, für ihre Akzeptanz zu werben oder auf ihre Einhaltung zu achten. Statt einer „rücksichtslosen" Kritik geht es der Praxis der Bioethik als Diskurs also eher um angemessene, kontextsensible Interpretationen, das Herstellen von Transparenz, das Ausloten von Kooperations- oder Kompromissmöglichkeiten, und um Vorschläge im Hinblick auf ein erfolgreiches – je nach Sachlage – Konsens- bzw. Dissensmanagement.

Moraltheorie spielt auch in dieser bioethischen Praxis eine mehr oder minder wichtige Rolle. Allerdings nur insoweit, als sie erforderlich und hilfreich ist, die genannten Ziele zu erreichen. Man muss nicht so weit gehen wie Will Kymlicka, der behauptet hat, es gebe „keine interessante Verbindung zwischen philosophischem Anspruch und moralischer Sensibilität", um ihm gleichwohl darin Recht zu geben, dass „hochgestochene philosophische Ansprüche" im Hinblick auf die Ziele der öffentlich-politischen Bioethik weder „notwendig noch hinreichend" sind.[22]

Die institutionellen Einschränkungen und die erforderlichen Rücksichten nehmen noch einmal deutlich zu, wenn die Bioethik als Beratung bzw. wenn bioethische Institutionen als ethische Beratungsorgane in den Blick kommen. Für die klinische Bioethik beschreibt John Aras die Situation wie folgt: „The paradigmatic activity of clinical bioethics is the ethics consult, in which perplexed or worried physicians, nurses, social workers, patients or their family members call upon an ethicist (among others, e.g., psychiatrists and lawyers) for assistance in resolving an actual case. These case discussions take place in real time and they are anything but hypothetical. While those who discuss bioethics in an academic context can afford to reach the end of the hour in a state of perplexed indeterminacy, the clinical ethicist is acutely aware that the bedside is not a seminar room and that a decision must be reached."[23] Hinzu kommen institutionelle Zwänge in Form knapper finanzieller oder personeller Ressourcen und weltanschaulich geprägter Richtschnüre, die das Spektrum implementierbarer Lösungsoptionen zusätzlich einschränken können. Neben allgemeinen ethischen Orientierungen gibt gerade in klinischen Ethikkomitees häufig die vorherrschende Moral des institutionellen Trägers, der das Komitee

---

22   *Kymlicka*, Moralphilosophie und Staatstätigkeit: das Beispiel der neuen Reproduktionstechnologien, in: Kettner (Hrsg.), Angewandte Ethik als Politikum, 2000, S. 193-225, 216.

23   *Arras* (Fn. 9).

etabliert hat, den normativen Rahmen für die Diskussions- und Entscheidungsprozesse des Komitees vor.

Anders als in der wissenschaftlichen und auch in der öffentlich-politischen Bioethik sind von den Entscheidungen in der klinischen Bioethik einzelne Individuen unmittelbar betroffen: Das gilt zunächst für die individuellen Patientinnen und Patienten, um deren Schicksal es geht, dann aber auch für behandelnde Ärztinnen und Ärzte, für Pflegerinnen und Pfleger und für die Angehörigen der Patientinnen und Patienten, die getroffene Entscheidungen umsetzen und anschließend ggf. mit ihnen leben müssen. Bei anderen ethischen Beratungsorganen sind es meist größere Gruppen oder ganze Institutionen, die solcherart von Entscheidungen betroffen sind. Aber auch hier gilt analog, dass die getroffenen Entscheidungen „lebbar" sein müssen; d.h. zum Beispiel, dass die vorgeschlagenen Handlungsoptionen keine – allzu große – Dissonanz zu den moralischen Intuitionen und Auffassungen der Betroffenen aufweisen dürfen und von diesen auch nicht zu viel verlangen dürfen. Die Mitglieder klinischer Ethik-Komitees zeichnen sich daher in der Regel weniger durch ihre philosophisch-ethische Expertise als durch ihre Persönlichkeit und ihren persönlichen wie beruflichen Erfahrungshintergrund aus.

Die ethische Tätigkeit in den unterschiedlichen bioethischen Praxen unterscheidet sich zunächst also im Hinblick auf die Bedeutung, die ethische Theorien und Rahmen- bzw. kontextuelle Bedingungen in ihr spielen. Während die Bedeutung von ethischen Theorien offenbar abnimmt, je nachdem, ob man es mit Bioethik als einer Wissenschaft, oder aber mit Bioethik als einem öffentlich-politischem Diskurs bzw. mit Bioethik als Beratung zu tun hat, nimmt die Bedeutung der Rahmen- und kontextuellen Bedingungen in Beratungskontexten gegenüber dem bioethischen Diskurs oder der bioethischen Wissenschaft zu.

Ein weiterer Unterschied betrifft die Argumentationsformen in den verschiedenen bioethischen Praxen: Während in der wissenschaftlichen Bioethik die Analyse und Kritik im Vordergrund stehen und insbesondere nach theoretisch fundierten Begründungen für Argumente gefragt wird, spielen in den beiden anderen Praxen zum Beispiel Kasuistiken, Analogie-Argumente oder auch Narrative eine wichtige Rolle.

Und schließlich sind, wie bereits angedeutet, häufig auch die Ziele der ethischen Tätigkeit in den verschiedenen bioethischen Praxen jeweils andere: Während sich die wissenschaftliche Bioethik häufig mit der *Aufklärung* bioethisch relevanter Probleme bescheiden kann bzw. mit einer *Begründung* bioethischer Normen vor dem Hintergrund einer spezifischen Theorie, zielt die öffentliche Bioethik eher auf eine *Interpretation* (mehr oder minder) allgemein anerkannter Normen im Hinblick auf spezifische Problemkonstellationen. Die ethische Tätigkeit in Beratungskontexten schließlich strebt von vornherein praktikable und implementierbare *Lösungen* für konkrete Probleme an.

c) Bioethik als Ethik oder: Was sind gute Gründe?

Die Unterscheidung zwischen verschiedenen bioethischen Praxen und den jeweiligen ethischen Tätigkeiten innerhalb dieser Praxen ist, scheint mir, auch deshalb wichtig, weil erst vor diesem Hintergrund verständlich wird, dass auch die Frage, was in den bioethischen Praxen als ein „gutes" Urteil oder als eine „gute" Entscheidung gelten kann, jeweils unterschiedlich beantwortet werden muss.

Dass ein Urteil oder eine Entscheidung gut oder wohlbegründet ist, bedeutet, dass *gute Gründe* für das Urteil bzw. für die Entscheidung sprechen. Was als ein guter Grund gilt, und darauf kommt es hier an, variiert aber je nachdem, an welcher bioethischen Praxis man teilnimmt. Oder, anders ausgedrückt, der „Raum der Gründe" ist in den verschiedenen bioethischen Praxen ein jeweils anderer.

In der wissenschaftlichen Bioethik wird die Frage, was ein guter Grund ist, im Wesentlichen durch die zugrundeliegende Moraltheorie bestimmt. Ob ein Grund ein guter Grund ist, hängt also vor allem davon ab, ob er *theoretisch fundiert* ist. Was im Lichte einer Theorie als ein guter Grund zählt, mag von Theorie zu Theorie sehr unterschiedlich sein. Kantianer und Utilitaristen werden sich womöglich darüber uneinig sein, was im Hinblick auf eine zu treffende Entscheidung einen guten Grund darstellt. Kontextualistisch oder kohärentistisch verfasste Ethikkonzeptionen werden möglicherweise völlig andere Anforderungen an „gute" Gründe stellen als deduktivistisch vorgehende Ethiktheorien. In jedem Fall aber werden Gründe erst im Lichte der jeweiligen Theorie zu (möglicherweise) guten Gründen.

Der „Raum der Gründe" in der öffentlich-politischen Bioethik ist offenkundig ein anderer: Gute Gründe zeichnen sich hier, wie man vielleicht sagen kann, weniger dadurch aus, dass sie theoretisch fundiert, als dadurch, dass sie *überzeugend* sind. In der Bioethik als Diskurs scheint ein guter Grund ein solcher zu sein, der den rechtlichen, institutionellen oder auch finanziellen Vorgaben ebenso Rechnung trägt wie dem ethischen und weltanschaulichen Pluralismus, der moderne Gesellschaften kennzeichnet. Anders als in der wissenschaftlichen Bioethik hängt die Güte eines Grundes im bioethischen Diskurs insofern auch von dessen Erfolg ab: ein guter Grund ist ein Grund, den möglichst viele überzeugend finden.

Ein Erfolgskriterium gibt es auch für Gründe in der Bioethik als einer Beratungspraxis. Der „Raum der Gründe" dieser Praxis unterscheidet sich aber sowohl von der bioethischen Wissenschaft als auch vom bioethischen Diskurs. Gute Gründe bzw. gute Entscheidungen, so scheint mir, sind hier solche Entscheidungen, die für die Betroffenen im weitesten Sinne *lebbar* sind. Solche Entscheidungen müssen mit den rechtlichen und institutionellen Rahmenbedingungen kompatibel sein, innerhalb derer sie getroffen werden müssen, sie dürfen keine überfordernden Ansprüche an die Betroffenen stellen und müssen deren moralischen Intuitionen nach Möglichkeit entgegenkommen.

Sie müssen die Beteiligten ernstnehmen und von vorneherein darauf angelegt sein, dass die von der Entscheidung Betroffenen auch in ihrem weiteren Leben mit (den Folgen) der Entscheidung zurechtkommen können.

Die unterschiedlichen bioethischen Praxen beziehen sich insofern auch auf unterschiedliche Verständnisse von Ethik bzw. auf verschiedene Ethik-Begriffe. Ludwig Siep hat zwischen einem wissenschaftlichen und einem öffentlichen Ethik-Begriff unterschieden.[24] Folgt man den voranstehenden Überlegungen, dann kann (und muss) man sogar drei *verschiedene Begriffe von Ethik* unterscheiden, die in der Bioethik eine Rolle spielen: Einen „wissenschaftlichen" Begriff von Ethik, der es(insbesondere) mit der kritischen Analyse und theoretisch fundierten Normenkonstruktionen zu tun hat, einen „öffentlichen" Begriff von Ethik, der es (insbesondere) mit der überzeugenden Interpretation und der Geltendmachung weithin akzeptierter genereller Normen zu tun hat, und einen „beratenden" Begriff von Ethik, der es (insbesondere) mit dem Ausloten lebbarer Lösungsoptionen für konkrete Probleme zu tun hat.

Man kann darüber streiten, ob man tatsächlich in jedem Fall von der Bioethik als einer *Ethik* sprechen sollte. Es gibt nach meiner Überzeugung zweifellos Gründe dafür, den Begriff der Ethik für die wissenschaftliche Ethik zu reservieren. Tatsächlich entspricht dies aber nicht (mehr) dem eingebürgerten Sprachgebrauch. Und tatsächlich ist auch nicht zu bestreiten, dass die angesprochenen Verständnisse von Ethik eine Reihe von Gemeinsamkeiten aufweisen. Mir scheint, dass es in dieser Frage keine richtige oder falsche Begriffsverwendung gibt, und die Entscheidung, ob man auch die öffentliche Bioethik bzw. die Bioethik als Beratung Ethik nennen will oder nicht, letztlich nur pragmatisch begründet werden kann. Es kommt insofern auch hier wieder weniger auf die Nomenklatur an als auf Transparenz.

IV. Expertise, Expertinnen und Experten

Angesichts der verschiedenen bioethischen Praxen sowie der unterschiedlichen Anforderungen, die an die Bioethikerinnen und Bioethiker in den unterschiedlichen institutionellen Zusammenhängen als Sachverständige, Mitglieder oder Berater gestellt werden, stellt sich die Frage, ob es eine bioethische Expertise gibt bzw. worin diese bestehen könnte. Was können Bioethikerinnen und Bioethiker, das andere nicht, oder jedenfalls nicht in gleicher Weise, können?

---

24 *Siep*, Ethik-Kommissionen – Ethik-Experten?, in: Ach/Bayertz/Siep (Hrsg.), Grundkurs Ethik, Bd. 1: Grundlagen, 2008, 181-191, 182f.

Die Antwort auf diese Frage kann in gewisser Weise nur negativ ausfallen: Versteht man nämlich unter „Moral" die Gesamtheit der moralischen Normen, Prinzipien oder Werte, moralischen Dispositionen und Charakterzüge, moralischen Motive, Einstellungen und Ideale etc., unter „Ethik" demgegenüber die theoretische Beschäftigung mit dem Phänomen der Moral, dann muss man sagen: Ethikerinnen und Ethiker verfügen (im günstigen Fall) über eine ethische, nicht aber über eine moralische Expertise. Ihren normativen Vorschlägen kommt keine größere Autorität oder Dignität zu. Qua Expertinnen bzw. Experten vermögen Bioethikerinnen und Bioethiker, wie Dieter Birnbacher es formuliert hat, „stets nur negativ zu argumentieren".[25] Daraus folgt im Übrigen nicht, dass Bioethikerinnen und Bioethiker auf strikte Neutralität festgelegt wären. Sie können durchaus und legitimer Weise persönliche moralische Urteile formulieren – solange sie diese als solche kennzeichnen und transparent machen, dass sie diese nicht kraft eigener Expertise, sondern in ihrer Rolle als Bürger und Diskursteilnehmer vorschlagen.

Worin also besteht die ethische Expertise von Bioethikerinnen und Bioethikern? Hier sind zunächst die Fähigkeit zu logischem Denken und rationalem Argumentieren zu nennen. Bioethikerinnen und Bioethiker sind (idealer Weise) dazu in der Lage, in ihren eigenen Stellungnahmen logische oder begriffliche Fehler zu vermeiden bzw. solche Fehler in den Stellungnahmen anderer Gesprächsteilnehmerinnen und -teilnehmer zu identifizieren. Bioethikerinnen und Bioethiker können, mit anderen Worten, moralische Überzeugungen im Hinblick auf deren Konsistenz, Kohärenz und Plausibilität überprüfen.[26] Sie haben, wie Hegselmann treffend formuliert hat, eine Nase für schlechte Argumente und für Wert- und Zielkonflikte.[27]Als Expertinnen und Experten verfügen sie (idealer Weise) über Sprachgefühl und über einen Sinn für begriffliche Nuancen, und sie sind dazu in der Lage, moralische Diskussionen zu strukturieren, unausgesprochene oder unbewusste Voraussetzungen und Implikationen moralischer Überzeugungen offen zu legen, Dissense zu identifizieren und gegebenenfalls auf ihren Kern zurückzuführen.

Von Bioethikerinnen und Bioethikern darf man darüber hinaus erwarten, dass sie sich in der Geschichte der Ethik auskennen, wichtige ethische Traditionen und bedeutende Moralkonzeptionen kennen, mit Binnenmoralen, wie beispielsweise der ärztlichen Standesethik, zumindest in Grundzügen vertraut

---

25 *Birnbacher,* Für was ist der ‚Ethik-Experte' Experte?, in: Rippe (Hrsg.), Angewandte Ethik in der pluralistischen Gesellschaft, 1999, 267-283,273.
26 *Birnbacher* (Fn. 25), 270.
27 *Hegselmann,* What is Moral Philosophy and What is its Function?, in: Morscheru.a. (Hrsg.), Applied Ethics in a Troubled World 1998, 251-272, 251.

sind und die Bedeutung zentraler moralischer Ausdrücke (Menschenwürde, Autonomie) verstehen.

Zu den besonderen Kompetenzen, über die Bioethikerinnen und Bioethiker verfügen, gehört über die genannten hinaus auch die Fähigkeit (und die Bereitschaft), Probleme in Bereichen und Fragestellungen zu identifizieren und zu artikulieren, die von anderen möglicherweise für unproblematisch gehalten werden. So hat Arthur Caplan zu Recht darauf hingewiesen, „that problem analysis and diagnosis are just as important in medical settings as is the solving of moral puzzles."[28] Bioethikerinnen und Bioethiker sind also in gewisser Weise Expertinnen bzw. Experten für die Erzeugung moralischer Probleme, die die Problematizität spezifischer Handlungsweisen oder Institutionen herausarbeiten und die moralische Dimension dieser Probleme identifizieren.[29]

Schließlich sollten Bioethikerinnen und Bioethiker mit den grundlegenden Sachverhalten, die jeweils zur Diskussion stehen, und mit den grundlegenden moralischen Überzeugungen, die von jenen geteilt werden, die in den entsprechenden Bereichen oder Institutionen arbeiten, vertraut sein. Dazu können, nimmt man das Beispiel der Medizinethik, grundlegende medizinische Kenntnisse und eine gewisse Vertrautheit mit medizinischer Terminologie gehören, aber auch ein grundlegendes Verständnis psychologischer Theorien, eine gewisse Vertrautheit mit einschlägigen rechtlichen Regelungen oder der Einblick in die zentralen Strukturen und Institutionen des Gesundheitssystems usf.

Ob es allerdings tatsächlich (allein) die bisher genannten spezifischen Kenntnisse und spezifischen analytischen wie rekonstruktiven Kompetenzen sind, die Bioethikerinnen und Bioethiker für die Arbeit in Kommissionen und Gremien geeignet machen, ist vor dem Hintergrund der Unterscheidung der verschiedenen bioethischen Praxen und der unterschiedlichen in diesen Praxen erforderlichen ethischen Tätigkeiten zumindest fraglich. Welche Kenntnisse, Kompetenzen, Fähigkeiten oder Eigenschaften eine Bioethikerin bzw. ein Bioethiker benötigt, hängt offenbar – zumindest teilweise – davon ab, um welche Tätigkeit in welcher bioethischen Praxis es sich genau handelt.

Die Bedeutung einer ethischen Expertise im engeren Sinne scheint jedenfalls in der wissenschaftlichen Bioethik deutlich größer zu sein als in der öffentlichen Bioethik oder der Bioethik als Beratung. Demgegenüber scheinen, je entscheidungsnäher die ethische Tätigkeit angesiedelt ist, d.h. je unmittel-

---

28 *Caplan*, Can Applied Ethics be Effective in Health Care and Should it Strive to Be? in: Ethics 93, 1983, 311-319, 317.

29 *Bayertz*, Praktische Philosophie als angewandte Ethik. In: Bayertz (Hrsg.), Praktische Philosophie. Grundorientierungen angewandter Ethik, 1991, 7-47, 44.

barer Bioethikerinnen und Bioethiker in den Prozess der Entscheidungsfindung in konkreten ethischen Problemsituationen eingebunden sind, eher sokratische und mediatorische Fähigkeiten gefragt zu sein. Zum Anforderungsprofil einer Bioethikerin bzw. eines Bioethikers gehören demnach neben spezifischen Kenntnissen und spezifischen analytischen und rekonstruktiven Kompetenzen auch Tugenden wie innere Unabhängigkeit, Ausdauer, Durchhaltevermögen, Integrität, Empathiefähigkeit und andere Charaktereigenschaften sowie die Fähigkeit, Diskussionsprozesse in Komitees und Gremien zu ermöglichen bzw. zu befördern.

V. Bioethik, Biorecht, Biopolitik

Was hat die Bioethik dem Recht und der Politik anzubieten? Im Grunde ist diese Frage, so scheint mir, mit dem Hinweis auf die ethische Expertise von Bioethikerinnen und Bioethikern bereits beantwortet. Der Beitrag der Bioethik zur Biopolitik und zum Biorecht besteht eben darin, dass Bioethikerinnen und Bioethiker in den jeweiligen Bereichen ihre spezifische Expertise zum Tragen bringen. Diese Feststellung mag trivial klingen; und sie ist es vielleicht auch. Sie ist aber in zweifacher Hinsicht interessant: Zum einen, weil sie noch einmal die „Kunst der Differenzierung" betont, die sowohl die Bioethikerinnen und Bioethiker selbst wie genauso auch ihre Adressaten immer wieder aufs Neue lernen und einüben müssen, und die darin besteht, zwischen den beiden Rollen zu unterscheiden, in denen Bioethiker auftreten: nämlich als bioethische Experten einerseits, als Bürger und Diskursteilnehmer andererseits. Zum anderen macht sie aber auch deutlich, dass es der Bioethik darum gehen muss, durch Reflexion auf das eigene Kompetenzprofil ihre Eigenständigkeit zu bewahren. Wenn sie darauf verzichtet, sich ihres theoretischen und methodischen Repertoires immer wieder aufs Neue zu versichern und es zu schärfen, gerät die Bioethik ansonsten in Gefahr, wahlweise zur wohlfeilen Sonntagspredigt zu verkommen oder zum Erfüllungsgehilfen fremder Interessen zu werden.

Vor diesem Hintergrund kann man in aller Allgemeinheit vielleicht das Folgende sagen:

Rationalisierung: Erstens kann die Bioethik, scheint mir, einen Beitrag zur Rationalisierung des politischen und rechtlichen Diskurses leisten. Damit ist gemeint, dass die Bioethik in den jeweiligen Bereichen und Fragestellungen ihre spezifischen analytischen, kritischen und rekonstruktiven Kompetenzen zum Tragen bringt. Das mag, um zumindest ein Beispiel zu nennen, im Hinblick auf unbestimmte Rechtsbegriffe („Hochrangigkeit") von Nutzen sein, oder dort, wo das Gesetz implizit oder explizit eine ethische Vertretbarkeitsprüfung vorsieht.[30]

Dies ist freilich alles andere als unproblematisch: Nicht nur, weil man in Rechnung stellen muss, dass sowohl die Politik als auch das Recht eigenen „Logiken" folgen bzw. (in einer bestimmten Redeweise) ihrer je eigenen „Rationalität" verpflichtet sind; sondern auch, weil politische Entscheidungen, wie Horst Dreier herausgestellt hat, nicht von vornherein auf wissenschaftlich tragfähige Konzepte festgelegt sind. Dreier spricht in diesem Zusammenhang sogar von einem „Irrationalitätsprivileg der Politik": Der voluntaristische Kern der Demokratie lasse Regelungen zu, denen streng rationale Strukturen abgehen und die vor dem Forum reiner Vernunft keinen Bestand hätten. Nicht wissenschaftliche Stichhaltigkeit und rationale Begründung, sondern allein die Normen der Verfassung bilden, wie Dreier betont, eine unüberwindbare Schranke für Politik und Recht.[31] Dies ist, wie die Diskussionen beispielsweise über Abtreibung und Embryonenschutz zeigt, wo gar manche Ethikerin und gar mancher Ethiker einen kaum erklärlichen Wertungswiderspruch sehen, mitunter schwer auszuhalten.

Steigerung der Lern- und Leistungsfähigkeit: Zweitens kann die Bioethik einen Beitrag zur Steigerung der Lern- und Leistungsfähigkeit der Politik und des Rechts leisten.[32] Dies geschieht insbesondere dort, wo – in Ethik-Kommissionen oder Ethik-Räten – politische Rahmenbedingungen und rechtliche Regelungen im Lichte neuer Entwicklungen und Erfahrungen interpretiert und Revisionen vorgeschlagen werden, oder auch dort, wo die Bioethik – auf unterschiedlichsten Ebenen und in verschiedensten Zusammenhängen – an der Formulierung und Kodifizierung von *soft law* beteiligt ist. Bioethik ist hier manchmal besser als die politischen und rechtlichen Verfahren der Gesetzgebung und Rechtssetzung zu einer *fast and flexible response* fähig.

---

30   Vgl. dazu auch: *Fateh-Moghadam/Atzeni*, Ethisch vertretbar im Sinne des Gesetzes – Zum Verhältnis von Ethik und Recht am Beispiel der Praxis von Forschungs-Ethikkommissionen, in: Vöneky/Hagedorn/Clados/Achenbach (Hrsg.), Legitimation ethischer Entscheidungen im Recht - Interdisziplinäre Untersuchungen, 2008, S. 115-143; ausführlich zur Beziehung zwischen Bioethik und Recht auch: *Spranger*, Recht und Bioethik. Verweisungszusammenhänge bei Normierung der Lebenswissenschaften, 2010.

31   *Dreier*, Bioethik. Politik und Verfassung, 2013, S. 78ff.

32   Dazu auch: *Albers*, Die Institutionalisierung von Ethik-Kommissionen. Zur Renaissance der Ethik im Recht, in: Kritische Vierteljahresschrift für Gesetzgebung und Rechtswissenschaft, 2003, S. 419-436.

Orientierung und Partizipation: Und schließlich kann die Bioethik einen Beitrag zur Orientierung in bioethisch relevanten Fragestellungen und zur Partizipation von Bürgerinnen und Bürgern an den Willensbildungs- und Entscheidungsprozessen in bioethisch relevanten Fragen leisten. Für Matthias Kettner ist „angewandte Ethik im Wesentlichen eine bürgergesellschaftliche Aktivität, eine besondere unter vielen anderen Formen der Selbstorganisation einer civil society".[33]

Tatsächlich ist nicht zu bestreiten, dass das Interesse einer breiten Öffentlichkeit an medizin- und biotechnischen Entwicklungen zugenommen hat. Umso nachdrücklicher wurde und wird im Zusammenhang der Diskussion um die Bioethik die Forderung erhoben, die Bürgerinnen und Bürger an der Willensbildung und Entscheidungsfindung in bioethischen Fragen stärker zu beteiligen. Dies hat nicht zuletzt zur Durchführung und Erprobung unterschiedlichster Dialog-, Diskurs- und Konfliktschlichtungsverfahren geführt. Die Frage, wie entsprechende Diskursverfahren und Partizipationsmodelle konkret ausgestaltet sein sollen, wie sie gesellschaftlich organisiert und implementiert werden können, ist nach wie vor strittig und bedarf sicher intensiver weiterer Diskussionen. Unstrittig aber ist, dass bioethische Fragen *öffentlich* diskutiert und *demokratisch* entschieden werden müssen. Auch dazu kann – und sollte – die Bioethik einen Beitrag leisten.

---

33 *Kettner*, Welchen normativen Rahmen braucht die angewandte Ethik? in: Kettner (Hrsg.), Angewandte Ethik als Politikum, 2000, S. 388-407, 398.

Bioethik und Biorecht: Symbiose oder Konflikt?[*]

Stefan Huster

I. Die weltanschauliche Imprägnierung bioethischer Fragen

Fragen der Bio- oder Medizinethik sind umstritten. Ob und inwieweit etwa Abtreibung und aktive Sterbehilfe, In-vitro-Fertilisation und Präimplantationsdiagnostik, Embryonenforschung und das Klonen von Menschen und Tieren, die Beschneidung von Jungen und schließlich die Organtransplantation in ihren verschiedenen Varianten (Xenotransplantation, Transplantation von fötalem Gewebe, Lebendspende) vertretbar sind, wird in unserem Gemeinwesen unterschiedlich beurteilt. Mehr als das: Die entsprechenden Diskussionen sind häufig hoch emotional, die Kontrahenten greifen sich persönlich an und versuchen gelegentlich sogar, die Gegenseite am Reden zu hindern.[1] Diese Umstände sind ein recht sicheres Indiz dafür, dass es sich im Selbstverständnis der Beteiligten nicht um Geschmacksfragen, sondern um moralische Kontroversen handelt.

Dass es schwer fällt, hier einen Konsens zu finden, mag zunächst darauf beruhen, dass es sich - jedenfalls teilweise - um neue und schon in ihrer tatsächlichen Dimension schwer zugängliche Fragestellungen handelt, so dass auch bei Einigkeit über die grundlegenden normativen Prinzipien, anhand derer wir diese Fälle beurteilen wollen, immer noch Anwendungs- und empirische Einschätzungsprobleme auftreten können. Gelegentlich ist insoweit auch weitergehend behauptet worden, dass die herkömmlichen moralischen Maßstäbe und Modelle auf die bioethischen Problemstellungen, die die Entwicklung der medizinischen Forschung und Technik hervorgebracht hat, gar nicht mehr passen und wir daher eine „neue" Ethik benötigen.[2] Wichtiger aber dürfte ein anderer Punkt sein: Bioethische Fragen berühren – häufiger und unmittelbarer als traditionelle moralische Fragestellungen (z. B. der Vertei-

---

*   Geringfügig überarbeitete Fassung eines Aufsatzes, der unter dem Titel „Bioethik im säkularen Staat. Ein Beitrag zum Verhältnis von Rechts- und Moralphilosophie im pluralistischen Gemeinwesen" erschienen ist in: Zeitschrift für philosophische Forschung 55 (2001), S. 258 - 276.
1   Vgl. dazu die Stellungnahmen zu der Debatte um die Auftritte von Singer in Deutschland in: Zur Debatte über Euthanasie, hrsg. v. Hegselmann/Merkel, 1991.
2   Dies hat besonders wirkungsmächtig *Jonas*, Das Prinzip Verantwortung, 1979, behauptet.

lungsgerechtigkeit) -Aspekte, die das elementare Selbst- und Weltverständnis der Menschen betreffen und die daher mit weltanschaulichen Überzeugungen aufgeladen sind. Dies sei an einigen Beispielen nur kurz angedeutet:

- Die Beurteilung von Verfahren, die - wie Abtreibung und Embryonen-forschung - das Leben oder die Unversehrtheit des menschlichen Emb-ryos aufheben oder gefährden, hängt - zumindest auch - davon ab, ob und ab wann der Embryo einen moralischen Status besitzt. Nun dürfte die bisherige Diskussion dieser Statusfrage gezeigt haben, dass es schwierig ist, dem Embryo Menschenwürde oder ein Recht auf Leben zuzusprechen, wenn man nicht auf bestimmte religiös-weltanschauliche Hintergrundüberzeugungen - etwa der Heiligkeit oder Gottesebenbild-lichkeit allen menschlichen Lebens - rekurriert.[3]

- Ob und unter welchen Voraussetzungen eine Organentnahme zum Zweck der Transplantation zulässig ist, bestimmt sich maßgeblich da-nach, wie man den Status eines hirntoten Menschen einschätzt. Wer menschliches Leben primär mit personalem Bewusstsein identifiziert und daher hier bereits von einem toten Menschen ausgehen will, wird keine besonderen Bedenken gegen eine Organentnahme haben. Die Dis-kussion um das deutsche Transplantationsgesetz hat aber gezeigt, dass viele Bürger unseres Gemeinwesens den Hirntoten als einen Sterbenden betrachten und den Tod des Menschen erst in einem späteren Stadium - etwa mit Eintritt des Herz-Kreislauf-Todes - ansetzen; sie gelangen dann tendenziell zu restriktiveren Voraussetzungen für die Organentnahme. Auch insoweit liegt offensichtlich jeweils eine Einstellung zugrunde, die nicht unmittelbar auf moralischen Prinzipien beruht, sondern die anders gelagerte Frage betrifft, was menschliches Leben auszeichnet und defi-niert.[4]

- In Konstellationen, die menschliches, aber seiner selbst noch oder nicht mehr bewusstes Leben betreffen, ist bezweifelt worden, dass diese For-men des menschlichen Lebens einen Anspruch auf moralische Achtung haben, der über die entsprechenden Pflichten gegenüber Tieren hinaus-geht. Die Empörung, mit der auf diesen Vergleich häufig reagiert wor-den ist,[5] dürfte nicht zuletzt darauf beruhen, dass damit die Überzeugung

---

3   In diesem Sinne entschieden *Hoerster*, Abtreibung im säkularen Staat, 2. Aufl. 1995. Umfassend zur Statusdiskussion vgl. *Kaminsky*, Embryonen, Ethik und Verantwor-tung, 1998, S. 73 ff.
4   Näher dazu vgl. bei VI.
5   Etwa auf die Ausführungen bei *Singer*, Praktische Ethik, 1984, S. 160 ff. Dass deut-sche Theologen und Juristen in ihren empörten Stellungnahmen vielfach nicht in der Lage waren, Singers Argumente gegen den „Speziesismus" sowie seinen Personenbe-griff auf der einen Seite und seinen - tatsächlich nicht sonderlich plausiblen - utilita-

in Frage gestellt ist, menschliches Leben besitze eine absolute Sonder-
stellung und einen intrinsischen Wert, der nichtmenschlichem Leben
nicht zukomme.[6] Auch diese Überzeugung ist weltanschaulicher Natur
oder kann zumindest auf bestimmten weltanschaulichen Prämissen beruhen.

▪ Dass schließlich die Diskussion über die Zulässigkeit oder gar Notwendigkeit eines strafrechtlichen Verbots der Knabenbeschneidung weltanschaulich geprägt ist, liegt auf der Hand, weil es hier um das Gewicht
geht, das religiös fundierten elterlichen Erziehungsvorstellungen zukommt.

Diese Beispiele ließen sich nahezu beliebig vermehren und ausschmücken. Es
überrascht daher nicht, dass viele Menschen und soziale Gruppen mehr oder
weniger deutlich auf ihre jeweiligen religiös-weltanschaulichen Überzeugungen und damit auf „höhere Wahrheiten"[7] rekurrieren, wenn sie zu bioethischen Fragen Stellung nehmen.[8] Was sie in diesen Fragen für moralisch richtig und falsch erachten, hängt letztlich von diesen Überzeugungen ab. Dies
erklärt auch, warum bioethische Fragen so umstritten sind und warum so
heftig und emotional über sie diskutiert wird: Sie berühren identitätsprägende
Überzeugungen, über die wir uns in einer pluralistischen Gesellschaft permanent uneinig sind. Der religiös-weltanschauliche Pluralismus zieht auf diese
Weise einen moralischen Pluralismus nach sich. Bioethische Probleme sind
daher ein Paradebeispiel für die These, dass man moralische Fragen des ge-
rechten Zusammenlebens und ethische Fragen des guten Lebens, die maßgeb-

---

ristischen Grundansatz auf der anderen Seite auseinanderzuhalten, obwohl diese beiden Aspekte völlig unabhängig voneinander sind, wirft ein bezeichnendes Licht auf
das Niveau dieser Stellungnahmen oder ihre intellektuelle Redlichkeit - vermutlich
auf beides. Dass sich auch erklärte Kritiker des Utilitarismus wie etwa Norbert Hoerster als Utilitaristen bezeichnen lassen mussten - ein hierzulande fast ehrenrühriger
Vorwurf -, weil sie in den Fragen des Speziesismus und des Personenbegriffs der Position Singers nahestehen, verwunderte dann kaum noch.

6   Darauf hat insbesondere *Wolf*, Philosophie und Öffentlichkeit, in: Hegselmann/Merkel
(Fn. 1), S. 181, 194 f., hingewiesen.

7   Zu diesem Begriff vgl. *Tugendhat*, Drei Vorlesungen über Probleme der Ethik, in:
ders., Probleme der Ethik, 1984, S. 57, 126 ff.

8   Mit entsprechenden Beispielen ließen sich wiederum Seiten füllen. Ich verweise
insoweit nur auf ein besonders auffälliges und drastisches Beispiel, die „Instruktion
über die Achtung vor dem beginnenden menschlichen Leben und die Würde der Fortpflanzung" der Kongregation für Glaubenslehre aus dem Jahre 1987 (abgedruckt bei
Wehowsky [Hrsg.], Lebensbeginn und menschliche Würde, 1987, S. 3 ff.; vgl. dazu
Huster, Liberalismus, Neutralität und Fundamentalismus, in: Ethische und strukturelle
Herausforderungen des Rechts, ARSP-Beiheft 66 [1997], S. 9, 10 f.).

lich auf der Grundlage religiös-weltanschaulicher Überzeugungen beantwortet werden, nicht ohne weiteres trennen kann.[9]

II. Der implizite Liberalismus in der moralphilosophischen Diskussion

Auch in wissenschaftlichen Stellungnahmen zu bioethischen Fragen ist dieser Zusammenhang von moralischer Beurteilung und weltanschaulichen Hintergrundüberzeugungen gelegentlich zu beobachten. So argumentieren etwa Moraltheologen in der Regel auf der Grundlage bestimmter religiös-weltanschaulicher Prämissen, wenn sie bei der Erörterung dieser Fragen ihre zentralen Begriffe – wie etwa Menschenwürde oder Menschenbild – unter Rückgriff auf bestimmte „höhere Wahrheiten" bestimmen. Sie kommen dann auf der Grundlage dieser Prämissen – nicht notwendigerweise, aber doch recht häufig – zu eher restriktiven Ergebnissen, was die Zulässigkeit von Abtreibung, Organtransplantation, In-vitro-Fertilisation usw. angeht.

In der Moralphilosophie, die sich mit diesen Fragen beschäftigt – sozusagen der eigentlichen Bioethik –, besteht dagegen ein gewisser Konsens, dass man versuchen sollte, die betreffenden Probleme ohne den Rückgriff auf „höhere Wahrheiten" zu erörtern. Gearbeitet wird dann – wobei sich die einzelnen Ansätze in den Prämissen und im Ergebnis natürlich beträchtlich unterscheiden (man denke nur an die Auseinandersetzung zwischen utilitaristischen und kantianischen Ansätzen) – regelmäßig mit einigen moralischen Prinzipien und Gesichtspunkten, die den Anspruch erheben, unabhängig davon nachvollziehbar zu sein, dass man eine bestimmte Religion oder Weltanschauung vertritt.[10] Dazu gehören in der Bioethik etwa die Prinzipien der Patientenautonomie, der Schadensvermeidung, der Wohltätigkeit und der Gerechtigkeit.[11] Auf dieser relativ „sparsamen" Grundlage gelangt man nun häufig zu liberaleren Auffassungen hinsichtlich der moralischen Bewertung des Einsatzes der entsprechenden Techniken und Verfahren. Die Betonung der individuellen Autonomie führt zusammen mit dem Verzicht auf religiös-

---

9   Allgemein zu dieser These vgl. kurz und prägnant *Wolf*, Die Philosophie und die Frage nach dem guten Leben, 1999, S. 12 ff. Die begriffliche Unterscheidung von moralischen und ethischen Fragen folgt einem inzwischen verbreiteten Sprachgebrauch in der praktischen Philosophie, der allerdings den Nachteil hat, dass sich der Begriff der Ethik unglücklich verdoppelt, da er traditionellerweise auch die Moralphilosophie - etwa in dem Ausdruck „Bioethik" - bezeichnet.

10   Gelegentlich wird diese Minimal- oder Kernmoral auch so gesehen, dass es einfach der Bestand an Ge- und Verboten ist, der übrigbleibt, wenn man die „höheren Wahrheiten" wegstreicht; zur Kritik dieser Vorstellung vgl. *Wolf*, Das Tier in der Moral, 1990, S. 65 f.

11   Vgl. *Beauchamp/Childress*, Principles of Biomedical Ethics, 7. Aufl. 2013.

weltanschaulich aufgeladene Begriffe dazu, dass sich dem individuellen Willen, bestimmte Instrumente der Biotechnologie und der Medizin zu nutzen, aus moralischer Sicht keine Hindernisse in den Weg stellen, wenn nicht in allgemein nachvollziehbarer Weise andere Interessen dadurch beeinträchtigt werden - was in diesen Konstellationen selten der Fall ist.

III. Die „Säkularität des Staates" als ausschlaggebender Gesichtspunkt

Interessant ist nun die Frage, was passiert, wenn diese liberalen bioethischen Positionen bemerken, dass sie nicht mit den restriktiveren moralischen Auffassungen übereinstimmen, die nicht selten in der öffentlichen und politischen, aber auch in Teilen der wissenschaftlichen Diskussion – etwa in der Moraltheologie – vertreten werden, weil dort nach wie vor implizit oder explizit auf „höhere Wahrheiten" zurückgegriffen wird. Hier sind nun mehrere Strategien denkbar, um die Vorzugswürdigkeit des liberalen Ansatzes zu erweisen.

Erstens könnte man behaupten, dass es sich bei den anspruchsvolleren, weltanschaulich aufgeladenen Ansätzen gar nicht um moralische Positionen, sondern eben „nur" um partikulare religiös-weltanschauliche Anschauungen handelt, die hinter moralische Normen zurücktreten müssen oder jedenfalls nicht deren Gewicht beanspruchen können. Dies ist aber zum einen der Sachlage schwerlich angemessen, denn zwar haben diese Positionen einen religiös-weltanschaulichen Hintergrund; dies ändert aber nichts daran, dass es sich – im üblichen Sinn des Wortes – um moralische Einstellungen handelt: Ihre Vertreter formulieren nämlich Ge- und Verbote, auf deren Verletzung sie mit den typisch moralischen Gefühlen – Schuld, Empörung, Übelnehmen, Verachtung – reagieren.[12] Dass diese Positionen auf partikularen Überzeugungen beruhen, die nicht allgemein geteilt werden, heißt ja nicht, dass ihre Anhänger nicht an ihnen festhalten und sie für richtig halten.[13] Zum anderen kann man inhaltliche Kontroversen nicht durch Definitionen entscheiden, sondern muss schon in der Sache diskutieren.

Daher bestände die zweite Möglichkeit darin, zu sagen, dass die Vertreter dieser anspruchsvolleren Ansätze zwar jeweils eine moralische, aber eben eine falsche moralische Position vertreten. Dies könnte man etwa mit der Begründung vorbringen, dass als moralische Normen nur diejenigen zu akzep-

---

12 Zu diesen moralischen Gefühlen vgl. *Strawson*, Freiheit und Übelnehmen, in: Seminar: Freies Handeln und Determinismus, hrsg. v. Pothast, 1978, S. 201 ff.

13 Dies ist - gegen *Tugendhat* (Fn. 7) - zu Recht von *Wolf*, Das Problem des moralischen Sollens, 1984, S. 42 ff., vorgebracht worden.

tieren seien, die einen Universalitätsanspruch erheben und in diesem Sinne – zumindest prinzipiell – gegenüber jedermann rechtfertigungsfähig sind. Dies sei aber bei Ge- und Verboten von vornherein ausgeschlossen, die auf einer bestimmten religiös-weltanschaulichen Grundlage beruhen, die in pluralistischen Gesellschaften nicht allgemein geteilt wird. Das sich aus diesem Einwand ergebende Projekt einer „Ethik ohne Metaphysik"[14] wirft auf mehreren Ebenen Fragen auf. Zum einen müsste man sich philosophieintern mit dem Problem beschäftigen, dass – wenn die oben gegebene Beschreibung zutrifft – die einschlägigen bioethischen Fragestellungen gar nicht sinnvoll diskutierbar zu sein scheinen, wenn man die jeweils relevanten weltanschaulichen Vorentscheidungen ausklammert. Anders gesagt: Eine „Ethik ohne Metaphysik" wird problematisch, wenn sich das Gute und das Gerechte nicht eindeutig trennen lassen. Nun schwebt den Vertretern einer liberalen Bioethik natürlich eine Moral vor, die diesen Pluralismus bereits berücksichtigt hat und sich gerade deshalb auf eine Minimal- oder Kernmoral reduziert, deren Normen für alle akzeptabel sind. Aber damit wird in die Moralkonzeption eine Vorentscheidung eingebaut, die die liberale Position immer gewinnen lässt und die schon deshalb fragwürdig ist. Das Problem wird noch deutlicher, wenn man zum anderen die Frage stellt, in welchem Verhältnis eine auf diesen Prämissen beruhende liberale Bioethik zu den strengeren moralischen Überzeugungen steht, die in unserem Gemeinwesen ja vielfach vertreten werden. Konsequenterweise müsste man aus der liberalen Perspektive eben sagen, dass etwa moralische Vorbehalte, die auf religiösen Annahmen beruhen, falsch oder unzutreffend sind. Dies schießt aber zumindest in einer Hinsicht über das Ziel hinaus: Für die Menschen, die die entsprechenden Überzeugung besitzen, ist diese moralische Position auch nach liberalen Prämissen nämlich keineswegs schlechthin falsch. Warum sollten die Mitglieder einer bestimmten gesellschaftlichen Gruppe – sagen wir z.B.: die Katholiken und die katholische Kirche – im Umgang untereinander nicht weiterhin an der moralischen Norm festhalten, dass Abtreibung eine Sünde ist? Gerade wer aus liberaler Sicht betont, dass wir uns über religiös-weltanschauliche Fragen nicht einigen werden, hat allen Grund, diese Einstellung zu respektieren und zu akzeptieren, dass in einer pluralistischen Gesellschaft nicht nur mit partikularen Weltanschauungen, sondern auch mit partikularen Moralvorstellungen zu rechnen ist.

Das Problem – und damit komme ich zu dem dritten Lösungsweg, der in der bioethischen Literatur tatsächlich auch häufig beschritten wird – einer restriktiven partikularmoralischen Einstellung besteht nicht darin, dass sich eine Gemeinschaft Gleichgesinnter diesen Normen verpflichtet fühlt. Es besteht auch nicht darin, dass sie angesichts des Universalitätsanspruchs, den

---

14   In Anlehnung an *Patzig*, Ethik ohne Metaphysik, 2. Aufl. 1983.

moralische Normen – und übrigens häufig auch ihre weltanschaulichen Fundamente – in sich tragen, Menschen anderer Glaubensüberzeugung anhand dieser Normen beurteilen und fordern, dass sich alle nach diesen Normen richten; auch insoweit wird man in einer pluralistischen Gesellschaft damit leben müssen und leben können – und das tun wir ja alle –, dass unter ihren Mitgliedern tiefgreifende moralische Meinungsunterschiede bestehen. Heikel wird es erst, wenn eine gesellschaftliche Gruppe für sich in Anspruch nimmt, ihre weltanschaulich abgestützten Moralvorstellungen zwangsweise durchzusetzen, insbesondere indem sie sie im staatlichen Recht allgemein verbindlich festschreibt und für ihre Durchsetzung auf die staatlichen Zwangsmittel zurückgreift. Es ist genau diese Stelle, an der sich die Vertreter einer liberalen moralischen Position im Vorteil sehen: Ihr entscheidendes Argument lautet nämlich nun, es sei in einem „säkularen Staat" unzulässig, *staatliche* Maßnahmen – insbesondere strafrechtliche Verbote – auf Erwägungen zu gründen, die nur auf der Grundlage einer partikularen religiös-weltanschaulichen Position nachvollziehbar sind.[15]

IV. Die Problemverschiebung und ihre Probleme

Damit findet nun aber eine Problemverschiebung statt, die weder in ihrer methodischen Bedeutung noch in ihren inhaltlichen Konsequenzen in der bioethischen Diskussion bisher hinreichend wahrgenommen worden ist. Diese Problemverschiebung besteht darin, dass plötzlich aus der genuin moralischen – und auch in der Moralphilosophie und von Moralphilosophen behandelten – Frage, ob Abtreibung, Sterbehilfe, pränatale Diagnostik, In-vitro-Fertilisation usw. moralisch akzeptabel sind, die Frage wird, ob das staatliche Recht diese Verhaltensweisen verbieten und sanktionieren darf. Die Frage etwa nach der moralischen Zulässigkeit der Abtreibung wird transformiert in die Frage nach der Zulässigkeit eines rechtlichen – gar strafrechtlichen – Verbots der Abtreibung. Aus einem allgemein moralischen Problem wird damit eine Frage der „Rechtsethik".[16] Dieser Perspektivenwechsel wäre unschädlich, wenn sich moralische Beurteilung und staatliche Befugnisse in dem Sinne entsprächen, dass die moralische Verwerflichkeit einer Handlung unmittelbar staatliche Regelungs- und Eingriffskompetenzen nach sich zöge. Dies ist aber ersicht-

---

15   Vgl. dazu insbesondere die Argumentation bei *Hoerster*, Abtreibung im säkularen Staat, 2. Aufl. 1995; *ders.*, Sterbehilfe im säkularen Staat, 1998.

16   Dieser Ausdruck findet sich - und zwar gerade als Abgrenzungsbegriff zu einer moralphilosophischen Betrachtungsweise - etwa bei *Birnbacher*, Ethische Probleme der Embryonenforschung, in: Beckmann (Hrsg.), Fragen und Probleme einer medizinischen Ethik, 1996, S. 228, 246 ff.

lich und ganz unabhängig von den bioethischen Problemen nicht der Fall: Weder dürfen – wie gerade Liberale vielfach betont haben – alle moralisch fragwürdigen Handlungen im staatlichen Recht verboten, geschweige denn strafrechtlich sanktioniert werden, noch beruhen alle rechtlichen Verbote auf moralischen Unwerturteilen. Nun sind dies noch Fragen, die allgemein für das Verhältnis von Recht und Moral von Bedeutung sind und die nach weithin anerkannten Grundsätzen – dass etwa das Strafrecht die ultima ratio staatlichen Handelns darstellen muss – beantwortet werden können. Die Berufung auf den säkularen Charakter des Staates im Kontext bioethischer Fragestellungen wirft dagegen besondere Probleme für das Verhältnis von Recht und Moral auf.

Bisher wurde die Lage so beschrieben, dass zu bioethischen Fragen in unserem Gemeinwesen unterschiedliche Überzeugungen, und zwar unterschiedliche *moralische* Überzeugungen existieren. Nun sind die Vertreter liberaler bioethischer Positionen auf der einen Seite der Ansicht, dass diese moralischen Überzeugungen jedenfalls dann nicht ohne weiteres in das staatliche Recht Eingang finden dürfen, wenn sie auf partikularen weltanschaulichen Grundlagen beruhen. Auf der anderen Seite wird man aber irgendwelche normativen Maßstäbe nennen müssen, anhand derer die Zulässigkeit staatlicher Maßnahmen beurteilt werden kann. Da diese Maßstäbe mit den in der Gesellschaft vertretenen moralischen Überzeugungen nach dem Gesagten nicht identisch sein können, braucht man also spezifische Normen für die Bewertung des staatlichen Handelns: eben eine besondere Rechtsethik oder Grundsätze einer spezifisch politischen Moral. Diese politische Moral antwortet auf die Frage, wie wir in einem politischen Gemeinwesen frei und gleichberechtigt zusammen leben können, obwohl wir in der eigentlichen moralischer Beurteilung vieler Verhaltensweisen keinen Konsens finden. Die Vertreter liberaler bioethischer Positionen berufen sich in diesem Sinne auf einen Grundsatz dieser politischen Moral, wenn sie auf das Prinzip der Säkularität des Staates verweisen, aus dem sich ergeben soll, dass religiöse Voraussetzungen nicht in die Rechtspolitik eingehen dürfen.[17] Dieses Prinzip der Säkularität – oder wie man es wohl besser nennen sollte: der religiös-weltanschaulichen Neutralität – des Staates trägt damit die gesamte Begründungslast, um die Vorzugswürdigkeit der eigenen liberalen Position – jedenfalls hinsichtlich ihrer rechtspolitischen Relevanz – zu erweisen.

So verbreitet – und m.E. im Kern auch berechtigt – diese Auffassung ist, so sehr erstaunt es angesichts ihrer zentralen argumentationsstrategischen Bedeutung doch, dass ihrer Begründung und Konkretisierung nur selten nähere

---

17   So *Hoerster*, Abtreibung (Fn. 15), S. 9 f.

Aufmerksamkeit zuteil wird.[18] Dabei gibt es in der rechts- und sozialphiloso-
phischen, aber auch in der verfassungsrechtlichen Diskussion kaum ein um-
strittteneres Prinzip als das der Säkularität oder Neutralität des Staates. Ich
nenne nur einige Streitpunkte, die insbesondere aus der Auseinandersetzung
zwischen liberalen und kommunitaristischen Ansätzen bekannt sind:[19]

- Ist in weltanschaulich umstrittenen Fragen überhaupt eine Neutralität des
  Staates und des staatlichen Rechts möglich oder wird hier nicht jede Regelung auf einer bestimmten partikularen Überzeugung beruhen müssen?
  So werden etwa Bürger, die aufgrund ihrer religiös imprägnierten moralischen Einstellung ein Verbot der Abtreibung fordern, keineswegs der
  Ansicht sein, dass die liberale Ansicht, dem Fötus stehe kein Lebensrecht zu, und die entsprechende rechtliche Freigabe der Abtreibung neutral sind; sie werden vielmehr sagen, hier werde ein religiös besetztes
  Menschenbild durch ein „naturalistisches" Menschenbild, eine strenge
  religiöse Moral durch die laxen moralischen Anschauungen der Gottlo-
  sen ersetzt, die dann dem staatlichen Recht unterlegt werden. Anders gesagt: Die liberale Position wird häufig den Einwand auf sich ziehen,
  selbst nur eine weltanschauliche Ansicht unter anderen zu sein oder zumindest zu Lösungen zu führen, die die liberale Position eindeutig be-
  vorzugen.[20] Man wird daher etwa argumentieren müssen, dass und warum eine sinnvolle Neutralitätsvorstellung auf die Begründung staatlichen Handelns bezogen werden muss, nicht dagegen auf dessen Wirkungen und Ergebnisse – denn insoweit werden Zeitgenossen ohne starke
  weltanschauliche Überzeugungen tatsächlich häufig von einer liberalen
  Rechtsordnung profitieren.[21]

---

18 Eine Ausnahme ist insoweit *Charlesworth*, Leben und sterben lassen. Bioethik in der
    liberalen Gesellschaft, 1997. Vgl. ferner jetzt die Beiträge in: Angewandte Ethik als
    Politikum, hrsg. v. Kettner, 2000.
19 Die folgenden Ausführungen stützen sich vielfach auf *Huster*, Die ethische Neutralität
    des Staates. Eine liberale Interpretation der Verfassung, 2002. Vgl. auch *ders.*,
    Gleichheit durch Gleichgültigkeit? Die ethische Neutralität des Staates und die Regu-
    lierung der modernen Medizin, in: Kopetzki/Pöschl/Reiter/Wittmann-Tiwald (Hrsg.),
    Körper-Codes. Moderne Medizin, individuelle Handlungsfreiheiten und die Grund-
    rechte (Grundrechtstag 2009), 2010, S. 9 – 32.
20 In diesem Sinne etwa *Sandel*, Liberalismus oder Republikanismus, 1995, S. 29 ff.
21 Zu dieser Unterscheidung zwischen Begründungs- und Wirkungsneutralität vgl. nur
    Kymlica, Liberal Individualism and Liberal Neutrality, Ethics 99 (1989), S. 883, 884
    f.; *Rawls*, Political Liberalism, 1993, S. 190 ff. Übrigens wird man insoweit auch be-
    rücksichtigen müssen, dass Liberale keineswegs immer von einer Ordnung, die dem
    Neutralitätsprinzip verpflichtet ist, begünstigt werden. Nimmt man das Gebot der Be-
    gründungsneutralität ernst, so darf die Rechtsordnung nämlich auch nicht auf einer
    spezifisch liberalen Weltanschauung beruhen und diese bevorzugen (vgl. näher dazu
    unten VI.). Dies führt etwa zu der Konsequenz, dass in der öffentlichen Schule die re-

- Was heißt überhaupt Säkularität oder Neutralität des Staates? Historisch bedeutet es wohl im Wesentlichen, dass sich die Legitimation des Staates von religiösen Fundamenten emanzipiert und dass der Staat im religiös-weltanschaulichen Bereich im engeren Sinne Glaubens- und Ausübungsfreiheit garantiert; es bedeutet aber nicht ohne weiteres, dass es im Übrigen schlechthin unzulässig wäre, politische Entscheidungen auf einer bestimmten weltanschaulichen Grundlage zu treffen oder die religiös-weltanschaulichen Mehrheitsverhältnisse in der Bevölkerung zu berücksichtigen. Vertritt man z.b. das Modell eines christlichen Toleranzstaates – das sich andeutungsweise noch in einigen älteren deutschen Landesverfassungen findet, wenn dort z.b. christliche Erziehungsziele für die öffentliche Schule verankert sind[22] –, so könnte daraus folgen, dass die Abtreibung nur in den Fällen freigegeben werden muss, in denen elementare Rechte und Interessen der betroffenen Frau gefährdet sind, die auch ein Toleranzstaat nicht beeinträchtigen darf (also etwa im Fall der medizinischen Indikation bei Lebensgefahr für die Frau); im Übrigen wäre der Staat aber berechtigt, unter Berufung auf seine religiöse Prägung und die Ansichten der Bevölkerungsmehrheit die Abtreibung zu untersagen.[23] Wenn man hier ein strikteres Neutralitätsgebot vertritt, das dem Staat die Berufung auf religiös-weltanschauliche Positionen – und seien es die der Mehrheit – schlechthin verbietet, wird man begründen müssen, aus welchen normativen Prämissen dieses striktere Prinzip folgt; eine einhellig anerkannte und selbstverständliche verfassungsrechtliche und politische Tradition der staatlichen Neutralität in diesem Sinne besteht jedenfalls in Deutschland nicht.[24]

- Mit dieser Unterscheidung zwischen Toleranz und strikter Neutralität hängt auch die Frage zusammen, auf welche staatlichen Handlungsfor-

---

ligiös-weltanschaulichen Überzeugungen der Schüler und ihrer Eltern auch dann zu respektieren sind, wenn sie liberalen Geistern obskur und gefährlich erscheinen. Insoweit haben also auch (ethisch) Liberale in einem (politisch) liberalen Gemeinwesen etwas zu verlieren (dies betont auch *Scanlon*, The Difficulty of Tolerance, in: Heyd [Hrsg.], Toleration. An Elusive Virtue, 1996, S. 226, 230).

22 Zum Begriff des christlichen Toleranzstaates in diesem Zusammenhang vgl. *Pawlowski*, Zur Aufgabe der Rechtsdogmatik im Staat der Glaubensfreiheit, Rechtstheorie 19 (1988), S. 409 ff.

23 Die These, dass rechtliche Freiheitsbeschränkungen grundsätzlich auch dann unter Berufung auf die Ansichten einer Bevölkerungsmehrheit gerechtfertigt werden können, wenn die fraglichen Verhaltensweisen nur „anstößig" sind, aber keinen klar identifizierbaren Schaden bewirken, wird in einem bioethischen Kontext etwa von *Birnbacher* (Fn. 16), S. 247 ff., vertreten.

24 Wenn es dazu noch eines Beweises bedurft hätte, hat diesen die Empörung über die Schulkreuz-Entscheidung des Bundesverfassungsgerichts (BVerfGE 93, 1 ff.) geliefert; vgl. dazu Brugger/Huster (Hrsg.), Der Streit um das Kreuz in der Schule, 1998.

men und -ebenen sich ein entsprechendes Neutralitätsgebot bezieht. So mag es plausibel sein, dass etwa die In-vitro-Fertilisation nicht unter Berufung auf weltanschaulich geprägte Natürlichkeitsvorstellungen strafrechtlich verboten werden darf. Wie sieht es aber mit Förderungsleistungen des Staates aus? Bedeutet staatliche Säkularität oder Neutralität auch, dass die Krankenversicherung und die Sozialhilfe die Kosten für die In-vitro-Fertilisation übernehmen müssen und dass auch Gelder zur Erforschung dieser Methode zur Verfügung gestellt werden müssen, oder kann dies mit dem Argument verweigert werden, dass die Versichertengemeinschaft oder die gesamte Rechtsgemeinschaft die Verwendung dieser Technik – und daher auch deren finanzielle Unterstützung – aus weltanschaulichen Gründen mehrheitlich ablehnt? Oder müsste man umgekehrt sagen, gerade weil es sich hier um Mittel aus zwangsweise erhobenen Beiträgen und Steuern handelt, müssen bei der Entscheidung um deren Verwendung weltanschauliche Kriterien außen vor bleiben – zumal eine Verweigerung öffentlicher Mittel für einige Methoden angesichts ihrer Entwicklungs- und Verwendungskosten in seinen Auswirkungen einem Verbot gleichkäme?[25]

Diese Kontroversen zeigen, dass man für die Vorzugswürdigkeit der eigenen liberalen Position in Fragen der Bioethik nicht einfach auf ein Prinzip der Säkularität oder religiös-weltanschaulichen Neutralität des Staates verweisen kann. Denn selbst wenn ein derartiges Prinzip im Grundsatz anerkannt wäre, bliebe es doch inhaltlich viel zu unbestimmt, um daraus konkrete Schlussfolgerungen zu ziehen (etwa im Sinne eines völligen Ausschlusses der rechtspolitischen Verwendung religiös-weltanschaulicher Argumente und – als Konsequenz – der Freigabe der Abtreibung.).[26] Eine nähere Konkretisierung dieses Prinzips ist nur möglich, indem man erläutert, wie es mit den Grundlagen unserer politischen Moral und unseres Staatsverständnisses zusammenhängt, es also – in diesem bescheidenen Sinne einer normativen Rekonstruktion – begründet. Letztlich bedarf es dazu der Einbettung dieses Prinzips in eine mehr oder weniger umfassende Theorie des Staates und des staatlichen Rechts.

---

25 Diese Fragen sind vielfach im Zusammenhang mit der staatlichen Kunstförderung diskutiert worden, soweit auch anstößige - etwa blasphemische oder homoerotische - Werke bedacht werden sollten; vgl. dazu etwa die Dokumentation von Bolton (Hrsg.), Culture Wars, 1992.

26 Die allseitige Anerkennung eines Neutralitätsgebotes bei gleichzeitiger Uneinigkeit über seinen Gehalt dürfte etwa die Situation im deutschen Verfassungsrecht charakterisieren; zu den unterschiedlichen Neutralitätsvorstellungen, die von Modellen eines Toleranzstaates bis hin zu strikten Trennungskonzeptionen reichen, vgl. die Beiträge von *Czermak* und *Geis*, in: Brugger/Huster (Fn. 24), S. 13 ff., 41 ff.

V. Die methodischen Konsequenzen für die Bioethik

Was folgt daraus nun für die Disziplin der Bioethik in methodischer Hinsicht? Man wird insoweit unterscheiden müssen. Bioethische Debatten stehen häufig in einem mehr oder weniger unmittelbaren Zusammenhang mit der Frage, wie die einschlägigen Probleme im staatlichen Recht bewältigt werden sollen.[27] Wenn diese Frage nicht durch die einfache Berufung auf den neutralen oder säkularen Charakter des Staates zu beantworten ist, liegt es wohl nahe, von vornherein anders anzusetzen: nämlich mit den Grundsätzen der politischen Moral selbst. Anders gesagt: Angesichts des nicht nur weltanschaulichen, sondern auch moralischen Pluralismus in unserem Gemeinwesen werden rein moralphilosophische Überlegungen immer einen partikularen Charakter behalten müssen. Ein Einigungszwang und eine Einigungschance bestehen erst auf der Ebene rechtlicher Regelungen, die – anders als die moralischen Normen – für alle Mitglieder des Gemeinwesens gemeinsam gelten müssen. Soweit eine Bioethik für ihre Überlegungen einen Anspruch auf Allgemeinheit und rechtspolitische Relevanz erheben will, müsste sie sich nicht als Moralphilosophie, sondern von vornherein als Rechtsethik oder als eine Philosophie der spezifisch politischen Moral verstehen. Schärfer formuliert: In pluralistischen Gesellschaften ist Bioethik insoweit nicht als Moralphilosophie, sondern nur als politische Philosophie sinnvoll, die das Problem des religiös-weltanschaulichen und moralischen Pluralismus von vornherein in ihre Überlegungen einbezieht oder es sogar zu ihrem Ausgangspunkt macht. Eben dies geschieht aber in der Regel nicht; vielmehr wird diese Kontextabhängigkeit bioethischer Argumentationen weithin ignoriert, weil die übliche moralphilosophische Herangehensweise strukturell tendenziell „zeitlos" ist, jedenfalls nicht in gleicher Weise wie die politische Philosophie auf die historische Situation des Gemeinwesens bezogen ist.[28]

Dies läuft nun nicht nur auf eine Umbenennung, sondern auf eine weitgehende Umstellung des gesamten Begriffssystems der philosophischen Diskussion bioethischer Probleme hinaus. Man sollte daher nicht mit allgemeinen moralischen Erwägungen anfangen und dann begründen, warum und inwieweit die einzig richtige und rationale moralphilosphische Position auch für das

---

27   Dies betont auch *Wolf* (Fn. 6), S. 186 f.

28   Dies gilt auch für andere Gebiete der angewandten Ethik. So ist es etwa in der Umweltethik verbreitet, umweltpolitische Forderungen über ein bestimmtes Naturverständnis - etwa: Natur als „Schöpfung" - zu begründen. Dabei bleibt allerdings häufig unklar, ob und inwieweit derartige partikulare Naturverständnisse als Grundlage des staatlichen Rechts geeignet sein können. Zu der Vielfalt der Ansätze in diesem Gebiet vgl. nur *Krebs*, Naturethik im Überblick, in: dies. (Hrsg.), Naturethik, 1997, S. 337 ff.

staatliche Recht geeignet ist,[29] sondern müsste von vornherein mit Überlegungen zu Grund und Grenzen der staatlichen Befugnisse in einem pluralistischen Gemeinwesen beginnen und diese dann für die Probleme der Bioethik konkretisieren. Ferner würden in der Argumentation typisch moralphilosophische Kontroversen – etwa zwischen utilitaristischen und kantianischen oder zwischen konsequentialistischen und deontologischen Positionen – weniger wichtig; dafür wäre etwa sehr viel stärker zu berücksichtigen, wie das Recht mit religiös-weltanschaulichen und moralischen Konflikten in der pluralistischen Gesellschaft umgeht.[30] Schließlich müsste man weltanschaulich aufgeladene moralische Überzeugungen nicht mehr als schlechthin falsch oder unzutreffend qualifizieren; es reicht aus, ihre Irrelevanz für die Begründung staatlichen Handelns zu erweisen.

Daneben mag es dann noch eine ganz andere, „dichtere" Form der Bioethik geben, die nicht primär auf eine allgemeinverbindliche Regelung im staatlichen Recht bezogen ist und die daher von bestimmten weltanschaulichen Grundüberzeugungen ausgehen und die normativen Konsequenzen explizieren kann, die die unterschiedlichen Überzeugungen nahelegen. Diese Ansätze könnten sich dann allerdings nicht ohne weiteres als Grundlage politischer Maßnahmen verstehen, sondern müssten wohl als Beiträge zu einem allgemeinen öffentlichen Gespräch aufgefasst werden, in dem jeder einzelne und die gesellschaftlichen Gruppen reflektieren, wie sie – zunächst für sich und ohne unmittelbaren Bezug zur Frage staatlichen Handelns – die bio- und medizinethischen Probleme einschätzen.[31] „Dichter" ist diese Form der Ethik nicht nur aufgrund der Möglichkeit, religiös-weltanschauliche Überzeugungen offen zu thematisieren; sie stellt ebenso in dem Sinne eine Moralphilosophie in einem umfassenderen Sinne dar, als sie auch Fragen der moralischen Moti-

---

29 So besonders deutlich die Vorgehensweise bei *Birnbacher* (Fn. 16), der zunächst die moralische Bewertung der Embryonenforschung erörtert, um dann die rechtsethische Frage der Zulässigkeit einer strafrechtlichen Sanktionierung zu diskutieren.

30 So dürfte etwa eine strikt utilitaristische Position insoweit schon daran scheitern, das sie mit den Grundentscheidungen moderner Verfassungen nicht kompatibel ist; vgl. dazu anhand des deutschen Grundgesetzes *Hilgendorf*, Der ethische Utilitarismus und das Grundgesetz, in: Brugger (Hrsg.), Legitimation des Grundgesetzes aus Sicht von Rechtsphilosophie und Gesellschaftstheorie, 1996, S. 249 ff.

31 Welche Bedeutung dieses „dichtere" gesellschaftliche Gespräch für die im engeren Sinne politische - d. h. auf das staatliche Handeln ausgerichtete - Diskussion haben kann, ist seinerseits wiederum ein klärungsbedürftiger Punkt. Auf ihn beziehen sich die Beiträge zum Begriff der „öffentlichen Vernunft" und zur Struktur der demokratischen Öffentlichkeit (vgl. insbesondere *Rawls* [Fn. 21], S. 212 ff.; ders., The Idea of Public Reason Revisited, The Univ. of Chicago LR 64 [1997], S. 765 ff.; ferner *Greenawalt*, Religious Convictions and Political Choice, 1988; *ders.*, Private Consciences and Public Reasons, 1995; Michael J. Perry, Love and Power, 1991; *Gutmann/Thompson*, Democracy and Disagreement, 1996).

vation und der moralischen Tugenden aufnehmen kann. Liberale Theorien einer Minimalmoral neigen dagegen dazu, diese Fragen zu vernachlässigen oder ganz auszuklammern. Sie beschreiben damit eine künstliche und sehr restringierte Moral, die in mancherlei Hinsicht in der Luft hängt und die in ihrer Zuspitzung auf einen unverzichtbaren Kernbestand moralischer Regeln dem moralischen Selbstverständnis selbst ausgesprochen liberaler Zeitgenossen kaum entsprechen dürfte. Diese „Gefahr, die Moral als spezifisches Phänomen auflösen", ist aber kein Zufall, sondern ergibt sich gerade daraus, dass diese Theorien einer „Minimalmoral" in der Sache keine Moral-, sondern eine Rechtsphilosophie formulieren.[32]

VI. Die inhaltlichen Konsequenzen: Das Beispiel der Organtransplantation

Abschließend soll an einem Beispiel verdeutlicht werden, ob und inwieweit sich auch bei einem Verzicht auf „höhere Wahrheiten" Unterschiede im inhaltlichen Ergebnis ergeben, je nachdem, ob man eher moral- oder eher rechtsphilosophisch ansetzt. Dies hängt natürlich im Einzelnen davon ab, welchen Ansatz man jeweils vertritt; zudem werden liberale moralphilosophische und liberale rechtsphilosophische Ansätze häufig zu ähnlichen Resultaten gelangen. Trotzdem meine ich, dass selbst innerhalb der liberalen Theoriefamilie zumindest dann ein Unterschied festzustellen ist, wenn rechtsphilosophische Ansätze – anders als die Moralphilosophie – dezidiert von dem Problem des Pluralismus und der Rechtfertigungsbedürftigkeit staatlichen Handelns ausgehen.

Ein prominenter Kandidat für einen Ansatz, der ausdrücklich auf die Bewältigung des Pluralismus bezogen ist, ist etwa der politische Liberalismus, wie ihn Rawls und andere vertreten.[33] Ein wichtiger und hier relevanter Grundgedanke dieses Ansatzes ist es, dass die Legitimation einer politischen Ordnung davon abhängt, dass ihre Grundprinzipien und Grundbegriffe nicht auf einer partikularen religiös-weltanschaulichen Überzeugung beruhen;[34]

---

32 Dieser Einwand wird mit Blick auf die Diskursethik sehr plausibel entfaltet von *Cortina*, Ethik ohne Moral, in: Zur Anwendung der Diskursethik in Politik, Recht und Wissenschaft, hrsg. v. Kettner/Apel, 1992, S. 278 ff. (Zitat S. 278).
33 Vgl. *Rawls* (Fn. 21); ferner etwa *Larmore*, Strukturen moralischer Komplexität, 1995, S. 43 ff.; *ders.*, The Morals of Modernity, 1996, S. 121 ff.
34 Damit wird ersichtlich auf die Entstehungsgeschichte des modernen Staates aus den konfessionellen Bürgerkriegen der frühen Neuzeit Bezug genommen (vgl. dazu *Böckenförde*, Die Entstehung des Staates als Vorgang der Säkularisation, in: ders., Recht, Staat, Freiheit, 2. Aufl. 1992, S. 92 ff.). Dieser Zusammenhang, der für das

vielmehr müssen Maßnahmen der öffentlichen oder staatlichen Gewalt angesichts ihrer Unausweichlichkeit und ihres Zwangscharakters zumindest prinzipiell gegenüber jedermann rechtfertigungsfähig sein, wenn wir alle Bürger als Gleiche, d.h. mit gleicher Achtung und gleichem Respekt behandeln wollen. Aus diesem Begründungsgebot folgt somit ein Gebot der religiösweltanschaulichen Neutralität des Staates, das es etwa untersagt, staatliches Handeln über religiöse Überzeugungen zu begründen, über die wir uns aller Erfahrung nach nicht einigen können.

Dies heißt aber gleichzeitig, dass der politischen Ordnung auch keine spezifisch liberale Weltanschauung zugrunde gelegt werden darf. Vielmehr handelt es sich hier eben nur um einen *politischen* Liberalismus, der sich auf die Grundsätze der politischen Ordnung beschränkt; es geht nicht um einen umfassenden Liberalismus als Philosophie des ganzen Lebens. Die Grundbegriffe der Rechtsordnung – etwa der Freiheit oder der Person – sind daher rein politische Begriffe. Wenn also die Rechtsordnung die Bürger als autonome Personen auffasst, so bedeutet dies nicht, dass sich die Bürger auch ansonsten in einem liberalen Sinne als autonom und nicht etwa als religiös oder kulturell schon immer gebunden verstehen müssten. Dass religiöse Überzeugungen für staatliches Handeln nicht maßgeblich sein dürfen, heißt nicht, dass diese Überzeugungen durch den Staat und im staatlichen Recht als irrational oder falsch deklariert werden; sie werden nur für politische Zusammenhänge eingeklammert.

Verständnis der Neutralität oder Säkularität des Staates von wesentlicher Bedeutung ist, lässt sich nur im Rahmen der politischen Philosophie angemessen explizieren; in einer Theorie der Moral wirkt er dagegen wie ein Fremdkörper. Wie stark die Moralphilosophie und auch die Bioethik aber in inhaltlicher und methodischer Hinsicht inzwischen die Kriterien verinnerlicht zu haben scheinen, die ursprünglich auf das Recht und die politische Philosophie bezogen waren, zeigt etwa die Äußerung von *Siep*, Ethische Probleme der Gentechnologie, in: Beckmann (Fn. 16), S. 309, 316: „Die europäisch-neuzeitliche Ethik hatte seit der Glaubensspaltung und den religiösen Bürgerkriegen des 16. und 17. Jahrhunderts die Aufgabe, eine für alle Konfessionen und Weltanschauungen akzeptable und zugleich absolut begründete und verbindliche Pflichtenlehre zu entwickeln." Eine evangelische Sozialethik o.ä. dürfte es demnach gar nicht mehr geben. Der zitierte Satz trifft wohl nur zu, wenn man die „europäisch-neuzeitliche Ethik" von vornherein mit einer Konzeption der politischen Moral identifiziert, denn allein auf die Entwicklung der politischen Organisation bezieht sich der historische Vorgang der Bildung des modernen Staates, auf den hier angespielt wird. Davon, dass dieser Vorgang im Übrigen auf eine Vereinheitlichung der moralischen Überzeugungen ausgerichtet war, kann keine Rede sein: Seine Eigenart bestand ja gerade darin, dass die religiösen und moralischen Überzeugungen von der politischen Organisation tendenziell abgekoppelt und dadurch dem auf Vereinheitlichung gerichteten Zugriff der politischen Herrschaft entzogen wurden. Insoweit leitet dieser Prozess nicht nur die Entstehung einer gemeinsamen Kernmoral ein, sondern ermöglicht daneben die Herausbildung eines religiösen, aber auch moralischen Pluralismus.

Was bedeutet das für die Diskussion bioethischer Probleme? Für die Diskussion der Abtreibung folgt daraus etwa, dass ein liberaler Ansatz nicht moralphilosophisch argumentieren sollte, dass der Fötus keine Person ist und kein Lebensrecht besitzt – eine Position, mit der bestimmte Religionen nie einverstanden sein werden –, sondern dass – rechtsphilosophisch und sozusagen auf einer höheren Universalisierungsstufe angesetzt – das Lebensrecht des Fötus nicht unabhängig von partikularen weltanschaulichen Prämissen erwiesen werden und daher ein Verbot der Abtreibung im staatlichen Recht nicht gerechtfertigt werden kann – und dies ist ein Grundsatz, den sogar viele religiöse Positionen akzeptieren können und ja auch tatsächlich akzeptieren.[35]

Noch deutlicher werden die Unterschiede vielleicht im folgenden Fall: Anlässlich der Diskussion in Deutschland um den Erlass eines Transplantationsgesetzes waren vor allem zwei Aspekte umstritten:[36] zum einen die Frage, wie die Interessen des Organspenders zu berücksichtigen sind (enge oder weite Zustimmungslösung oder Widerspruchslösung); zum anderen die Frage, wann der Tod des Menschen eintritt (Hirntod oder Herz-Kreislauf-Tod). Insbesondere der letzte Punkt, der Todesbegriff, ist offensichtlich weltanschaulich umstritten: Für viele Menschen spricht nichts dagegen, dass man mit dem unwiderruflichen Ende der wesentlichen Hirnfunktionen als Leiche behandelt wird. Auf der anderen Seite hat es dagegen auch Stimmen gegeben, die – häufig auf der Grundlage bestimmter „höherer Wahrheiten – angesichts der Einheit von Körper und Seele oder ähnlicher Argumente von einem toten Menschen erst dann sprechen wollen, wenn auch Herz und Kreislauf ihren Dienst versagen. Eine Organentnahme – die in tatsächlicher Hinsicht voraussetzt, dass der Herz-Kreislauf-Tod noch nicht eingetreten ist – wäre dann zumindest prima facie schwieriger zu legitimieren und nur unter engen Voraussetzungen zulässig.

Wie kann man hier nun argumentieren? Man kann zum einen direkt die Frage nach dem angemessenen Todesbegriff angehen. Dies hat etwa Norbert Hoerster getan und ist zu dem Ergebnis gelangt, dass bei „rationaler Betrachtung" die Grenze zwischen Leben und Tod insoweit allein von dem Lebensinteresse des Betroffenen abhängen könne, dieses sei aber bereits nach Eintritt

---

35 Auch das deutsche Bundesverfassungsgericht erkennt dieses Neutralitätsprinzip an, wenn es in seiner zweiten Entscheidung zum Schwangerschaftsabbruch ausführt, das Lebensrecht des Nasciturus gelte „unabhängig von bestimmten religiösen oder philosophischen Überzeugungen, über die der Rechtsordnung eines religiös-weltanschaulich neutralen Staates kein Urteil zusteht" (BVerfGE 88, 203, 252). Leider erläutert das Gericht nicht näher, wie eine derartige Begründung „unabhängig von bestimmten religiösen oder philosophischen Überzeugungen" aussehen könnte.

36 Vgl. dazu etwa die Beiträge in Hoff/in der Schmitten (Hrsg.), Wann ist der Mensch tot? Organverpflanzung und „Hirntod"-Kriterium, 1995.

des Hirntodes nicht mehr vorhanden. Alle anderen, sozusagen strengeren Todesbegriffe beruhten auf „weltanschaulichen Fixierungen", „unaufgeklärten Einstellungen" und „rein spekulativen, intersubjektiv nicht hinreichend begründbaren Voraussetzungen", die aufgrund ihrer „Irrationalität" in einer „aufgeklärten Gesellschaft" grundsätzlich unbeachtlich seien. Hoerster ist daher der Ansicht, dass eine Organentnahme an keine weiteren Voraussetzungen – wie die Zustimmung oder zumindest den fehlenden Widerspruch des Betroffenen – gebunden, sondern unabhängig davon bereits nach notstandsanalogen Regeln gerechtfertigt ist – also auch gegen den Willen des Betroffenen, der aufgrund seiner Irrationalität eben nicht ins Gewicht fällt.[37]

Das Problem stellt sich anders dar, wenn man von dem Ansatz des politischen Liberalismus ausgeht. Danach ist es nicht Aufgabe des Staates, die weltanschaulichen Überzeugungen der Bürger als rational oder irrational zu bewerten, sondern eine allgemeine Regelung zu finden, die von derartigen Bewertungen gerade nicht abhängt. Dies legt folgende zwei Konsequenzen nahe:

▪ Das staatliche Recht sollte die Pluralität der Todesvorstellungen und -begriffe weitestmöglich respektieren und nicht versuchen, diese weltanschaulich aufgeladene Frage zu entscheiden. Das Hirntod-Kriterium, das schließlich im Transplantationsgesetz verankert wurde, ist daher nicht als staatliche Stellungnahme zu der Frage zu verstehen, wann der Mensch „rationalerweise" als tot betrachtet werden muss, sondern als ein pragmatisches Kriterium der Zulässigkeit der Organentnahme zu betrachten, mit dessen Hilfe ein politisches Problem gelöst wird. Ob der Hirntote als Leiche oder als Sterbender anzusehen ist, kann im Übrigen den Überzeugungen der Bürger und ihrer Glaubensgemeinschaften überlassen werden. Allerdings scheint dies auf den ersten Blick nur eine symbolische Frage zu sein und in der Sache keinen Unterschied zu machen. Dies mag für das Transplantationsgesetz selbst sogar richtig sein. Aber stellen wir uns etwa vor, in der öffentlichen Schule würde nicht nur für die Bereitschaft zur Organspende geworben – ein legitimes politisches Anliegen –, sondern auch vermittelt, dass alle von der Hirntod-Konzeption abweichenden, mit religiösen Überzeugungen zusammenhängenden Todesbegriffe irrational und unaufgeklärt seien. Dagegen könnten sich die betroffenen Schüler und ihre Eltern zu Recht wehren, weil diese unter den Bürgern weltanschaulich umstrittene Frage den neutralen Staat nichts angeht.

---

37 Vgl. *Hoerster*, Definition des Todes und Organtransplantation, Universitas 52 (1997), Nr. 607, S. 42 ff.

- Ebenso kann der neutrale Staat die Interessen und Bedürfnisse, die mit derartigen Überzeugungen zusammenhängen, nicht unter Verweis auf ihren vermeintlich irrationalen oder unaufgeklärten Charakter schlechthin ignorieren, sondern er muss versuchen, in seinem Recht dem Selbstverständnis der Bürger weitestmöglich zu entsprechen.[38] Wer nun seinem Selbstverständnis nach mit dem unwiderruflichen Ende der Hirnfunktionen nicht tot ist, sondern noch stirbt und aus diesem Grunde ein Organentnahme ablehnt – was ja nicht die notwendige Folge ist –, kann daher nur unter sehr engen Voraussetzungen dazu gezwungen werden. Angesichts des – aus seiner Sicht – massiven Eingriffs in sein Recht, den eine Organentnahme gegen seinen Willen bedeuten würde, wird man jedenfalls seinen ausdrücklich erklärten Widerspruch berücksichtigen müssen. Eine ausdrückliche Einwilligung ist dagegen nicht erforderlich; auch wäre es wohl möglich, Bürgern, die die Organspende verweigern, ihrerseits von der Möglichkeit einer Organtransplantation auszuschließen.[39] Dass in diesen Fällen der Rücksichtnahme auf religiös-weltanschauliche Besonderheiten eine Abwägung mit entgegenstehenden Interessen erfolgen muss, ist zwar richtig. Aber das Ergebnis dieser Abwägung hängt wohl nicht unmaßgeblich davon ab, wie man diese Besonderheiten einordnet: als irrationale und unaufgeklärte Relikte, die über kurz oder lang sowieso verschwinden werden, oder als legitime und permanente Erscheinungsformen des religiös-weltanschaulichen Pluralismus. Letzteres dürfte *aus der Sicht des staatlichen Rechts* allein angemessen sein; persönlich mag man natürlich anderer Meinung sein. Ein rechtsphilosophischer Ansatz, der über das dem modernen Staatsverständnis immanente Pluralismus- und Neutralitätsproblem ansetzt, weiß dies. Liberale Positionen, die erst das moralisch Richtige begründen und dann seine Umsetzung in das staatliche Recht thematisieren, werden dagegen immer Gefahr laufen, dieses Pluralismus- und Neutralitätsproblem zu verkürzen.

VII.   Moralphilosophie im pluralistischen Gemeinwesen

Die bisherigen Ausführungen lassen sich in drei Intuitionen und drei parallelen Thesen zusammenfassen. Zunächst: Befasst man sich im Verfassungsrecht oder in der politischen Philosophie mit den Befugnissen des Staates und seinen Grenzen, so wirkt es gelegentlich eher seltsam, wenn in der bioethischen

---

38   Zur verfassungsrechtlichen Bedeutung des Selbstverständnisses vgl. umfassend *Morlok*, Selbstverständnis als Rechtskriterium, 1993.

39   Dies ist verfassungsrechtlich im Einzelnen umstritten; zur Diskussion vgl. umfassend *Rixen*, Lebensschutz am Lebensende, 1999 m.w.N.

Diskussion dem Gesetzgeber oder auch dem Interpreten der einschlägigen Verfassungsbegriffe bestimmte Handlungs- und Auslegungsoptionen empfohlen werden, ohne dass der insoweit relevante spezifisch juristische und rechtsphilosophische Kontext berücksichtigt wird. Im Hinblick auf das Gebot der staatlichen Neutralität gilt dies vor allem für Empfehlungen und Forderungen, die ersichtlich auf partikulare religiös-weltanschauliche Überzeugungen verweisen. Es gilt im Grundsatz aber ebenso für dezidiert liberale bioethische Positionen, da diese nicht selten in einen ethischen Liberalismus umzuschlagen drohen und regelmäßig die Komplexität des Neutralitätsproblems unterschätzen.[40] Auf diesen Beobachtungen beruht die These, dass eine Bioethik, die mit rechtspolitischen Ambitionen und einem Anspruch auf allgemeine Verbindlichkeit antritt, von vornherein in den Kategorien der politischen Philosophie und der Rechtsphilosophie denken muss.

Ferner: Aus der Sicht eines moralischen Subjekts und eines Bürgers dieses Gemeinwesens ist die Angemessenheit der Beschreibung fraglich, die liberale Theorien einer Minimalmoral vorschlagen oder zumindest implizieren. In diesen Theorien sieht es nämlich so aus, als verdiene nur diese minimale Moral ihren Namen; alle weitergehenden moralischen Vorstellungen müssen aus dem Moralbegriff hinausdefiniert, als unbegründet betrachtet oder zu subjektiven Empfindungen verfremdet werden.[41] Aber zum einen verfehlt diese Beschreibung die Wirklichkeit von pluralistischen Gesellschaften, in denen es nicht mehr darum geht, in allen Fragen eine gemeinsame inhaltliche moralische Position zu finden, sondern eine normative Grundlage zu entwickeln, die uns trotz der moralischen Kontroversen ein friedliches und gleichberechtigtes Zusammenleben ermöglicht. Bezeichnet man nur noch diese politischen Regeln des Zusammenlebens als Moral, so kann man diese Situation gar nicht mehr angemessen erfassen. Dies wird besonders deutlich, wenn man zum anderen bedenkt, dass diese Beschreibung auch das Selbstverständnis derjenigen nicht erfasst, die weitergehende moralische Normen vertreten: Aus ihrer Sicht verlieren diese Normen ihren moralischen – insbesondere verpflichtenden – Charakter ja nicht dadurch, dass sie über die Minimalmoral hinausgehen und nicht mehr allgemein akzeptiert werden. Die Moralphilosophie sollte daher ihre Begrifflichkeit auf eine Weise einrichten, die es ihr erlaubt, den

---

40   Zu diesem Spannungsverhältnis in Bezug auf die bereits erwähnte Problematik der Knabenbechneidung vgl. *Hörnle/Huster*, Wie weit reicht das Erziehungsrecht der Eltern? Am Beispiel der Beschneidung von Jungen, JZ 2013, S. 328 ff.

41   Letzteres geschieht auch in der Bioethik, wenn etwa *Birnbacher* (Fn. 16), S. 242 ff., die - seines Erachtens unbegründeten - moralischen Bedenken weiter Bevölkerungsteile gegen eine Forschung mit Embryonen als „Ängste und Verunsicherungen" und „gefühlsmäßige Reaktionen der Entrüstung" einordnet, die er nicht aufgrund ihrer Berechtigung, sondern aufgrund ihres bloßen Vorhandenseins in Rechnung stellen will.

unzweifelhaft vorhandenen moralischen Pluralismus in unserem Gemeinwesen ernsthaft in den Blick zu nehmen.[42]

Dies setzt aber schließlich wohl voraus, dass die strikte Trennung zwischen moralischen und ethischen Fragen innerhalb der Moralphilosophie aufgegeben wird. Dies dürfte nicht zu ihrem Schaden sein, sondern eine angemessene Analyse moralischer Phänomene erst ermöglichen: Denn die Theorien der Minimalmoral mögen einen Bestand von unverzichtbaren Regeln herausgearbeitet und begründet haben, den eine pluralistische Gesellschaft „braucht" – es ist aber schwer vorstellbar, dass es auch nur einen Menschen gibt, dessen moralischer Haushalt sich auf eine derartige Kunstmoral reduzieren lässt. Vielmehr sind unsere moralischen Vorstellungen regelmäßig „dichter", hängen inhaltlich und motivational mit weltanschaulichen Überzeugungen zusammen und sind bereichsspezifisch ausdifferenziert. Minimalistische und hochgradig abstrakte Ansätze müssen diese Aspekte des moralischen Lebens aber notwendigerweise zugunsten des moralischen Esperanto einer Restmoral vernachlässigen.[43] Daher die letzte These: Die Ethik sollte sich deutlicher und kontextsensitiver den moralischen Phänomenen zuwenden, anstatt zu einer Konkurrenzveranstaltung zur politischen Philosophie zu degenerieren.[44] Eine striktere methodische und inhaltliche Arbeitsteilung zwischen Moral- und Rechtsphilosophie wäre auch und gerade für das Recht hilfreich: Denn erst dann könnten wir die moralischen Kontroversen angemessen beschreiben, die die Rechtsordnung bewältigen muss.

---

42 In eine ähnliche Richtung wohl *Bayertz*, Dissens in Fragen von Leben und Tod: Können wir damit leben?, Aus Politik und Zeitgeschichte B 6/99, S. 39, 43 f.

43 Vgl. dazu bereits oben bei Fn. 32.

44 Dies dürfte im Übrigen auch voraussetzen, dass die gelegentlich zu beobachtende Fixierung der Moralphilosophie auf hochabstrakte Prinzipien und deren (Letzt-)Begründung aufgegeben und durch eine stärker rekonstruktive Herangehensweise ersetzt wird - ein Schritt, den die politische Philosophie kurioserweise schon lange getan hat (wenn etwa *Rawls* [Fn. 21], ausdrücklich an die normativen Gedanken anschließt, die in der öffentlichen politischen Kultur einer demokratischen Gesellschaft vorhanden sind), obwohl es in ihr sehr viel eher um Gegenstände geht, die mit einem starken Pluralismus nicht kompatibel sind.

Wertekonflikte über bioethische Fragen aus politikwissenschaftlicher Sicht. Zu Theorie und Empirie des Umgangs demokratischer Gesellschaften mit fundamentalem moralischem Dissens

Ulrich Willems

I. Einleitung

Der beschleunigte Fortschritt in den Lebenswissenschaften hat in einem bisher ungekannten Maße auch die menschliche Natur der technischen Intervention erschlossen. Im Zuge dieses „Ende(s) der Natur" (Giddens) geraten auch immer mehr biomedizinische Materien auf die politische Agenda gegenwärtiger Gesellschaften. Aufgrund des „Ende(s) der Tradition" – damit bezeichnet Giddens die für moderne Gesellschaften charakteristische tiefgreifende und weitreichende Pluralisierung der moralischen Landschaft – ist der politische Prozess in demokratischen Gesellschaften bei solchen Fragen in aller Regel durch einen tiefgreifenden moralischen Dissens und daraus resultierende Konflikte gekennzeichnet.[1] Der Dissens wird besonders dort augenfällig, wo es um Fragen geht, die den moralischen Status menschlichen Lebens oder den Stellenwert individueller Selbstbestimmung betreffen. Bei der Biopolitik handelt es sich um ein Feld, in dem diese Sorte von Fragen besonders virulent ist. Das zeigen die Konflikte um die Zulassung und das Ausmaß der Regulierung von Stammzellforschung, Präimplantationsdiagnostik und Klonen, aber auch von Biobanken. Nun sind Dissens und Konflikt aber eher der Normal- als der Ausnahmefall demokratischer Politik.[2] Damit stellt sich die Frage, worin denn die besondere Herausforderung biopolitischer moralischer Dissen-

---

1 *Giddens*, Jenseits von Links und Rechts. Die Zukunft radikaler Demokratie, 1997, S. 126.
2 Zu Demokratie als Methode eines friedlichen Umgangs mit Konflikten vgl. *Przeworski*, Divided We Stand? Democracy as a Method of Processing Conflicts, Scandinavian Political Studies 2011, 168 ff. Auch dort findet sich aber schon ein Hinweis auf die Grenzen dieser Methode: „To summarize, conflicts are processed in freedom and peace when loosers do not lose too much and when they have a chance to become winners – that is, when not too much is at stake" (178).

se und Konflikte für die Demokratie besteht. Im Folgenden sollen drei dieser besonderen Herausforderungen skizziert und diskutiert werden.[3]

Eine erste Herausforderung besteht darin, dass auf moralischem Dissens beruhende biopolitische Konflikte häufig eine besondere *Intensität und Dynamik* aufweisen können. Das ist eine Folge des Umstandes, dass sie in der Regel einer spezifischen Klasse von Konflikten, nämlich derjenigen der Wertkonflikte, angehören.[4] In Wertkonflikten versuchen die Parteien, Handlungen oder Verhaltensweisen, die sie als moralisch geboten oder vorzugswürdig erachten, kollektiv verbindlich zu machen bzw. Handlungen oder Verhaltensweisen, die sie als moralisches Übel oder verwerflich betrachten, politisch zu verbieten. Der paradigmatische Fall eines solchen Wertkonfliktes sind die in vielen westlichen Demokratien seit den späten 1960er Jahren zu beobachtenden Auseinandersetzungen über die Regelung des Schwangerschaftsabbruchs.[5] Die besondere Intensität und Dynamik von Wertkonflikten ergibt sich daraus, dass sich moralische Überzeugungen in der Regel durch ein hohes Ausmaß an Geltungsgewissheit auszeichnen und einen hohen Verpflichtungsgrad haben. Moralisch begründete politische Forderungen nach Zulassung oder Verbot von Handlungen oder Verhaltensweisen sind aus der Perspektive der Konfliktparteien daher häufig weder bestreitbar noch verhandelbar. Nur eine bruchlose Durchsetzung der verfochtenen Regulierungsziele kann ihrem Charakter als moralische Forderungen letztlich gerecht werden. Wertkonflikte werden daher häufig endemisch. Bei der politischen Durchsetzung solcher moralisch gebotener (unbedingter) Forderungen vermag zudem der Zweck – vor allem wenn es um die Verhinderung eines grundlegenden moralischen Übels geht – den Einsatz aller notwendigen Mittel zu legitimieren, gegebenenfalls bis hin zur Ultima Ratio des Einsatzes von Gewalt.[6] Wertkonflikte weisen daher auch eine Tendenz zur Eskalation auf.

---

3 Vgl. hierzu auch *Willems*, Wertkonflikte als Herausforderung der Demokratie, 2016, sowie *Willems*, Wertkonflikte im politischen Prozess. Charakteristika, Dynamiken und Strategien der Zivilisierung, Ms., 2008.

4 *Aubert*, Interessenkonflikt und Wertkonflikt: Zwei Typen des Konflikts und der Konfliktlösung, in: Bühl (Hrsg.), Konflikt und Konfliktstrategie. Ansätze zu einer soziologischen Konflikttheorie, 2. Aufl. 1973, S. 178.

5 Vgl. *Lovenduski/Outshoorn* (Hrsg.), The new politics of abortion, 1986; *Goggin* (Hrsg.), Understanding the new politics of abortion, 1993; *Githens/McBridge Stetson*, Abortion politics. Public policy in cross-cultural perspective, 1996; *Tatalovich*, The politics of abortion in the United States and Canada. A comparative study, 1997. Ein weiteres Beispiel sind die seit den späten 1960er Jahren immer wieder aufbrechenden Auseinandersetzungen um die rechtliche Normierung und den gesellschaftlichen Status von sexuellen Orientierungen und partnerschaftlichen wie familialen Lebensgemeinschaften.

6 In den USA wird im Kontext der seit Anfang der 1970er Jahren verschärften Wertkonflikte um die politische Regulierung von Schwangerschaftsabbruch, gleichge-

Eine zweite Herausforderung besteht darin, dass der endemische moralische Dissens sowie die besondere Intensität und Dynamik von Wertkonflikten Zweifel an der *Leistungsfähigkeit etablierter demokratischer Institutionen und Verfahren* im Umgang mit solchen Konflikten wecken. Ein erstes Problem für demokratische Institutionen und Verfahren entsteht dadurch, dass sich solche Wertkonflikte aufgrund der oben beschriebenen Charakteristika nicht oder nur sehr schwer durch die alltagspolitischen Instrumente des Argumentierens und Verhandelns mit dem Ziel der Herstellung von Konsens oder Kompromiss auflösen lassen.[7] Aber auch das zentrale Verfahren von Demokratien, Konfliktfälle, die durch Konsens oder Kompromiss nicht gelöst werden konnten, vorübergehend durch (parlamentarische) Mehrheiten zu entscheiden, wird durch Wertkonflikte in Frage gestellt. Denn wenn sich Mehrheiten dafür entscheiden, Handlungsweisen zuzulassen, die von der unterliegenden Minderheit als grundlegendes moralisches Übel betrachtet werden, kann dies bei Letzteren zu Zweifeln an der Legitimität solcher Mehrheitsentscheidungen und damit zur Infragestellung der normalerweise gegebenen Pflicht zur Anerkennung und Befolgung demokratischer Mehrheitsentscheidungen führen. Stellt man dann noch das Potential moralischer Forderungen zur Legitimation aller benötigten Mittel, gegebenenfalls bis hin zum Verstoß gegen übliche demokratische Spielregeln oder sogar dem Einsatz von Gewalt in Rechnung, können endemisch gewordene Wertkonflikte zu einer Bedrohung für die Stabilität demokratischer Systeme werden. Da demokratische Systeme ohne ein Mindestmaß an Akzeptanz und Folgebereitschaft auch bei Dissens nicht funktionsfähig sind[8], stellt sich die Frage nach möglichen institutionellen oder

---

schlechtlichen Lebensweisen, neuen biomedizinischen Möglichkeiten sowie Religion im öffentlichen Leben immer wieder die Erinnerung an den amerikanischen Bürgerkrieg um die Abschaffung der Sklaverei beschworen. So hat etwa der Soziologe James Davison Hunter sein 1991 erschienenes Buch über die US-amerikanischen Wertkonflikte mit ‚culture wars' betitelt und seine Folgestudie über Optionen der Konfliktlösung aus dem Jahr 1994 mit dem Titel ‚Before the shooting begins' versehen. Vgl. *Hunter*, Culture wars. The struggle to define America, 1991; *Hunter*, Before the shooting begins. Searching for democracy in America's culture war, 1994.

7   Vergleiche zuletzt noch einmal *Engeli/Green-Pedersen/Larsen*, Theoretical perspectives on morality issues, in: Engeli/Green-Pedersen/Larsen (Hrsg.), Morality politics in Western Europe. Parties, agendas and policy choices, 2012, S. 5 (24). Vgl. auch *Neidhardt/Mayntz/Weingart/Wengenroth*, Wissensproduktion und Wissenstransfer. Zur Einleitung, in: Mayntz/Neidhardt/Weingart/Wengenroth (Hrsg.), Wissensproduktion und Wissenstransfer. Wissen im Spannungsfeld von Wissenschaft, Politik und Öffentlichkeit, 2008, S. 19 (30).

8   *Greven*, Macht und Politik in der ‚Theorie kommunikativen Handelns' von Jürgen Habermas, in: Greven (Hrsg.), Macht in der Demokratie. Denkanstöße zur Wiederbelebung einer klassischen Frage in der zeitgenössischen Politischen Theorie, 1991, S. 213 (227).

verfahrensmäßigen Innovationen, die einen zivilen und produktiven Umgang mit solchen Konflikten ermöglichen können.

Eine dritte Herausforderung, die vom ‚Faktum des Pluralismus' ausgeht, besteht in der grundlegenden normativen Frage nach der *Verfassung kulturell, religiös, moralisch und damit eben auch bioethisch pluraler Gesellschaften.* Das besondere Problem besteht hier darin, dass in biopolitischen Konflikten die Akteure nicht nur über unterschiedliche kulturelle, religiöse, moralische und eben auch bioethische Auffassungen zu einzelnen Sachfragen verfügen, sondern sich der Dissens in aller Regel auch auf die Frage nach dem angemessenen politischen Umgang mit dieser Pluralität und damit auf die Ebene der grundlegenden Prinzipien für die Organisation des politischen Gemeinwesens erstreckt. Das zeigt sich aktuell daran, dass die lange Zeit dominierende liberale Lösung für grundlegende Wertkonflikte, nämlich ihre an der Religionsfrage orientierte Lösung durch Verweisung in die Privatsphäre, d.h. in den Bereich der individuellen Entscheidungsbefugnis jeder und jedes einzelnen, zunehmend in Frage gestellt wird.[9]

II. Intensität und Dynamik biopolitischer Konflikte

Die spezifische Intensität und Dynamik biopolitischer Kontroversen wird in der Politikwissenschaft vor allem darauf zurückgeführt, dass sie den Charakter von Wertkonflikten (Aubert) oder Konflikten des Entweder-Oder (Hirschman) aufweisen.[10] Wertkonflikte sind dadurch charakterisiert, dass die

---

9 Vgl. als Beispiel für die beiläufige Formulierung der (liberalen) Standardlösung *Holmes,* Die Anatomie des Antiliberalismus, 1995, S. 80, für die In-Frage-Stellung dieser Lösung *Bohman,* Public deliberation. Pluralism, complexity, and democracy, 1996, S. 72. Vgl. auch die Kritik des liberalen Lösungsvorschlages von *Dworkin,* Life's dominion. An argument about abortion, euthanasia, and individual freedom, 1993, bei *Tännsjö,* Why no compromise is possible, Metaphilosophy 2007, 330 ff.

10 *Aubert* (Fn. 4); *Hirschman,* Wieviel Gemeinsinn braucht die liberale Gesellschaft?, Leviathan 1994, 293 ff.; vgl. auch *van den Daele,* Streitkultur. Über den Umgang mit unlösbaren moralischen Konflikten im nationalen Ethikrat, in: Gosewinkel/Schuppert (Hrsg.), Politische Kultur im Wandel von Staatlichkeit, 2008, S. 357 (358-362). Aubert unterschied Wert- von Interessenkonflikten, Hirschman Konflikte des Entweder-Oder von solchen des Mehr-oder-Weniger. In der Policy-Forschung werden Wertkonflikte im Anschluss an die These des US-amerikanischen Politikwissenschaftlers Theodore Lowi, dass die Akteurskonstellation sowie die Art der politischen Auseinandersetzung durch den Politiktypus geprägt werde („policies determine politics"), auch einer spezifischen Klasse von Politiken zugerechnet, die als ‚sozial-regulative Politik' oder als ‚Moralpolitik' bezeichnet werden. Vgl. *Lowi,* Four systems of policy, politics, and choice, Public Administration Review 1972, 298 ff. sowie zuletzt *Lowi,* Foreword: New dimensions in policy and politics, in: Tatalovich/Daynes (Hrsg.),

konfligierenden politischen Regulierungsziele – im Falle des Schwangerschaftsabbruches etwa Verbot oder Freigabe – auf konträren moralischen
Forderungen[11] – im Falle des Schwangerschaftsabbruches etwa das Lebensrecht des Fötus vs. die (reproduktive) Autonomie von Frauen – beruhen[12],

---

Moral controversies in American politics, 4th edn 2011, S. xi. Tatalovich und Dynes
definieren *sozialregulative Politik* als „the exercise of legal authority to affirm, modi-
fy, or replace community values, moral practices, and norms of interpersonal conduct"
(*Tatalovich/Daynes*, Introduction. Moral conflicts and the policy process, in:
Tatalovich/Daynes (Hrsg.), Moral controversies in American politics, 4th edn. 2011,
S. xxix (xxxii)). Andere Autoren betonen statt der bloß regulativen stärker die re-
distributive Dimension. Nach ihnen geht es den Protagonisten um die selektive öffent-
liche Auszeichnung oder die öffentliche Diskreditierung einzelner Werte gegenüber
anderen, also explizit um eine öffentliche „Umverteilung" von Werten. Vgl. *Meier*,
The politics of sin. Drugs, alcohol, and public policy, 1994, S. 4; *Haider-
Markel/Meier*, The politics of gay and lesbian rights: Expanding the scope of conflict,
Journal of Politics 1996, 332 (333); vgl. auch *Meier*, Drugs, sex, and rock and roll: A
theory of morality politics, in: Mooney (Hrsg.), The public clash of private values.
The politics of morality policy, 2001, S. 21 ff. *Moralpolitik* ist nach *Mooney*, The
politics of morality policy. Symposium editor's introduction, Policy Studies Journal
1999, 675 „… no less than the legal sanction of right and wrong". Ein Fall von
Moralpolitik liegt nach *Haider-Markel/Meier* (Fn. 10), 333 vor, wenn „at least one
advocacy coalition … involved has portrayed the issue as one of morality or sin and
used moral arguments in its policy advocacy". In diesem Beitrag wird der Begriff des
Wertkonfliktes verwendet, und zwar weil dieser Begriff auf die strukturelle Ursache
der spezifischen Charakteristika dieser Politiken, nämlich den Umstand konfligierender Werte, hinweist.

11   Die Auszeichnung solcher Forderungen als moralisch schließt an eine etablierte Verwendungsweise dieses Begriffs in der Philosophie an, nach der Moral die in sozialen
Gruppen geltenden Urteile über Gebotenheit oder Verbot, Vorzugswürdigkeit oder
Verwerflichkeit menschlicher Handlungen und Verhaltensweisen, Ethik die (wissenschaftliche) Reflexion über solche moralischen Urteile bezeichnet. Mit der Bezeichnung solcher Forderungen als moralisch wird keine Positionierung mit Blick auf eine
zweite Verwendungsweise der Begriffe Moral und Ethik vorgenommen. Danach umfasst Ethik (partikulare) Urteile über Gebotenheit und Verbot, Vorzugswürdigkeit o-
der Verwerflichkeit menschlicher Handlungen und Verhaltensweisen, die sich nur unter Rekurs auf umfassende Vorstellungen guten Lebens begründen lassen, deren Geltung sich jedoch nicht gegenüber jedermann guten Willens bzw. nur in bestimmten
Kontexten einsichtig machen lässt. Moral bezeichnet demgegenüber universal, also
gegenüber jedermann guten Willens begründbare Urteile über solche Materien. Für
die Verfechter dieser zweiten Verwendungsweise hat die partikulare oder universale
Begründbarkeit Konsequenzen für die Frage nach der Legitimität der politischen Verbindlichmachung solcher Urteile.

12   Die Kontroverse über den Schwangerschaftsabbruch bildet gleichsam den Modellfall
eines Wertkonfliktes. Damit ein Wertkonflikt vorliegt, genügt es jedoch, wenn zumindest eine der Konfliktparteien auf normative Prinzipien oder Werte rekurriert, die
sich in ihrer Sicht durch einen verpflichtenden Charakter auszeichnen und für die sie
zugleich einen Anspruch auf allgemeine und unbedingte soziale und politische Geltung oder Anerkennung reklamieren. Vgl. *Haider-Markel/Meier* (Fn. 10), 333;

deren Bedeutsamkeit und Verpflichtungsgrad sich aus ihrer Einbettung in bzw. ihrer Begründung durch umfassende und grundlegende normative religiöse oder säkulare Vorstellungen von Gerechtigkeit oder gutem Leben ergibt – im Falle des Schwangerschaftsabbruches etwa der christliche Glaube an eine göttliche Lebensordnung vs. das liberale Ideal der Autonomie der Person.[13] Diese grundlegenden und umfassenden moralischen Überzeugungen sowie die

---

Mooney, The public clash of private values. The politics of morality policy, in: Mooney (Hrsg.), The public clash of private values. The politics of morality policy, 2001, S. 3 (4, 7); *Mooney/Schuldt*, Does morality policy exist? Testing a basic assumption, Policy Studies Journal 2008, 199 (201), dort weitere Nachweise zur Prinzipienbindung; *Button/Rienzo/Wald*, Private lives, public conflicts. Battles over gay rights in American communities, 1997, S. 5-6; *Gormley*, Regulatory issue networks in an federal system, Polity 1986, 595 ff.; *Tatalovich/Smith/Bobic*, Moral conflicts and the policy process, in: Policy Currents 4(4), http://www.apsapolicy-section.org/vol4_4/moralconflicts.htm, letzter Zugriff vom 24.04.2002., 1994; *Tatalovich/Daynes*, Introduction: What is social regulatory policy?, in: Tatalovich/Daynes (Hrsg.), Social regulatory policy. Moral controversies in American politics, 1988, S. 1; *Donovan/Mooney/Smith*, State and local politics. Institutions and reform, 2nd edn 2011, S. 510. Konfliktkonstellationen in Wertkonflikten können aber auch höchst asymmetrisch ausgebildet sein. So hat *Meier* (Fn.10), S. 25 darauf hingewiesen, dass es einen Typus des Wertkonfliktes gibt, bei dem es einer Partei gelingt, eine gesellschaftliche und/oder politische Perzeption der entgegengesetzten Wertpositionen sowie der damit verbundenen Praktiken als gesellschaftlich inakzeptabel durchzusetzen, d. h. als ‚Sünde' auszuzeichnen. Ein Beispiel für diesen asymmetrischen Typus des Wertkonfliktes aus dem Bereich der Biopolitik ist etwa die gegenwärtige Debatte um das reproduktive Klonen.

13 Für eine nicht-religiöse Begründung des Lebensrechts von Embryonen vgl. *Marquis*, Why abortion is immoral, The Journal of Philosophy 1989, 183 ff. In der moralphilosophischen Debatte über den Schwangerschaftsabbruch existieren allerdings mehrere Konfliktlinien. Umstritten ist erstens, ob sich die moralische Forderung nach der Respektierung eines Lebensrechts des Embryos begründen lässt (bzw. welche Begründungen zulässig und zureichend sind) und zu welchem Zeitpunkt − dem Beginn der Verschmelzung von Ei und Samenzelle, der Verbindung der Chromosomensätze oder der Ausbildung des Primitivstreifens − der Embryo diesen Status erwirbt vgl. u. a. *Steinbock*, Moral status, moral value, and human embryos: Implications for stem cell research, in: Steinbock (Hrsg.), The Oxford handbook of bioethics, 2007, S. 416 ff.; *Marquis*, Abortion revisited, in: Steinbock (Hrsg.), The Oxford handbook of bioethics, 2007, S. 395 ff. Umstritten ist zweitens, wie − für den Fall, dass sich die moralische Forderung nach dem Lebensrecht des Embryos als begründbar erweist − mit dem Konflikt oder dem moralischen Dilemma zwischen dem Lebensrecht des Embryos und der (reproduktiven) Autonomie von Frauen umgegangen werden soll, also ob sich und unter welchen Bedingungen ein Vorrang einer der beiden moralischen Forderungen erweisen lässt, ob ein Kompromiss möglich ist oder ob der Konflikt nicht lösbar ist. Umstritten ist schließlich drittens, ob bzw. unter welchen Bedingungen es bei fortbestehendem Dissens über Begründetheit und Vorrangigkeit der beiden moralischen Forderungen legitim ist, die Frage des Schwangerschaftsabbruches politisch verbindlich zu regulieren.

mit ihnen verbundenen konkreten Forderungen zeichnen sich in solchen Konflikten in der Regel nicht nur durch den Status der Unantastbarkeit, ein hohes Ausmaß der individuellen Gewissheit hinsichtlich ihrer Geltung und einen hohen Verpflichtungsgrad aus, sondern sind zumeist auch konstitutiver Bestandteil der Identität von Personen.[14] Diese Bedingungskonstellation hat Konsequenzen für den Konfliktaustrag.[15] Zunächst sind unter diesen Bedingungen die Chancen höchst gering, dass es einer der Konfliktparteien gelingt, durch Argumente die gegnerische(n) Konfliktpartei(en) von der Richtigkeit der eigenen Positionen zu überzeugen und so den Konflikt durch eine Transformation einzelner Positionen in einen Konsens der Parteien zu überführen.[16] Der Dissens lässt sich aber auch nicht oder nur sehr schwer durch klassische Konfliktlösungstechniken wie Verhandeln oder Kompromiss domestizieren.[17]

---

14 *Tatalovich/Smith/Bobic* (Fn.12); vgl. zur identitätskonstitutiven Rolle von Werten aus sozialpsychologischer Sicht auch *Aquino/Reed*, The self-importance of moral identity, Journal of Personality and Social Psychology 2002, 1423 ff. Die identitätskonstitutive Rolle von Werten kann, wie *Wade-Benzoni/Hoffman/Thompson/Moore/Gillespie/ Bazerman*, Barriers to resolution in ideologically based negotiations: The role of values and institutions, Academy of Management Review 2002, 41 ff., zeigen, unter Konfliktbedingungen sogar zur Festigung und Steigerung der Geltungsgewissheit und des Überlegenheitsanspruches der eigenen Positionen führen. Der Status der Unantastbarkeit firmiert in der sozialpsychologischen Forschung häufig unter dem Konzept eines heiligen, (nicht notwendig: religiösen) Wertes'; als ‚heilig' gilt jeder Wert, „… that a moral community implicitly or explicitly treats as possing infinite or trancendental significance that precludes comparisons, trade-offs, or indeed any other mingling with bounded or secular [i. S. von profanen, nicht notwenig: nicht-religiösen, U.W.] values" – so die Definition bei *Tetlock/Kristel/Elson/Green/Lerner*, The psychology of the unthinkable: Taboo trade-offs, forbidden base rates, and heretical counterfactuals, Journal of Personality and Social Psychology 2000, 853. Zu den Effekten der Auszeichnung von Werten als ‚geheiligt' vgl. auch *Marietta*, From my cold, dead hands: Democratic consequences of sacred rhetoric, The Journal of Politics 2008, 767 ff. Vgl. auch das ähnliche Konzept von (gegen Tausch) ‚geschützten Werten' bei *Baron/Spranca*, Protected Values, Organizational Behavior and Human Decision Processes 1997, 1. Zum Verpflichtungsgrad vgl. *Cohen*, Philosophy, politics, democracy. Selected essays, 2009, S. 231: „To someone, who has a religious view, for example, believing the view is a matter of believing what is true, and acting on it, a matter of fulfilling obligations that are not self-legislated and are perhaps more fundamental than political obligations."

15 Das spiegelt sich auch in den allgemeinen Charakterisierungen von Wertkonflikten. Nach *Lowi* (Fn.10), S. xiii ist das beobachtbare politische Agieren dort im Gegensatz zur gewöhnlichen Politik „more ideological, more moral, more directly derived from fundamental values, more intense, less utilitarian, more polarized, and less prone to compromise".

16 In solchen Konfliktfällen haben Argumente nicht selten sogar eher konfliktverschärfende Effekte. Vgl. *van den Daele* (Fn.10), S. 361.

17 Vgl. zu entsprechend Befunden aus der sozialpsychologischen Forschung *Kouzakova/Elle-mers/Harinck/Scheepers*, The implications of value conflict: How disagree-

Denn die moralischen Positionen werden in der Regel als nicht oder doch kaum als verhandelbar betrachtet.[18] Auch die Bereitschaft, gemeinsam nach Kompromisslösungen zu suchen, wird eher gering ausgeprägt sein, weil sich ein ‚Kuhhandel' bei Prinzipien mit Anspruch auf unbedingte Geltung von selbst verbietet und die eigenen Wertüberzeugungen durch Kompromisse kompromittiert oder ihre Integrität beschädigt werden könnten.[19] Das gilt vor allem dann, wenn es sich bei einer abgelehnten Handlungsalternative aus der Sicht der Konfliktparteien nicht nur um ein mehr oder minder großes Laster (Alkoholkonsum oder Glücksspiel), sondern um ein grundlegendes moralisches Übel handelt – wie im Falle des Schwangerschaftsabbruches die vermeintliche Tötung eines mit gleichem Lebensrecht ausgestatteten Fötus bzw. die Einschränkung oder Verweigerung von (reproduktiver) Autonomie für Frauen. Doch selbst, wenn die Akteure kompromissbereit wären, bliebe das Problem bestehen, dass es bei vielen solcher Fragen ein von allen Parteien gemeinsam akzeptiertes Maß, an dem sich Fairness von Kompromisslösungen in moralischen Fragen bemessen ließe, nicht gibt. Denn es spricht viel dafür, dass auch die Vorstellungen über Fairness in die sich unterscheidenden Vorstellungen von gutem Leben und Gerechtigkeit eingebettet sind, die für den Dissens auf der Ebene der umstrittenen moralischen Fragen selbst sorgen. Die Konflikte über den Schwangerschaftsabbruch zeigen dies in aller Deutlichkeit. Intensität und Dynamik von Wertkonflikten können sich noch einmal steigern, wenn es aufgrund der Verankerung konfligierender Regulierungsziele und moralischer Forderungen in grundlegenden Vorstellungen von Gerechtigkeit und gutem Leben zur Kumulierung von Wertkonflikten zwischen Gruppen kommt, die sich durch sehr unterschiedliche Vorstellungen von Gerechtigkeit und gutem Leben auszeichnen. Denn in solchen Gruppen kann sich schnell die Wahrnehmung ergeben, dass sie grundsätzlich verschieden sind und weni-

---

ment on values affects self-involvement and perceived common ground, Personality and Social Psychology Bulletin 2012, 798, 799, m.w.N.

18 Vgl. zu den Effekten der Unantastbarkeit von Werten auf ihre Verhandelbarkeit *Bazerman/Tenbrunsel/Wade-Benzoni*, When "Sacred" Issues Are at Stake, Negotiation Journal 2008, 113 ff.

19 *Aubert* (Fn.4), S. 183-186. Zur begrenzten Kompromissbereitschaft vgl. auch *Mooney/Schuldt* (Fn. 12), 201; *Studlar*, The USA and Western Europe compared: How the 'God gap' led the USA to join the religious world of morality politics, in: Engeli/Green-Pedersen/Larsen (Hrsg.), Morality politics in Western Europe. Parties, agendas and policy choices, 2012, S. 161 (181); *Coleman*, Intractable conflict, in: Deutsch/Coleman (Hrsg.), The handbook of conflict resolution. Theory and practice, 1. ed. 2000, S. 428 (431). Die geringe Kompromissneigung hat ihren Grund nicht zuletzt darin, dass viele Akteure es für unwahrscheinlich halten, dass sie bei Fragen, die mit starken moralischen oder religiösen Wertüberzeugungen verbunden sind, ihre Meinung ändern werden; vgl. *Mooney/Schuldt* (Fn.12), 208, vgl. aber auch *Tatalovich/Smith/Bobic* (Fn.12).

ge oder sogar keine Überzeugungen teilen.[20] Damit sind zugleich die Voraussetzungen gegeben, dass Konflikte leichter auf andere Materien übertragen werden können, es also zu spill-over-Effekten kommt.[21] Zudem steigt im Rahmen einer solchen Kumulation von Wertkonflikten die Wahrscheinlichkeit, dass nicht nur die gegnerischen Positionen als moralisch falsch oder verwerflich, sondern auch die Mitglieder der gegnerischen Konfliktpartei als unmoralisch oder unvernünftig wahrgenommen werden.[22] Die Intensität und Dynamik von Wertkonflikten wird aber auch dadurch gesteigert, dass bei moralisch gebotenen (unbedingten) Forderungen der Zweck sehr weitgehend die Mittel zu heiligen vermag – bis hin zum Einsatz von Gewalt. Den Modellfall für eine solche Eskalation durch die Kumulation von Wertkonflikten und die Entgrenzung der Handlungsmittel bilden die USA. Hier hat sich, beginnend mit dem Konflikt über die Regelung des Schwangerschaftsabbruchs in den 1970er Jahren, durch Auseinandersetzungen über Fragen der Gleichstellung gleichgeschlechtlicher Lebensweisen, den Status und die Stellung von Religion in der Öffentlichkeit sowie der Regelung neuer biomedizinischer Möglichkeiten wie Stammzellforschung und Klonen eine Konfliktlinie zwischen einem ‚konservativen‘, überwiegend religiösen, und einem ‚liberalen‘, überwiegend säkularen, Lager herausgebildet, die sich durch ein besonders hohes Konfliktniveau und teilweise sogar durch Militanz auszeichnet.[23]

---

20 Vgl. hierzu die empirischen Befunde von *Kouzakova/Ellemers/Harinck/Scheepers* (Fn.17). Vgl. zu den dissoziativen Effekten von intensiven Debatten auch *Sunstein*, The law of group polarization, The Journal of Political Philosophy 2002, 175 ff. Das kann letztlich dazu führen, dass das für die Aufrechterhaltung gesellschaftlicher Kooperation notwendige wechselseitige Vertrauen der Bürgerinnen und Bürger erodiert; vgl. *Studlar* (Fn. 19), S. 181, mit Verweis auf *Doan*, Opposition & intimidation. The abortion wars and strategies of political harassment, 2007; *Monson/Oliphant*, Microtargeting and the instrumental mobilization of religious conservatives, in: Campbell (Hrsg.), A matter of faith. Religion in the 2004 presidential election, 2007, S. 95 ff.; *Marietta* (Fn.14).

21 Das zeigen auch Befunde aus der sozialpsychologischen Forschung zu Wertkonflikten. Vgl. u. a. *Kouzakova/Ellemers/Harinck/Scheepers* (Fn. 17).

22 Dass verzerrte Wahrnehmungen der gegnerischen Konfliktpartei als unmoralisch, unvernünftig oder gar fundamentalistisch von den Protagonisten in Wertkonfliktes nicht selten in strategischer Absicht geschürt werden – ein Phänomen, das *Sabatier/Hunter/McLaughlin*, The devil shift: Perceptions and misperceptions of opponents, The Western Political Quarterly 1987, 449, als ‚Verteufelung‘ bezeichnen –, weil sich so erhebliche Mobilisierungseffekte erzielen lassen, trägt in vielen Fällen erheblich zur Konflikteskalation bei.

23 Allerdings ist in der wissenschaftlichen Debatte hoch umstritten, ob es sich in den USA tatsächlich um einen massiven polarisierten Konflikt zwischen großen gesellschaftlichen Gruppen handelt – so tendenziell *Hunter* (Fn. 6) oder auch *Lakoff*, Moral politics. What conservatives know that liberals don't, 1996 – oder ob der Konflikt sich im Wesentlichen in den Massenmedien und zwischen den politischen Protagonisten

In der Konsequenz werden Wertkonflikte daher häufig als nicht lösbar betrachtet. Auch (Mehrheits-)Entscheidungen erweisen sich als problematisch, weil für die unterliegende(n) Partei(en) die Nichtbeachtung und Missachtung ihrer Anliegen angesichts des unbedingte Anerkennung fordernden Charakters der verfochtenen normativen Prinzipien nicht hinnehmbar ist – dies gilt erst recht, wenn es sich bei der abgelehnten Alternative um ein grundlegendes moralisches Übel handelt. Es ist daher höchst unwahrscheinlich, dass sich Dissens über normative Prinzipien mit den Mitteln ‚normaler' Politik', also durch Konsens, Kompromiss oder zeitlich befristete politische Dezision qua Mehrheitsentscheidung lösen oder ‚kleinarbeiten' lässt. Wertkonflikte weisen daher tendenziell – so die Einschätzung vieler politikwissenschaftlicher Beobachter – eine Konfliktlogik auf, die in der Regel zu einer hohen Konfliktintensität und einer Polarisierung der Konfliktparteien führt, wenn auch nicht unmittelbar in den (Bürger-)Krieg.

Allerdings zeigen sich im internationalen Vergleich erhebliche Unterschiede sowohl mit Blick darauf, welche Materien zu Gegenständen von Wertkonflikten werden, als auch darauf, welche Intensität und Dynamik solche Wertkonflikte aufweisen.[24] Denn moralischer Dissens wird keineswegs in allen

---

abspielt und bisher kaum Widerhall in den Einstellungen und Verhaltensweisen weiter Bevölkerungsteile findet – so etwa *Wolfe*, One nation, after all. What middleclass Americans really think about: God, country, family, racism, welfare, immigration, homosexuality, work, the right, the left, and each other, 1999, oder *Fiorina/Abrams/Pope*, Culture war? The myth of a polarized America, 3rd 2011; vgl. aber auch die Beiträge in *Williams* (Hrsg.), Cultural wars in American politics. Critical reviews of a popular myth, 1997.

24 Die vergleichende Forschung zu diesen Fragen steckt jedoch erst in den Anfängen. Der überwiegende Teil der Forschung hat sich auf Wertkonflikte in den USA konzentriert, diese jedoch selten in komparativer Perspektive untersucht. Vgl. *Studlar* (Fn. 19), mit Verweis auf *Cohan*, Abortion as a marginal issue: the use of peripheral mechanisms in Britain and the United States, in: Lovenduski/Outshoorn (Hrsg.), The new politics of abortion, 1986, S. 27; *Krabbendam/Napel* (Hrsg.), Regulating morality: A comparison of the role of the state in mastering the mores in the Netherlands and the United States, 2000; *Studlar*, What constitutes morality policy? A cross-national analysis, in: Mooney (Hrsg.), The public clash of private values. The politics of morality policy, 2001, S. 37; *Smith/Tatalovich*, Cultures at war. Moral conflicts in western democracies, 2003. Der Großteil der bisherigen vergleichenden Forschung zu Wertkonflikten trägt zudem wenig zur Aufklärung über die Frage nach den Bedingungen der Intensität und Dynamik von Wertkonflikten bei, weil sie sich vornehmlich auf die Frage nach Ausprägung und Ursachen der Variation von Formen der Politikproduktion und Politikergebnissen interessiert. Vgl. zum Feld der Biopolitik etwa *Bleiklie/Goggin/Rothmayr* (Hrsg.), Comparative biomedical policy. Governing assisted reproductive technologies, 2004; *Montpetit/Rothmayr/Varone* (Hrsg.), The politics of biotechnology in North America and Europe. Policy networks, institutions, and internationalization, 2007; zu dieser Tradition zählen auch die vergleichende Studie von *Hennig*, Moralpolitik und Religion. Bedingungen politisch-

Ländern politisiert und mündet auch nicht durchgängig in die typische Kon-fliktdynamik und Eskalationslogik von Wertkonflikten. Das zeigt gerade der prototypische Wertkonflikt über die politische Regelung des Schwanger-schaftsabbruchs: Die Konflikte haben in verschiedenen Ländern einen sehr unterschiedlichen Verlauf genommen und lassen sich, wie das Beispiel der Bundesrepublik seit Mitte der 1990er Jahre zeigt, sogar weitgehend durch Kompromisslösungen befrieden oder stillstellen. Zudem werden auch inner-halb einzelner Länder Fragen, die sich durch einen tief greifenden morali-schen Dissens auszeichnen, politisch auf höchst unterschiedliche Weise aus-getragen; selbst ein und derselbe Gegenstand wird nicht selten im Zeitverlauf auf sehr unterschiedliche Weise politisch prozessiert.

So weisen Wertkonflikte in den USA tendenziell eine stärkere Polarisie-rung auf als solche in Westeuropa oder anderen europäischen Siedlergesell-schaften wie Kanada und Australien. Aber auch innerhalb Europas lassen sich deutliche Unterschiede feststellen. Während sich die Debatten um die Rege-lung der Sterbehilfe in den Niederlanden oder des Schwangerschaftsabbruchs in Spanien durch ein hohes Konfliktniveau auszeichneten, ist das Konfliktni-veau entsprechender Debatten in Skandinavien oder Großbritannien eher niedrig.[25]

Das provoziert natürlich die Frage nach den Umständen und Bedingungen, die für diese Unterschiede in der Rahmung wie der politischen Dynamik ver-antwortlich sind.

Mit Blick auf die *Rahmung* ist zunächst festzuhalten, dass Regelungsmate-rien in der Regel mehrere Aspekte aufweisen, die zum Anlass politischer Kontroversen werden können: Regulierungsmaßnahmen können nicht nur mit Blick auf ihre intrinsische moralische Güte bzw. die moralische Wertschät-zung ihrer Folgen unterschiedlich bewertet werden, sondern es kann auch über die Wissensgrundlagen für die Ermittlung ihrer erwartbaren Effekte und Fol-gen oder die Verteilung von Vor- und Nachteilen, Nutzen und Kosten Dissens bestehen.[26] Vielen politischen Konflikten dürfte daher sogar eine Mischung von Konfliktdimensionen zu Grunde liegen.[27]

---

religiöser Kooperation in Polen, Italien und Spanien, 2012 und die meisten der jüngst im Journal of European Public Policy 20 (3), 2013, veröffentlichten Aufsätze. An-schlussfähiger sind die im Band von *Engeli/Green-Pedersen/Larsen* (Hrsg.), Morality politics in Western Europe. Parties, agendas and policy choices, 2012 versammelten Beiträge, weil sie auf die Frage nach den Bestimmungsgründen für die unterschiedli-che Konfliktdefinition von moralischen Fragen zielen.

25 *Engeli/Green-Pedersen/Larsen,* Introduction, in: Engeli/Green-Pedersen/Larsen (Hrsg.), Morality politics in Western Europe. Parties, agendas and policy choices, 2012, S. 1 ff., m.w.N.

26 Die Unterscheidung von Interessen-, Wissens- und Wertkonflikten und den mit ihnen verbundenen typischen Konfliktdynamiken und möglichen Zivilisierungsstrategien ist

Die Präsenz oder Dominanz von Konfliktdimensionen im politischen Prozess stellt daher keine „natürliche" Eigenschaft der Konfliktmaterien dar, sondern ist Ergebnis eines kontingenten Prozesses der kollektiven Definition konkreter Konfliktmaterien.[28] Das impliziert zum einen, dass letztlich beinahe jede Materie Gegenstand eines Wertkonfliktes werden kann[29], und zum anderen, dass selbst vermeintlich offensichtliche „Wertfragen" nicht notwendig auch zum Gegenstand von Wertkonflikten avancieren müssen. Zudem kann es aufgrund dieses Umstandes auch zu Veränderungen bei der Dominanz von Konfliktdimensionen kommen.[30] Gleichwohl liegt bei einigen Fragen, etwa solchen, die sich um Tod und Leben, Sexualität und Reproduktion sowie Partnerschaft und Familie drehen, die Rahmung als Wertkonflikt besonders nahe, weil es sich um existentielle Fragen der Lebensführung handelt, die vielfach im Zentrum umfassender normativer religiöser wie säkularer Vorstellungen von Gerechtigkeit oder gutem Leben stehen.

Ob politische Protagonisten eine Materie letztlich als Wertkonflikt rahmen, hängt aber auch davon ab, ob die Bedingungen für den kommunikativen Erfolg und die politische Mobilisierung von Unterstützung und Konfliktressourcen gegeben sind.

Christoph Knill hat zuletzt drei solcher Faktoren ausgemacht und auf ihrer Basis unterschiedliche Wahrscheinlichkeiten für die Rahmung von Materien

---

in den Sozialwissenschaften weit über die Konfliktforschung hinaus zum common sense avanciert, wie z. B. die selbstverständliche Verwendung dieser Unterscheidung bei *Holmes* (Fn. 9), S. 80 zeigt.

27   So für die Interessen- und Wertdimension schon *Aubert* (Fn. 4), S. 185, 188. In der Debatte über die Forschung an embryonalen Stammzellen etwa repräsentiert der Dissens über den Status des Embryo die Werte-, der Aspekt ihrer Rolle als einer möglichen Zukunftstechnologie im internationalen Wettbewerb die Interessen- und der Streit um das erwartbare medizinische Potenzial die Wissensdimension.

28   *Smith*, Typologies, taxonomies, anf the benefits of policy classification, Policy Studies Journal 2002, 379 (384), vgl. zuletzt auch *Engeli/Green-Pedersen/Larsen* (Fn. 7), S. 24. Inzwischen ist es weitgehend akzeptiert, dass es nicht Eigenschaften von Politiken, sondern die Rahmung durch Akteure ist, die eine Politik zum Wertkonflikt werden lassen. Vgl. *Mooney* (Fn. 12), S. 4; *Mooney/Schuldt* (Fn. 12), 201, vgl. aber auch schon *Zürn/Wolf/Efinger*, Problemfelder und Situationsstrukturen in der Analyse internationaler Politik. Eine Brücke zwischen den Polen?, in: Rittberger (Hrsg.), Theorien der internationalen Beziehungen. Bestandsaufnahme und Forschungsperspektiven (Politische Vierteljahresschrift, Sonderheft 21), 1990, S. 151 (158-159) und *Dubiel*, Gehegte Konflikte, Merkur 1995, 1095 (1099).

29   *Donovan/Mooney/Smith* (Fn. 12), S. 510.

30   So hat sich nach *Bogner*, Die Ethisierung von Technikkonflikten. Studien zum Geltungswandel des Dissenses, 2011, S. 74 in der Biotechnologiepolitik der Risikodiskurs (Dominanz der Konfliktdimension Wissen) zu einem moralischen Diskurs (Dominanz der Konfliktdimension Werte) gewandelt. Vgl. dazu auch *Peters*, Die Integration moderner Gesellschaften, 1993, S. 4.

als Wertkonflikt bestimmt: die individuelle und instrumentelle Bedeutung von Werten, die Relevanz ökonomischer Vorteile und Kosten sowie die kulturelle Gelegenheitsstruktur.[31] Voraussetzung für eine solche Rahmung ist zunächst, dass die mit der Entscheidungsmaterie verknüpften Werte für eine ausreichend große Anzahl von Bürgerinnen und Bürgern eine hinreichend große Rolle spielen. Die Wahrscheinlichkeit der Rahmung einer Materie als Wertkonflikt erhöht sich auch, wenn die Geltung oder Veränderung von Werten Effekte auf die Verteilung sozialer und/oder politischer Macht hat. Eine solche Rahmung wird des Weiteren umso wahrscheinlicher, je geringer die materiellen Auswirkungen auf alle oder einzelne Akteure sind. Allerdings kann unter bestimmten Bedingungen die Rahmung einer Materie als Wertkonflikt auch eine effektive Strategie zur Verteidigung oder Erlangung wichtiger ökonomischer oder politischer Ziele darstellen. Voraussetzung für eine Rahmung als Wertkonflikt ist jedoch letztlich die kulturelle Gelegenheitsstruktur im Sinne von „… specific configurations of cultural value dispositions and their institutional representation (via established interest groups, social movements, religious organizations, the institutional relationship between state and church, the existence of confessional parties) that define issue- or countryspecific resources for social mobilization".[32]

Diese kulturellen Gelegenheitsstrukturen haben in den USA und in Europa sehr unterschiedliche Ausprägungen. In der US-amerikanischen Forschung sind Wertkonflikte als Bestandteile grundlegender kultureller Konfliktlinien rekonstruiert worden.[33] Danach handelt sich bei solchen Konflikten nicht nur um den gelegentlichen Austrag moralischer Dissense über die Regulierung einzelner Materien. Solche Konflikte werden vielmehr als Bestandteil von Konfliktformationen vorgestellt, in denen sich relativ geschlossene und homogene kulturelle Gruppen mit je spezifischen Weltsichten und moralischen Orientierungen gegenüberstehen. In dieser Perspektive werden Wertkonflikte als Bestandteil eines Konflikttypus begriffen, in dem über das Selbstverständnis und die richtige moralische Ordnung von Gesellschaften gestritten wird.[34] Unter solchen Bedingungen sind viele Materien für eine Rahmung als Wertkonflikte geeignet. Denn Politik weist als autoritative Allokation von Werten immer auch eine kulturelle Dimension auf, kommuniziert also die Geltung

---

31 Vgl. zum Folgenden *Knill*, The study of morality policy: analytical implications from a public policy perspective, Journal of European Public Policy 2013, 309 (312-314).

32 *Knill* (Fn. 31), 314.

33 Vgl. zum Folgenden *Leege/Wald/Krueger/Mueller*, The politics of cultural differences. Social change and voter mobilization strategies in the post-New Deal period, 2002; vgl. aber u. a. auch *Wuthnow*, The struggle for America's soul: Evangelicals, liberals, and secularism, 1989, *Hunter* (Fn. 4); *Hunter* (Fn. 4); *Lakoff* (Fn. 23).

34 *Leege/Wald/Krueger/Mueller* (Fn. 33), S. 26.

einer spezifischen moralischen Ordnung.[35] Weil es in diesen Konflikten dann nicht so sehr um einzelne Materien, sondern letztlich um die politische Geltend- und Verbindlichmachung von kulturellen Lebensweisen oder Wertordnungen geht, ist zudem zu erwarten, dass mit jeder Entscheidung einer einzelnen Frage die Mobilisierung entlang der gesamten kulturellen Konfliktlinie zunimmt. Strategien der kulturellen Mobilisierung sind jedoch besonders dann zu erwarten, wenn Prozesse längerfristigen sozialen Wandels zu einer Herausforderung oder Gefährdung der hergebrachten oder dominanten moralischen Ordnung akkumulieren.[36]

Mit Blick auf Europa haben Engeli et al. zuletzt die überzeugende These entwickelt (und in ersten vergleichenden Untersuchungen plausibilisiert), dass Materien dann als Wertkonflikte gerahmt werden, wenn sie an zentrale Konfliktlinien des Parteiensystems angekoppelt werden können, vor allem die

---

35 *Leege/Wald/Krueger/Mueller* (Fn. 33), S. 39.

36 *Leege/Wald/Krueger/Mueller* (Fn. 33), S. 65-66, 34-39. Im Gegensatz zu dieser bipolaren Sicht werden die US-amerikanischen Wertkonflikte auch als Konflikte in multipolaren Feldern rekonstruiert. Zu dieser Forschungsrichtung zählen etwa Versuche einer Entschlüsselung von Wertkonflikten im Anschluss an die von Mary Douglas und Aaron Wildavsky entwickelte ‚Theorie der Kultur'. Vgl. *Douglas*, Cultural Bias, 1978; *Douglas/Wildavsky*, Risk and culture. An essay on the selection of technical and environmental dangers, 1982; *Wildavsky*, Choosing preferences by constructing institutions. A cultural theory of preference formation, American Political Science Review 1987, 3; *Wildavsky*, The rise of radical egalitarianism, 1991; *Schwarz/Thompson*, Divided we stand. Redefining politics, technology, and social choice, 1990; *Thompson/Ellis/Wildavsky*, Cultural theory, 1990; *Thompson*, Cultural theory as political science, in: Thompson/Grendstad/Selle (Hrsg.), Cultural theory as political science, 1999, S. 1. Vgl. aber auch *Kahan/Braman*, Cultural cognition and public policy, Yale Law & Policy Review 2006, 147; *Braman/Kahan*, Overcoming the Fear of Guns, the Fear of Gun Control, and the Fear of Cultural Politics: Constructing a Better Gun Debate, Emory Law Journal 2006, 569; *Braman/Kahan/Grimmelmann*, Modeling Facts, Culture, and Cognition in the Gun Debate, Social Justice Research 2005, 283. Diese Forschungstradition eröffnet zumindest prinzipiell die Möglichkeit, gegenwärtige Wertkonflikte als unausweichliche Folge einer Pluralität moralischer Orientierungen zu rekonstruieren und ihre Konfliktstruktur nicht länger in das modernisierungstheoretische oder liberale konzeptionelle Prokrustesbett einer historischen Konfrontation zwischen Tradition versus Fortschritt oder Freiheit, zwischen der Geltendmachung bzw. Verteidigung traditioneller religiöser oder gemeinschaftlicher Werte versus der Beförderung von sozialem Wandel oder individueller Autonomie zu zwängen. Denn in dieser Sicht sind Wertkonflikte eine Folge der Pluralisierung und einer sich daraus ergebenden Konkurrenz kultureller Weltsichten. Vgl. zur Kritik der für die Theorie der Kultur charakteristische Thesen von der prägenden Wirkung sozialer Kontexte, der Konsistenz kultureller Orientierungen sowie den Problemen der empirischen Zuordnung aber auch *Coyle*, The theory that would be king, in: Coyle/Ellis (Hrsg.), Politics, policy, and culture, 1994, S. 219 ff. und *Stenvoll*, Norwegian politics of abortion: Perspectives, arguments, and values, Journal of Comparative Policy Analysis: Research and Practice 2002, 287 ff.

religiös-säkulare Konfliktlinie.[37] Entscheidend ist, ob es einen Konflikt zwischen religiösen und säkularen Kräften gab oder gibt, der sich dauerhaft im Parteiensystem niedergeschlagen hat. Wo dies der Fall ist, sind die Voraussetzungen für eine hohe Aufmerksamkeit für moralische Fragen wie auch für eine konfliktive Definition und damit einen konfliktiven Austrag der jeweiligen Fragen gegeben. Nach dieser Hypothese werden Fragen wie Abtreibung oder Homosexualität vor allem dort als Wertkonflikte gerahmt, wo im Parteiensystem religiöse, vor allem christdemokratische Parteien, oder konservative Parteien, die auch die Anliegen einer religiösen Wahlklientel vertreten, existieren.[38] Diese unterschiedlichen Konfigurationen führen schließlich auch zu unterschiedlichen Politikergebnissen.[39] Verläuft demgegenüber die zentrale Konfliktlinie innerhalb des Parteiensystems entlang des links-rechts-Cleavages, sind die Bedingungen für eine Rahmung von Materien als Wertkonflikte eher ungünstig. Denn es besteht in beiden Lagern innerparteilicher Dissens über Angemessenheit und Ausmaß der moralischen Regulierung: in konservativen Parteien und ihrer Anhängerschaft zwischen konservativen und liberalen, in linken Parteien zwischen den konservativen traditionellen Arbeitermilieus und den liberal-libertären Flügeln.[40]

---

37 *Engeli/Green-Pedersen/Larsen* (Fn. 7), S. 24, 26; *Engeli/Green-Pedersen/Larsen*, The two worlds of morality politics - what have we learned?, in: Engeli/Green-Pedersen/Larsen (Hrsg.), Morality politics in Western Europe. Parties, agendas and policy choices, 2012, S. 185 (192). Zu den Ähnlichkeiten und Differenzen zwischen der Situation in den USA und Europa vgl. auch *Smith/Tatalovich* (Fn. 24), S. 162.

38 *Engeli/Green-Pedersen/Larsen* (Fn. 7), S. 12-15.

39 *Engeli/Green-Pedersen/Larsen* (Fn. 25), S. 2-3. Denn in Ländern mit einer religiös-säkularen Konfliktlinie und christdemokratischen Parteien wie Österreich, der Schweiz, Belgien, den Niederlanden, Deutschland und Italien (bis zum Zusammenbruch der DC) oder konservativen Parteien mit engen Beziehungen zu religiösen Kräften wie Spanien, Portugal oder Italien (nach dem Zusammenbruch der DC) sind aber nicht nur die Bedingungen für die Rahmung von Materien als Wertkonflikte gegeben, es sind auch die politischen Ressourcen für die erfolgreiche Durchsetzung religiöser Anliegen gegeben. Dementsprechend sind in diesen Ländern die Regulierungen in der Folge von Wertkonflikten in der Regel deutlich restriktiver. Umgekehrt ergibt sich aus der engen Kopplung von Wertkonflikten mit der religiös-säkularen Konfliktlinie auch die These, dass zunehmende Säkularisierung zu permissiveren Regelungen der umstrittenen Materien führen wird; vgl. *Engeli/Green-Pedersen/Larsen* (Fn. 37), S. 194. Vgl. zu ähnlichen Thesen und Befunden auch schon *Fink*, Forschungspolitik zwischen Innovation und Lebensschutz: die Determinanten von Embryonenforschungspolitiken im internationalen Vergleich, 2008. Dabei kann es sich jedoch allenfalls um einen längerfristigen Trend handeln, weil der Effekt auch von der Zusammensetzung der Regierungen, genauer eine Regierungsbeteiligung von christdemokratischen oder konservativen Parteien abhängt *Engeli/Green-Pedersen/Larsen* (Fn. 37), S. 195.

40 *Engeli/Green-Pedersen/Larsen* (Fn. 7), S. 14.

Allerdings zeigen sich deutliche Erosionsprozesse der für die Rahmung von Materien als Wertkonflikte förderlichen kulturellen Gelegenheitsstruktur einer „religiösen Welt". Denn für christdemokratische Parteien stellen Wertkonflikte zunehmend ein Problem dar, weil sie durch die geforderte Hervorhebung christlicher moralischer Werte ihre inzwischen weit über das religiöse bzw. katholische Klientel hinaus erweiterte Basis gefährden.[41] Eine strategische Reaktion christdemokratischer Parteien auf diese Lage besteht darin, die Rahmung von Materien als Wertkonflikte zu vermeiden. Umgekehrt resultiert aus dieser Lage ein Anreiz für säkulare Parteien, diese Verwundbarkeit christdemokratischer Parteien durch die Politisierung von Wertkonflikten auszunutzen.[42] Diese Konstellation führt dazu, dass Wertkonflikte häufig mit der Revitalisierung des Konflikts über den Status und die Rolle von Religion in liberalen Demokratien einhergehen.[43]

Neben den kulturellen Gelegenheitsstrukturen haben jedoch auch politisch-institutionelle und politisch kontingente Faktoren einen Effekt auf die Wahrscheinlichkeit der Rahmung von Materien als Wertkonflikte.

Zu den politisch-institutionellen Faktoren zählen vor allem das Ausmaß des Föderalismus und die Struktur des Regierungssystems. So hat etwa Lowi mit Blick auf die USA deutlich gemacht, dass einer der Faktoren für die Proliferation von Wertkonflikten zumindest auf nationaler Ebene die Beseitigung föderaler Spielräume als Ermöglichungsbedingung der kollektiven politischen Selbstbestimmung von divergenten, aber regional dominierenden Lebensweisen auf Einzelstaatsebene darstellt. Anders gesagt: Wenn die regionalen und lokalen Spielräume für Formen einer kollektiven, auch politischen Ausdruck findenden kulturellen Lebensweise durch eine zunehmende nationale Vereinheitlichung schwinden, sind die Akteure darauf angewiesen, ihre divergenten Vorstellungen von der Führung des individuellen wie kollektiven Lebens dann eben auf nationaler Ebene politisch verbindlich durchzusetzen.[44]

Aber auch die Struktur des Regierungssystems schafft oder begrenzt den Spielraum für Interessengruppen und politische Unternehmer, die ein Interesse daran haben, bestimmte Materien als moralische Fragen zu rahmen. So verfügen single issue groups und politische Unternehmer in den USA aufgrund der vielfältigen politischen Zugangsmöglichkeiten in diesem präsidentiellen politischen System mit starker Gewaltenteilung, schwachen, wenig integrierten Parteien und der dem Wahlsystem geschuldeten starken Orientierung

---

41 *Engeli/Green-Pedersen/Larsen* (Fn. 7), S. 15.
42 *Engeli/Green-Pedersen/Larsen* (Fn. 7), S. 16.
43 *Engeli/Green-Pedersen/Larsen* (Fn. 7), S. 17.
44 *Lowi* (Fn. 10), S. xxvi. In der Diagnose von Lowi ist die Moralpolitik der christlichen und neokonservativen Rechten in den USA seit den siebziger Jahren die Antwort auf die linke Moralpolitik seit den 1960er Jahren.

der Abgeordneten an ihren Wahlkreisen über vielfältige politische Zugangsmöglichkeiten und Optionen zur erfolgreichen Rahmung von Materien als
Wertkonflikte.[45] Demgegenüber fällt etwa in Kanada aufgrund der geringeren
Fragmentierung des Regierungssystems und der charakteristischen Kabinetts-
dominanz und Fraktionsdisziplin der Operationsraum für Interessengruppen
und als politische Unternehmer auftretende einzelne Abgeordnete deutlich
geringer aus. Zudem existiert ein System der strukturierten Einbindung von
Interessen und Interessengruppen.[46] Ähnliches gilt für die meisten westeuro-
päischen politischen Systeme.

Zu den kontingenten Faktoren, welche die Thematisierung von Materien
als Wertkonflikte begünstigen können, zählen ‚moralische Schocks‘, etwa
durch Gerichtsentscheidungen. Den klassischen Fall bildet die Entscheidung
des US-amerikanischen Supreme Court über die Regelung des Schwangerschaftsabbruches in Roe vs. Wade 1973.[47] Aber auch hier spielen die politisch-institutionellen Rahmenbedingungen eine erhebliche Rolle. So führen in
Europa Einkammersysteme oder ein asymmetrischer Bikameralismus mit
einer starken Fusion von Exekutive und Legislative und einer begrenzten
Rolle für die Judikative dazu, dass die Politisierung von Moralfragen in deutlich geringerem Maße als in den USA aus einem auf Gerichtsurteile zurück-
gehenden Politikschock resultiert.[48]

Auch mit Blick auf die *Intensität und Dynamik von Wertkonflikten* gilt es
zunächst festzuhalten, dass ihre unterschiedliche Rahmung durch die Akteure
einen erheblichen Effekt hat.[49]

So unterscheidet etwa Theodore J. Lowi zwischen einer *normalen sozialregulativen Politik* der *Regulierung* sozialen Handelns und Verhaltens, die darauf ziele, in moralischer Hinsicht problematische Folgen zu minimieren oder
vorteilhafte Effekte zu fördern, und einer *(radikalen) sozialregulativen Moralpolitik*, in der es um die *Verbindlichmachung* oder *Eliminierung* sozialen
Handelns oder Verhaltens gehe, das als gut oder schlecht an sich betrachtet

---

45 *Tatalovich/Daynes* (Fn. 12), S. 213; *Tatalovich/Daynes*, Conclusion. The social
regulatory policy process, in: Tatalovich/Daynes (Hrsg.), Moral controversies in
American politics. Cases in social regulatory policy, 1998, S. 258 (259 f.);
Tatalovich/Daynes, Social regulations and the policy process, in: Tatalovich/Daynes
(Hrsg.), Moral controversies in American politics, 3rd 2005, S. xxv (xxvii).
46 *Schwartz*, Politics and moral causes in Canada and the United States, Comparative
Social Research 1981, 65 (76, 84).
47 *Donovan/Mooney/Smith* (Fn. 12), *Studlar* (Fn. 19), S. 163, vgl. zuletzt auch
Heichel/Knill/Schmitt, Public policy meets morality: conceptual and theoretical
challenges in the analysis of morality policy change, Journal of European Public
Policy 2013, 318 (324).
48 *Studlar* (Fn. 19), S. 182.
49 *Leege/Wald/Krueger/Mueller* (Fn. 33), S. 29.

wird.[50] Tendenziell werden politische Auseinandersetzungen unter Bedingungen der ersten Rahmung weniger konfrontativ verlaufen als unter solchen der zweiten, weil die Akteure schon durch die Definition des Regulierungszieles über mehr Spielraum verfügen.[51] In ähnlicher Weise hat Gary Mucciaroni in seiner Untersuchung der Regulierung von gleichgeschlechtlichen Lebensweisen in den USA darauf hingewiesen, dass politische Akteure diese Fragen auf sehr unterschiedliche Arten und Weisen als politisches Problem formulieren: unter Rekurs auf deontologische Prinzipien, auf soziale Konsequenzen und auf prozedurale Fragen.[52] Auch hier weisen deontologische Formen der Problemformulierung eine deutliche höhere Tendenz zu einem konfrontativen Politikstil auf. Jüngst hat schließlich Alexander Bogner zwischen der Ethisierung und der Moralisierung oder Fundamentalisierung von Wertkonflikten unterschieden.[53] Ethisierung ist danach eine Weise des Umgangs von Wertkonflikten, bei der die Beteiligten davon ausgehen, dass sich bei den strittigen Fragen kein Konsens erreichen lässt. Diese geteilte Erwartung führt zu einer allseitigen Relativierung der verfochtenen Positionen, die auf der Basis wechselseitiger Toleranz, wechselseitigen Respekts und wechselseitiger grundsätzlicher Anerkennung der Positionen die Suche nach Möglichkeiten eines rationalen Dissensmanagements, etwa in Form der kooperativen Strukturierung der Streitpunkte sowie Aushandlung befristeter Kompromisse, ermöglicht und auf diese Weise einen kulturkämpferischen Konfliktaustrag vermeiden hilft.[54] Moralisierung bezeichnet dagegen eine Weise des Austrags von Wertkonflikten, in der die Konfliktparteien auf der durch religiöses Sonderwissen oder ihr Gewissen garantierten Wahrheit oder Richtigkeit ihrer normativen Positionen bestehen und davon ausgehen, Vertreter dissentierender Positionen, sofern sie denn guten Willens sind, überzeugen oder bekehren zu können. Pragmatisches Dissensmanagement in Form der Aushandlung befristeter Kompromisse ist auf dieser Basis nicht oder doch nur schwer möglich. Fundamentalisierung ist

---

50 *Lowi* (Fn. 10), S. xx.

51 Vgl. auch die ähnliche Unterscheidung zwischen absolutistischem und konsequentia-listischem Denken sowie die empirischen Befunde zu den politischen Effekten der unterschiedlichen Rahmung bei *Marietta* (Fn. 14).

52 *Mucciaroni*, Same sex, different politics. Success and failure in the struggles over gay rights, 2008 (13-14, 48-57).

53 Vgl. *Bogner* (Fn. 30), S. 71; vgl. zuletzt auch *Bogner*, Ethisierung oder Moralisierung. Technikkontroversen als Wertkonflikte, in: Bogner (Hrsg.), Ethisierung der Technik - Technisierung der Ethik. Der Ethik-Boom im Lichte der Wissenschafts- und Technikforschung, 2013, S. 51.

54 Vgl. u. a. *Bogner* (Fn. 30), S. 76-77, 122, 145, 149, 150-151, 267.

im Unterschied zur Moralisierung darüber hinaus durch die aggressive Verflechtung der eigenen ethisch-moralischen Positionen gekennzeichnet.[55]

Ob politische Protagonisten einen Wertkonflikt auf rigide oder eher flexible Weise rahmen, scheint ebenfalls davon abzuhängen, wie die Akteure die Aussichten für den kommunikativen Erfolg und die politische Mobilisierung von Unterstützung und Konfliktressourcen einschätzen. So zeigt Mucciaroni, dass die Gegner einer Politik der Gleichstellung von Homosexuellen und Lesben ihre Anliegen in einer Art und Weise formulieren, die auf den Wandel der öffentlichen Meinung reagiert. Das habe dazu geführt, dass diese politischen Akteure ihre Anliegen gerade nicht unter Rekurs auf moralische oder religiöse Argumente, sondern zunehmend mit Blick auf ihre sozialen Konsequenzen und prozedurale Fragen artikulieren. Kriterium für die Wahl einer spezifischen Problemformulierung seien die Erfolgsaussichten.

Die Art und Weise des Konfliktaustrags hängt aber auch von den politischen Rahmenbedingungen ab. Das sei exemplarisch an einem Vergleich zwischen den USA und Kanada verdeutlicht, die mit Blick auf die hier interessierenden Fragen kulturell viele Ähnlichkeiten aufweisen, deren politische Systeme sich jedoch deutlich unterscheiden. In den USA zeichnen sich beinahe alle Wertkonflikte durch ein hohes Konfliktniveau aus. Oben war bereits auf die für single issue groups und politische Unternehmer günstige politisch-institutionelle Gelegenheitsstruktur verwiesen worden. Diese Akteure verfechten nach Tatalovich und Daynes bei sozialregulativen Fragen jedoch in der Regel absolut(istisch)e Positionen und tragen so zur Polarisierung der Debatten als Entscheidungen über nicht-verhandelbare moralische Alternativen bei.[56] In Kanada sind demgegenüber die in den USA identifizierbaren Muster eines emotionalisierten und polarisierten Konfliktaustrages nicht oder doch in deutlich geringerem Maße anzutreffen, obwohl es keine wesentlichen Unterschiede bei den Einstellungen z.B. zu Abtreibung zwischen beiden Ländern gibt und durchaus Initiativen existieren, die das amerikanische Modell nach Kanada zu transferieren trachten.[57] Verantwortlich dafür ist zum einen das System der Interessenvermittlung. Das ist unter anderem eine Folge des Umstands, dass aufgrund der oben geschilderten Struktur des Regierungssystems und der stärkeren Einbindung von Interessengruppen der für die USA so typische weite Operationsraum für polarisierende single issue groups und als

---

55 *Bogner* (Fn. 30), S. 71, 122, 266-268. Vgl. jüngst auch *Schneider*, Technikfolgenabschätzung und Politikberatung am Beispiel biomedizinischer Felder, Aus Politik und Zeitgeschichte 2014, 31 ff.

56 *Tatalovich/Daynes* (Fn. 12), S. 213; *Tatalovich/Daynes* (Fn. 45), S. 259 f.; *Tatalovich/Daynes* (Fn. 45), S. xxvii.

57 *Simpson/MacLeod*, The Politics of morality in Canada, in: Stark (Hrsg.), Religious movements. Genesis, exodus, and numbers, 1985, S. 221 (222, 224-225).

politische Unternehmer auftretende einzelne Abgeordnete deutlich geringer ausfällt.[58]

Ein weiterer Faktor sind die Organisationsweisen des religiösen Sektors und die Ausgestaltung der Beziehungen zwischen Staat und Kirche. Während die USA durch einen ausgeprägten religiösen Pluralismus und intensiven Wettbewerb einer Vielzahl religiöser Organisationen gekennzeichnet sind und zwischen Kirchen und Staat strikt getrennt wird, dominieren in Kanada die römisch-katholische Kirche und die etablierten protestantischen Kirchen den religiösen Markt; die Praxis der Kooperation von Staat und Kirche eröffnet ihnen zudem einen institutionellen Zugang zur und Einfluss auf die Politik. Beides hat einer Radikalisierung von Positionen entgegengewirkt.[59]

Mit Blick auf die Frage nach dem spezifischen Konfliktverlauf spielt auch eine Rolle, in welcher Weise Moralfragen mit anderen Problemen gekoppelt werden (können). Ein Beispiel sind etwa artifizielle Reproduktionstechniken oder Embryonen- und Stammzellforschung, die etwa auch mit dem Problem der Gefahren neuer Technologien oder dem Umweltkonflikt verknüpft wurden.[60]

III. Institutionen und Verfahren der Zivilisierung von Wertkonflikten

Aufgrund der oben beschriebenen Charakteristika und ihrer besonderen Intensität und Dynamik lassen sich Wertkonflikte nicht oder nur selten durch die alltagspolitischen Instrumente des Argumentierens und Verhandelns mit dem Ziel der Herstellung von Konsens oder Kompromiss lösen. Auch die vorübergehende Entscheidung durch (parlamentarische) Mehrheiten vermag diese Konflikte kaum stillzustellen. Denn eine Zulassung grundlegender moralischer Übel oder die Verweigerung von unverletzlichen (Menschen-)Rechten kann nicht einfach hingenommen werden, bis sich die Mehrheitsverhältnisse möglicherweise irgendwann einmal werden geändert haben. Damit sind jedoch die zwei zentralen Instrumente für den zivilisierenden Umgang von Demokratien mit Konflikten in ihrer Wirksamkeit zumindest beeinträchtigt. Das hat die Frage nach möglichen institutionellen oder verfahrensmäßigen Innovationen, die einen zivilen und produktiven Umgang mit solchen Konflikten ermöglichen können, provoziert.

---

58 *Schwartz* (Fn. 46), 76, 84.
59 *Simpson/MacLeod* (Fn. 57), 235, mit Verweis auf *Fallding*, Mainline Protestantism in Canada and the United States, The Candian Journal of Sociology 1978, 141 ff.
60 *Engeli/Green-Pedersen/Larsen* (Fn. 37), S. 196.

Im politischen Umgang mit Wertkonflikten lassen sich zumindest zwei institutionelle und Verfahrensinnovationen beobachten: das Verfahren des Dispenses von der Fraktionsdisziplin bei parlamentarischen Entscheidungen über Wertkonflikte und die Institutionalisierung einer expertenorientierten Politikberatung bei moralisch umstrittenen Fragen in Form von Kommissionen und Ethikräten. Es ist aber höchst fraglich, ob beide institutionellen Innovationen ausreichende zivilisierende und legitimatorische Effekte erzielen können.

Die Dispensierung der Fraktionsdisziplin bei sogenannten Gewissensfragen ist ein lange etabliertes Instrument von Parlamenten für den Umgang mit sogenannten „Gewissensfragen". Die Abgeordneten werden von der in parlamentarischen Systemen mit enger Verbindung von Exekutive und Legislative üblichen Verpflichtung entbunden, auch im Falle eines individuellen Dissenses bei der Stimmabgabe im Parlament der „Parteilinie" zu folgen. Allerdings ist bisher noch unzureichend international vergleichend untersucht, wie Beratungen und Entscheidungsfindung unter Bedingungen des Instituts der ‚Freien Abgeordnetenentscheidungen' bei Wertkonflikten ablaufen und wie geeignet dieses Institut mit Blick auf die Zivilisierung oder Lösung von solchen Konflikten ist.[61]

---

61   Das Institut der Freigabe der Fraktionsdisziplin ist im Zusammenhang der Erforschung sogenannter „Gewissensfragen" bisher vor allem mit Blick auf Großbritannien untersucht worden. Vgl. *Christoph*, Capital punishment and British politics. The British movement to abolish the death penalty 1945-57, 1962, S. 177-185; *Richards*, Parliament and conscience, 1970; *Read/Marsh/Richards*, Why did they do it? Voting on homosexuality and capital punishment in the House of Commons, Parliamentary affairs 1994, 374 ff.; *Pattie/Fieldhouse/Johnston*, The price of conscience: The electoral correlates and consequences of free votes and rebellions in the British House of Commons, 1987-92, British Journal of Political Science 1994, 359 ff.; *Pattie/Johnston/Stuart*, Voting without Party?, in: Cowley (Hrsg.), Conscience and parliament, 1998, S. 146, *Cowley/Stuart*, Sodomy, slaughter, Sunday shopping and seatbelts. Free votes in the House of Commons, 1979 to 1996, Party Politics 1997, 119 ff.; *Cowley*, Unbridled passions? Free votes, issues of conscience and the accountability of British Members of Parliament, The Journal of Legislative Studies 1998, 70 ff. sowie *Cowley* (Hrsg.), Conscience and parliament, 1998. Ein Ergebnis der Forschung ist, dass der Rekurs auf das Instrument des Dispenses von der Fraktionsdisziplin nicht ausschließt, dass die Entscheidungen in solchen Fragen letztlich vielfach doch nach Parteizugehörigkeit ausfallen: „Conscience issues may split some of the parties some of the time, but they do not split all of the parties all of the time" *Cowley/Stuart* (Fn. 61), 128; vgl. auch *Cowley*, Conclusion, in: Cowley (Hrsg.), Conscience and parliament, 1998, S. 177 (188). Interessant ist auch ein zweiter Befund, dass sich nämlich Regierungen und Parteien keineswegs konsistent verhalten und weder einzelne Materien durchgängig zu Gewissensfragen erklären noch bei allen Gewissensfragen die Fraktionsdisziplin aufheben. „Free votes on conscience issues, therefore, are the norm, they are not the rule" (*Cowley* (Fn. 61), 75).

Trotz der hohen Wertschätzung als Norm parlamentarischer Entscheidungen bei Wertkonflikten ist aber höchst zweifelhaft, welche legitimierenden und zivilisierenden Effekte von diesem Instrument ausgehen können. Denn in aller Regel läuft die Freigabe der Abgeordnetenentscheidungen von der Fraktionsdisziplin letztlich auf nichts anders als eine Mehrheitsentscheidung hinaus. Es ist nicht ersichtlich, wie der Umstand, dass die Abgeordneten bei ihren Entscheidungen ihrem individuellen Gewissen gefolgt sind, für die unterliegenden Minderheiten das Problem der Zulassung grundlegender moralischer Übel oder der Verweigerung von unverletzlichen (Menschen-)Rechten lösen könnte. Aus legitimatorischer Sicht kommt erschwerend hinzu, dass die Wahl der Abgeordneten in der Regel kaum nach den Orientierungen ihrer Gewissen erfolgt, weil die meisten Gegenstände von Wertkonflikten selten Themen von Wahlkämpfen sind und es zudem nicht in allen parlamentarischen Systemen die Möglichkeit der Wahl individueller Abgeordneter gibt. Die hauptsächliche Funktion dieses Instituts muss man daher wohl eher in der Entschärfung des Dissenses innerhalb von Partei und Wählerschaft suchen, die ja in der Regel mit heftiger (und wenig imageförderlicher) öffentlicher Kritik an mangelnder innerparteilicher Geschlossenheit einhergeht. Das Institut zielt aber wohl auch darauf, die Parteien nicht in vermeintlich unlösbare Konflikte zu verwickeln. Aber selbst diese Gründe und Effekte sind nicht völlig überzeugend. Denn Parteimitglieder und Wählerschaft befinden nicht bei allen solchen Fragen im Dissens; zudem ist, wie bereits erwähnt, das Abstimmungsverhalten bei freien Abgeordnetenentscheidungen nicht selten deutlich nach Parteizugehörigkeit strukturiert; sollte es um Vermeidung der öffentlichen Kritik an mangelnder innerparteilicher Geschlossenheit gehen, müsste das Instrument der freien Abgeordnetenentscheidung von der Ausnahme zur Regel mutieren.[62]

Allerdings zeigen einzelne Beispiele, dass das mit der Freistellung von der Fraktionsdisziplin einhergehende Instrument des Gruppenantrages bei moralisch hoch umstrittenen Fragen durchaus zu Politikformulierungen führen kann, die von einer großen Zahl von Abgeordneten als akzeptable Kompromisslösungen wahrgenommen werden und in der Folge in der Lage sind, eine Mehrheit der Abgeordneten auf sich zu vereinen und den Konflikt zumindest vorübergehend zu entschärfen. Das zeigen etwa Entstehung und Folgen des sog. Stammzellgesetzes des deutschen Bundestages vom 28. 06. 2002, das einen Stichtag für den Import von Stammzelllinien festlegte. Die legitimierenden und zivilisierenden Effekte gingen dann jedoch nicht von der freien Abgeordnetenentscheidung aus, sondern von der Wahrnehmung des Gesetzesvorschlages als akzeptabler Kompromiss. Das Institut der freien Abgeord-

---

62 *Jones*, Members of parliament and issues of conscience, in: Jones (Hrsg.), Party, parliament and personality. Essays presented to Hugh Barrington, 1995, S. 141 (145 f.).

netenentscheidung käme dann allenfalls als eine ermöglichende Bedingung in Frage.

In Reaktion auf die Herausforderungen vor allem durch ethisch umstrittene Fragen im Bereich der Biomedizin und Gentechnik ist es international zur Einrichtung neuer Institutionen einer expertenorientierten Politikberatung in Form von Ethikkommissionen und Ethikräten gekommen. Diese Gremien setzen sich in der Regel aus Expertinnen und Experten unterschiedlicher Disziplinen wie (Bio-)Medizin, Rechtswissenschaft, Philosophie, (Medizin-) Ethik, Soziologie und Theologie sowie zum Teil auch Vertretern religiöser Traditionen und gesellschaftlicher Gruppen zusammen.[63] Üblicherweise wird auch sichergestellt, dass alle wesentlichen moralischen Positionen zu den umstrittenen Fragen repräsentiert sind – zumeist allerdings unter Ausschluss extremer Positionen. Diese Gremien einer expertenorientierten Politikberatung verfügen ohne Zweifel über eine große Leistungskraft. Sie vermögen für politische Entscheider und politische Öffentlichkeit den naturwissenschaftlichen Wissensstand aufzuarbeiten und die Debattenlandschaft strukturiert darzustellen.[64] Sie haben jedoch zumindest bisher – wie Michael Fuchs in seiner international vergleichenden Studie über die Konstitution, Arbeitsweise und Leistungsfähigkeit dieser Gremien hat zeigen können – keinen Beitrag zur politischen Lösung oder Zivilisierung der Konflikte über moralisch umstrittene Fragen zu leisten vermocht. Vielmehr reproduzieren diese Gremien in aller Regel den Dissens unter Experten, ‚stakeholdern' und öffentlicher Meinung – die Gewichtungen sind jedoch durchaus unterschiedlich und hängen vornehmlich von den jeweils leitenden politischen Intentionen der politischen Akteure bei der Rekrutierung der Mitglieder dieser Kommissionen ab.[65]

---

63 Bemerkenswert ist, dass die Politikwissenschaft in der Regel nicht zu den Disziplinen zählt, die berücksichtigt werden. Diese fehlende disziplinäre Perspektive dürfte mit dazu beitragen, dass diese Gremien mit Blick auf ihr Selbstverständnis und ihr Arbeitsprogramm zu sehr auf Wissenschaft/Wahrheit und zu wenig oder gar nicht auf Politik im Sinne eines Beitrages zur Lösung oder Zivilisierung von (Wert-)Konflikten mit ihrer spezifischen Logik und Dynamik ausgerichtet sind. Das bedeutet nicht, dass etwa der Nationale Ethikrat in Deutschland seine Stellungnahmen nicht auch mit Blick auf die politische Lage und die mögliche Resonanz seiner Stellungnahmen verfasst hätte; vgl. die Fälle bei *van den Daele* (Fn. 10), S. 367-370.

64 Vgl. jedoch auch die Diagnose diesbezüglicher diskursiver Defizite im deutschen Nationalen Ethikrat bei *van den Daele* (Fn. 10), S. 370-375.

65 *Fuchs*, Internationaler Überblick zu Verfahren der Entscheidungsfindung bei ethischem Dissens. Gutachten für die Enquete-Kommission ‚Recht und Ethik der modernen Medizin' des Deutschen Bundestages, o. J.; vgl. auch *Fuchs*, Nationale Ethikräte. Hintergründe, Funktionen und Arbeitsweisen im Vergleich, hrsg. vom Nationalen Ethikrat, 2005; *Fuchs*, Widerstreit und Kompromiss. Wege des Umgangs mit moralischem Dissens in bioethischen Beratungsgremien und Foren der Urteilsbildung, 2006. Zur grundlegenden Skepsis gegenüber der Leistungsfähigkeit von

Ihr Beitrag besteht daher im Wesentlichen in der „Rationalisierung des Dissenses".[66]

Wie Fuchs jedoch am Beispiel der britischen ‚Warnock-Kommission' zu Fortpflanzungsmedizin und Embryonenforschung und der Deutschen ‚Benda-Kommission' zeigt, können solche Kommissionen in einzelnen Fragen und unter bestimmten Bedingungen jedoch durchaus zu vermittelnden Mehrheitspositionen gelangen. Nur in diesen Fällen entfalten sie auch politische Wirkungen.[67]

Ethikräten im Falle von Prinzipiendissens vgl. auch schon *Kymlicka*, Moralphilosophie und Staatstätigkeit: das Beispiel der neuen Reproduktions-technologien, in: Kettner (Hrsg.), Angewandte Ethik als Politikum, 2000, S. 193 (215).

66 Vgl. *Bogner/Menz*, Konfliktlösung durch Dissens? Bioethikkommissionen als Instrument der Bearbeitung von Wertkonflikten, in: Feindt/Saretzki (Hrsg.), Umwelt- und Technikkonflikte, 2010, S. 335 (335-336); vgl. auch *Bogner* (Fn. 30). Rational ist der Dissens, wenn bzw. insofern die verfochtenen Positionen wechselseitig als moralische akzeptiert werden und von einer relativen Vollständigkeit der verfügbaren Positionen, Begründungen und Argumentationen ausgegangen werden kann; vgl. *van den Daele* (Fn. 10), S. 364. Zweifelhaft ist jedoch, ob sich aus Rekonstruktion der in der Debatte verfochtenen Positionen zu ‚vernünftigen' Mehrheits- und Minderheitsvoten ein zivilisierender Effekt in dem Sinne ergibt, dass dieser vernünftige Dissens zur Legitimation der Entscheidungsprärogative der Politik beiträgt und zu einer Transformation der umstrittenen Materien in den Bereich individueller Wertentscheidung führt, wie *Bogner/Menz* (Fn. 66), S. 351, vgl. auch *Bogner* (Fn. 30), dies annehmen. Denn nach wie vor hielten zumindest einige Mitglieder des deutschen nationalen Ethikrates trotz der Diagnose eines grundlegenden Pluralismus an der Überlegenheit der eigenen verfochtenen Positionen und ihrer Begründung fest *van den Daele* (Fn. 10), S. 375 – und es sind auch keine Gründe erkennbar, warum sie dies nicht tun sollten. Zweifelhaft ist auch, ob die zwischen den beteiligten Diskutanten in den Gremien aus dem rationalen Dissens resultierenden zivilisierenden Wirkungen – etwa „dass man den Konflikt nicht mehr plausibel als einen Zusammenstoß der Guten mit den Bösen stilisieren kann" *van den Daele* (Fn. 10), S. 364 – auch über den Kreis der Beteiligten hinaus Effekte zeitigen können.

67 *Fuchs* (Fn. 65), S. 73-80. Der Enquete-Kommissionen des 10. deutschen Bundestages ‚Chancen und Risiken der Gentechnologie' gelang es mit Blick auf den angestrebten Einfluss auf die folgende Debatte mit Ausnahme der Vertreterin der Grünen, einen einheitlichen Bericht zu verabschieden, „auch wenn dieser" – so der Vorsitzende Wolf-Michael Catenhusen im Vorwort – „nicht in jeder Bewertung und Empfehlung die persönliche Auffassung jedes Kommissionsmitgliedes widerspiegelt… Der Bericht ist daher auch das Resultat einer Reihe von Kompromissen. Diese einzugehen, ist den einzelnen Mitgliedern oft nicht leicht gefallen; nicht nur weil sie vielleicht unmittelbare Interessen betreffen, sondern auch oft bestimmte ethische Wertvorstellungen berühren und in Grundrechte eingreifen" *Enquete-Kommission des Deutschen Bundestages ‚Chancen und Risiken der Gentechnologie'/Catenhusen/Neumeister*, Chancen und Risiken der Gentechnologie. Dokumentation des Berichts an den Deutschen Bundestag, 1987; vgl. auch *Fuchs* (Fn. 65.), S. 83.

Angesichts der begrenzten Leistungsfähigkeit des Dispenses von der Fraktionsdisziplin bei parlamentarischen Entscheidungen über Wertkonflikte einerseits und politikberatenden Expertenkommissionen andererseits ist in der Forschung zu Wertkonflikten auch die Leistungsfähigkeit alternativer Verfahren der Konfliktregelung für die Lösung oder Zivilisierung von Wertkonflikten diskutiert, in Experimenten erprobt und untersucht worden.[68] Zu den diskutierten und erprobten Verfahren zählt die seit Mitte der 1980er Jahren in Dänemark praktizierte Konsensuskonferenz, die in Deutschland unter dem Begriff der Bürgerkonferenz firmiert. Bei der Konsensuskonferenz handelt es sich um eine Veranstaltung, bei der ein Kreis zufällig ausgewählter Laien nach Beratung und Befragung eines Kreises von Experten ein Gutachten erstellt, dass die fragliche Materie einer Bewertung unterzieht und Handlungsempfehlungen formuliert. In diesem Dokument hält die Gruppe der Laien auch das Ausmaß des Konsenses oder Dissenses fest, dass sich in den Beratungen ergeben hat. In der Bundesrepublik ist dieses Instrument auch bei biopolitischen Fragen zum Einsatz gekommen. So fand 2001 im Deutschen Hygiene-Museum in Dresden die Bürgerkonferenz ‚Streitfall Gendiagnostik' statt, 2003 im Max-Delbrück-Centrum für Molekulare Medizin in Berlin eine

---

68 Bereits seit den 1970er Jahren wurden in Reaktion auf neue Konfliktlagen und die gewachsenen Fähigkeiten gesellschaftlicher Konfliktmobilisierung – so *Saretzki*, Mediation, soziale Bewegungen und Demokratie, Forschungsjournal Neue Soziale Bewegungen 1997, 27 (29-35) – neue Formen diskursiver, partizipativer und/oder ‚reflexiver' Verfahren jenseits der Routinen von parlamentarisch-administrativer Politik, einer konventionellen, mal stärker pluralistisch, mal stärker korporatistisch strukturierten gesellschaftlichen Interessenvermittlung sowie gerichtlicher Streitentscheidung ersonnen und erprobt. Zu diesen neuen diskursiven, partizipativen oder ‚reflexiven' Verfahren zählen etwa Mediationsverfahren, Planungszellen, Konsensuskonferenzen, kooperative Diskurse bzw. Bürgerforen, mehrstufige dialogische Verfahren und ‚runde Tische'. Diese Verfahren kamen und kommen vornehmlich als Instrumente der Bearbeitung von Standortkonflikten sowie einer partizipativen Technikfolgenabschätzung bzw. Technikbewertung zum Einsatz; vgl. zu letzterer *Saretzki*, Technologiefolgenabschätzung - ein neues Verfahren der demokratischen Konfliktregulierung?, in: Feindt/Gessenharter/Birzer/Fröchling (Hrsg.), Konfliktregelung in der offenen Bürgergesellschaft, 1996, S. 191; vgl. *Ammon/Behrens* (Hrsg.), Dialogische Technikfolgenabschätzung in der Gentechnik. Bewertung von ausgewählten Diskurs- und Beteiligungsverfahren. Dokumentation einer Tagung der Sozialforschungsstelle Dortmund und der FernUniversität Hagen, 26. 11. 1996 in Dortmund, 1998. Eine Reihe dieser Verfahren werden jedoch auch im Rahmen des ‚deliberativen Wandels' der Demokratietheorie diskutiert, experimentell erprobt und evaluiert. Vgl. u. a. *Gastil/Levine* (Hrsg.), The deliberative democracy handbook. Strategies for effective civic engagement in the twenty-first century, 1. ed 2005; *Ryfe*, Does deliberatice democracy work?, Annual Review of Political Science 2005, 49; *Chasin/Herzig/Roth/Chasin/Becker/Stains*, From diatribe to dialogue on divisive public issues: Approaches drawn from family therapy, Mediation Quarterly 1996, ; *Bush/Folger*, The promise of mediation. The transformative approach to conflict, rev. ed. 2005.

Bürgerkonferenz zur Stammzellforschung.[69] Die bisher vorliegenden Ergebnisse deuten allerdings nicht darauf hin, dass Konsensus-Konferenzen sich tatsächlich für die Lösung von Wertkonflikten in besonderem Maße eignen. Auch sie gelangen – wie eine Untersuchung von Gill und Dreyer zeigt – in aller Regel nur zu Mehrheits- und Minderheitsvoten. Allerdings können auch solche Verfahren sehr wohl zur Rationalisierung des Dissenses beitragen, indem sie Missverständnisse und Fehlperzeptionen ausräumen und die Konflikte auf ihren ‚harten‘ Kern reduzieren.[70] Zudem haben diese Verfahren zivilisierende Effekte, insofern die Akteure im Laufe der Beratungen in der Regel dazu gelangen, sich wechselseitig als Personen mit ernsthaften und fundierten, wenn auch kontroversen moralischen Überzeugungen zu respektieren und sich daher auch nicht länger wechselseitig moralisch zu verdammen; damit wächst auch die Bereitschaft, sich auf die Suche nach Formen der praktischen Kooperation und gemeinsam getragenen Maßnahmen zu begeben.[71] Allerdings sind diese Effekte auf die Kommunikation unter Anwesenden beschränkt. Es ist nach wie vor unklar, ob und gegebenenfalls wie sich die kognitiven, sozialen und pragmatischen Leistungen dieser Verfahren generalisieren und gesellschaftlich und politisch nutzen lassen.

Die Bilanz der bisher untersuchten institutionellen oder verfahrensmäßigen Innovationen, kompensierende zivilisierende und legitimatorische Effekte im Umgang mit Wertkonflikten erzielen zu können, fällt also eher bescheiden aus. Deutlich wurde aber auch, dass sowohl freie Abgeordnetenentscheidungen im Parlament als auch Ethikkommissionen und Ethikräten in der Lage sind, gelegentlich Lösungsvorschläge zu kreieren, die von einer großen Zahl der Beteiligten als akzeptable Kompromisse akzeptiert wurden und auch gesellschaftlich zumindest vorübergehend zu einer Stillstellung der Konflikte geführt haben. Dabei war es zumindest im Falle der britischen Warnock-Kommission und der bundesdeutschen Enquete-Kommission ‚Chancen und Risiken der Gentechnologie‘ so, dass das Ziel der Erarbeitung eines Kompromisses von den jeweiligen Vorsitzenden – der britischen Philosophin Mary Warnock und dem deutschen Wissenschafts- und Technologiepolitiker Catenhusen – explizit der Kommissionsarbeit vorgegeben wurden. Die magere Erfolgsbilanz alternativer Verfahren der Konfliktregelung, aber auch von Ethikkommissionen könnte jedoch nach wie vor mit der Fokussierung vieler

---

69 *Schicktanz/Naumann* (Hrsg.), Bürgerkonferenz: Streitfall Gendiagnostik. Ein Modellprojekt der Bürgerbeteiligung am bioethischen Diskurs, 2003; *Tannert/Wiedemann* (Hrsg.), Stammzellen im Diskurs. Ein Lese- und Arbeitsbuch zu einer Bürgerkonferenz, 2004.

70 *Gill/Dreyer*, Internationaler Überblick zu Verfahren der Entscheidungsfindung bei ethischem Dissens. Gutachten im Auftrag der Enquete-Kommission ‚Recht und Ethik der modernen Medizin‘ des Deutschen Bundestages. München 2001.

71 Vgl. *Peters*, Kulturelle Differenzen und Konflikte. Bremen, Ms. 1998, S. 5.

dieser Verfahren und Institutionen auf Konsens bzw. die Ausrichtung der Beteiligten auf Wissenschaft/Wahrheit und nicht Politik zu tun haben. Die eben erwähnten Befunde aus der Erforschung von Institutionen und Verfahren der Konfliktregelung legen es zumindest nahe zu erwägen, ob solche Verfahren nicht erfolgreicher wären, wenn sie auf die Erarbeitung von Kompromissen abzielten. Allerdings kann es sich kaum um ‚normale Kompromisse' des Gebens und Nehmens handeln, in denen die Parteien allenfalls Teile ihrer Forderungen realisieren – solche Kompromisse werden bei Wertkonflikten mit hoher Wahrscheinlichkeit als ‚faule Kompromisse', als ‚Kuhhandel mit der Wahrheit' oder als ‚Verrat' an den eigenen Prinzipien begriffen. Die gesuchte Form des Kompromisses muss also anders aussehen. Sie müsste Ausdruck des Versuches sein, den Respekt vor den Positionen der anderen Konfliktparteien auszudrücken. Einen Vorschlag für die materielle Qualität solcher Kompromisse haben der Jurist Kahan und der Kulturanthropologe Braman mit ihrem Konzept der ‚expressiven Überdetermination' unterbreitet.[72] Nach diesem Prinzip gilt es zunächst, Lösungen für strittige Fragen zu suchen, die die Anerkennung der Wertorientierungen aller an der Auseinandersetzung beteiligten Parteien kommunizieren. Auf diese Weise werden auch die durch die Wertorientierungen wesentlich bestimmten Identitäten der Konfliktparteien nicht in Frage gestellt.

Ein Paradebeispiel für einen solchen inklusiven Kompromiss stellt das Urteil des Bundesverfassungsgerichtes zum Schwangerschaftsabbruch vom Mai 1993 sowie die nachfolgende gesetzliche Regelung im Juni 1995 dar.[73] Die Neufassung des § 218a Abs. 1 in Verbindung mit § 219 StGB erklärt den Schwangerschaftsabbruch zwar als rechtswidrig, stellt ihn jedoch unter bestimmten Bedingungen in den ersten 12 Wochen straffrei. Zu diesen Bedingungen zählt der Nachweis der Teilnahme an einer verpflichtenden Beratung in einer staatlich anerkannten Schwangerschaftskonfliktberatungsstelle. Diese Beratung stellt keine neutrale Beratung dar, sondern zielt eindeutig auf den Schutz des ungeborenen Lebens und soll die Schwangere zur Fortsetzung

---

72 Vgl. *Kahan/Braman*, Overcoming the fear of cultural politics: Constructing a better debate (http://www.psych.nyu.edu/tyler/Publications/Overcoming_fear_cultural_politics.pdf, letzter Zugriff am 23. 05. 2005), Mso. J. (20-23); vgl. auch *Beck/Bonß/Lau*, Entgren-zung erzwingt Entscheidung: Was ist neu an der Theorie reflexiver Modernisierung?, in: Beck/Lau (Hrsg.), Entgrenzung und Entscheidung. Was ist neu an der Theorie reflexiver Modernisierung?, Orig.-Ausg., 1.Aufl. 2004, S. 13 (35). Vgl. zu den Bedingungen solcher Kompromisse auch *Atran/Axelrod*, Reframing Sacred Values, Negotiation Journal 2008, 221 (224).

73 Vgl. zum Folgenden auch *Neidhardt*, Öffentliche Diskussion und politische Entscheidung. Der deutsche Abtreibungskonflikt 1970-1994, in: van den Daele/Neidhardt (Hrsg.), Kommunikation und Entscheidung. Politische Funktionen öffentlicher Meinungsbildung und diskursiver Verfahren, 1996, S. 53 ff.

ihrer Schwangerschaft ermutigen; der Schwangeren soll durch die Beratung nicht zuletzt bewusst werden, „daß das Ungeborene in jedem Stadium der Schwangerschaft auch ihr gegenüber ein eigenes Recht auf Leben hat und daß deshalb nach der Rechtsordnung ein Schwangerschaftsabbruch nur in Ausnahmesituationen in Betracht kommen kann, wenn der Frau durch das Austragen des Kindes eine Belastung erwächst, die so schwer und außergewöhnlich ist, daß sie die zumutbare Opfergrenze übersteigt". Nach der Beratung erhält die Schwangere eine Bescheinigung über die erfolgte Beratung. Mit dieser Bescheinigung kann sie nach einer mindestens dreitätigen Wartezeit ohne weitere Verfahren oder die Angabe von Gründen durch einen Arzt einen Schwangerschaftsabbruch vornehmen lassen.

Die Inklusivität oder „Überdeterminiertheit" dieser Kompromissregelung besteht darin, dass die moralischen Positionen beider Seiten des Konfliktes über den Schwangerschaftsabbruch symbolisch und materiell anerkannt werden. Die Position der Verfechter eines Lebensrechtes des Fötus werden durch die explizite Bestätigung und die Vorrangigkeit ihrer Position, die Erklärung des Schwangerschaftsabbruches als rechtswidrig und die verpflichtende Beratung mit dem Ziel des Lebensschutzes anerkannt. Die Position der Verfechter einer reproduktiven Autonomie von Frauen wird ihrerseits durch dadurch bestätigt, dass anerkannt wird, dass eine Schwangerschaft nicht gegen den erklärten Willen der Schwangeren fortgesetzt werden kann, und dass nach Empfang der Beratungsentscheidung faktisch erklärungsfreie Wahlfreiheit besteht.

Allerdings werden solche Kompromisslösungen nur dann eine besondere Chance nicht bloß auf Tolerierung, sondern auch auf Akzeptanz und Anerkennung haben, wenn die relevanten gesellschaftlichen Interessengruppen in solche Verfahren eingebunden sind. Denn angesichts des Umstandes, dass die Verhandlungen in solchen Gremien in der Regel nicht öffentlich stattfinden, bedarf es eines Mechanismus, der sicherstellt, dass die in der Gesellschaft vertretenen moralischen Positionen angemessen und fair repräsentiert, artikuliert und im Ergebnis inkludiert sind. Experten fehlt nun aber eine Bindung an die soziale Basis der konkurrierenden moralischen Positionen, die geeignet wäre, das erforderliche Vertrauen zu generieren. Gremien, die systematisch auf die Generierung von inklusiven Kompromisslösungen bei Wertkonflikten ausgerichtet werden sollen, dürfen daher nicht allein auf eine Expertenlogik setzen, sondern müssen Vertreter gesellschaftlicher Interessen und Wertorientierungen in einem Umfang berücksichtigen, die sicherstellt, dass alle relevanten Positionen repräsentiert sind. Kahan und Braman haben daher zusätzlich das Prinzip der „Identitätsverbürgung" formuliert. Denn nach ihrer Einschätzung vergrößern sich die Chancen, dass Kompromisslösungen akzeptiert oder doch zumindest hingenommen werden, wenn an den Verhandlungen Repräsentanten aller wesentlichen Konfliktparteien beteiligt werden und den nicht an den Verhandlungen beteiligten Mitgliedern gesellschaftlicher Gruppen signalisieren, dass der erzielte Kompromiss fair und aus der Sicht der jeweiligen moralischen Weltsichten akzeptabel ist.[74] Insofern scheint sich in Mitteleuropa (und ggf. darüber hinaus) bei biopolitischen Konflikten der verstärkte Rückgriff auf eingespielte verhandlungsdemokratische Muster der Konfliktregelung zu empfehlen.[75] Um solche Verfahren aber vor der Instrumentalisierung durch Mehrheiten zu schützen und zugleich das Vertrauen von involvierten Minderheiten zu stärken, kann die zusätzliche Möglichkeit ihrer Überprüfung durch Institutionen wie ein Verfassungsgericht förderlich sein, welches die erzielten Kompromisse im Zweifelsfalle auf Antrag beteiligter Konfliktparteien daraufhin zu überprüfen vermag, ob sie mit Blick auf zentrale Grundwerte und -rechte den Mindestbedingungen ‚praktischer Konkordanz‘ genügen, – vorausgesetzt, Verfassungsgerichte üben bei diesen Entscheidungen hinreichenden ‚judicial restraint‘ und beschränken sich auf die Zurückweisung von Entscheidungen, verbunden mit Hinweisen auf die Verletzung der Mindestbedingungen ‚praktischer Konkordanz‘.[76] Insofern lässt sich ein mögliches förderliches institutionelles Arrangement für die Produktion inklusiver Kompromisse als „verhandlungsdemokratische Politik im Schatten gerichtlicher Dezision" kennzeichnen.[77]

---

74   Vgl. *Kabraman*, Modeling facts, culture, and cognition in the gun debate (http://www.law.berkeley.edu/cenpro/kadish/gala/DKahan%20modeling_cultural_cognition.pdf, letzter Zugriff am 23. 05. 2005), Mso. J. (20).

75   Vgl. *Lehmbruch*, Verhandlungsdemokratie. Beiträge zur vergleichenden Regierungslehre, 2003, S. 154-176.

76   Also in etwa so, wie das Bundesverfassungsgericht sich im Verfahren zur Einführung des Faches Lebensgestaltung – Ethik – Religion und zur Nichteinführung eines Religionsunterrichtes nach Art. 7, Abs. 3 GG durch das Brandenburgische Schulgesetz vom 12. April 1996 verhalten hat. Hier hat das Gericht den Konfliktparteien nach der Anhörung den Vorschlag unterbreitet, selbst zu einer einvernehmlichen Regelung zu gelangen. Nach Zustimmung der Konfliktparteien zu diesem Vorschlag unterbreitete das Gericht zudem Parameter einer künftigen Regelung, die die Parteien zwar nicht binden, ihnen aber zur Orientierung dienen sollten. Auf dieser Basis einigte sich ein Großteil der Konfliktparteien auf eine Neufassung des brandenburgischen Schulgesetzes. Anträge einer Minderheit dissentierender Konfliktparteien auf einstweilige Verfügung gegen dieses neue Gesetz wurden vom Verfassungsgericht abgelehnt; schließlich wurde das Verfahren eingestellt und die Verfassungsbeschwerde der dissentierenden Konfliktparteien verworfen. Vgl. *Willems*, Reformbedarf und Reformfähigkeit der Religionspolitik in Deutschland, Zeitschrift für Politik 2008, 65 (80-82, m. w. N.).

77   *Willems* (Fn. 76), 80.

IV. Die politische Ordnung der pluralen Gesellschaft

Wertkonflikte stellen für den routinierten friedlichen Umgang demokratischer Gesellschaften mit Dissens und Konflikt nicht nur deshalb ein Problem dar, weil zumindest für einige Konfliktbeteiligte zu viel auf dem Spiel steht, um sich auf alltagsdemokratische Instrumente wie Verhandlungen, Kompromisse oder Mehrheitsentscheidungen einlassen zu können.[78] Vielmehr erstreckt sich der Dissens in aller Regel auch auf die Frage nach dem angemessenen politischen Umgang mit dem moralischen Dissens und damit auf die Ebene der grundlegenden Prinzipien für die Organisation des politischen Gemeinwesens. So sind etwa beim Schwangerschaftsabbruch nicht nur das Lebensrecht des Fötus und die Abwägung zwischen dem Lebensrecht und der reproduktiven Autonomie umstritten, sondern eben auch, ob bzw. unter welchen Bedingungen es bei fortbestehendem Dissens über Begründetheit und Vorrangigkeit der beiden moralischen Forderungen legitim ist, die Frage des Schwangerschaftsabbruches politisch verbindlich zu regulieren, und wenn ja, welcher Typus einer verbindlichen Regelung allseits hinreichend akzeptabel ist und jenes „funktional ausreichende Maß an Verbindlichkeit" zu stiften vermag, ohne das moderne plurale Gesellschaften sich nicht politisch reproduzieren können.[79] Der für Wertkonflikte typische endemische moralische Dissens wirft daher auch die grundlegende normative Frage nach der *Verfassung kulturell, religiös, moralisch und damit eben auch bioethisch pluraler Gesellschaften* auf.[80]

---

78 Zu den Grenzen der Leistungsfähigkeit von Demokratie als Instrument friedlicher Konfliktlösung vgl. *Przeworski* (Fn. 2), 178.

79 *Greven* (Fn. 8), S. 227.

80 Dass es sich dabei um ein zentrales Problem handelt, wird auch daran deutlich, dass die Frage, ob und in welcher Weise moralische Pluralität in der Politik eine Herausforderung für die normative politische Theorie darstellt, zu einer der zentralen Fragen der politiktheoretischen Debatte der letzten 30 bis 40 Jahre zählt. Die Ausgangsfrage lautet in der Formulierung von *Rawls*, Political liberalism. Expanded edition, 2005, S. 4: „How is it possible for there to exist over time a just and stable society of free and equal citizens, who remain profoundly divided by reasonable religious, philosophical, and moral doctrines?" Vgl. die knappe Übersicht über die in der politiktheoretischen Debatte verfochtenen liberalen und pluralistischen Ansätze bei *Willems*, Normative Pluralität und Kontingenz als Herausforderungen politischer Theorie. Prolegomena zur Theorie eines politischen Pluralismus, in: Toens/Willems (Hrsg.), Politik und Kontingenz, 2012, S. 264 (267-269). Über die Legitimität einer gesetzlichen und strafbewehrten Regulierung (umstrittener) moralischer Überzeugungen wird jedoch schon seit dem 19. Jahrhundert debattiert. Vgl. die berühmten Kontroversen zwischen Stephen und Mill Mitte des 19. und zwischen Devlin und Hart Mitte des 20. Jahrhunderts; vgl. *Stephen*, Liberty, equality, fraternity, 1967; *Mill*, On Liberty, in: Robson (Hrsg.), Collected Works of John Stuart Mill, Vol. XVIII – Essays on Politics and

Der Dissens bei der Frage nach dem angemessenen politischen Umgang mit moralischem Dissens und damit auf der Ebene der grundlegenden Prinzipien für die Organisation des politischen Gemeinwesens wird in der Kritik an der lange dominierenden politik*theoretischen* Antwort deutlich.[81] Nach dieser, vor allem von liberalen politiktheoretischen Ansätzen verfochtenen Antwort sollten strittige moralische Fragen grundsätzlich zu einer privaten, von jedem Einzelnen zu entscheidenden Frage erklärt werden; von denen, die einige der unter dieser Bedingung realisierten individuellen Antworten als moralisch falsch oder doch zumindest als mehr oder minder großes Laster ansehen, wird gefordert, die von ihnen abgelehnten Praktiken zu tolerieren.[82] Dieser Vorschlag für die politische Verfassung pluraler Gesellschaften beruht auf der Überzeugung, dass Bürgerinnen und Bürger vernünftige Wesen sind, die grundsätzlich zu verantwortlichen moralischen Entscheidungen fähig sind. Der gebotene Respekt vor dem Status als vernünftige Wesen nötigt dazu, diese Fähigkeit zu verantwortlichen moralischen Entscheidungen weder willkürlich noch unnötig einzuschränken, also den Bürgerinnen und Bürgern einen möglichst großen Handlungsspielraum einzuräumen. Grenzen findet diese Handlungsfreiheit letztlich nur in den gleichermaßen gewährten Handlungsfreiheiten anderer und ihren zentralen Interessen, also dort, wo der Gebrauch dieser umfassenden Handlungsfreiheit zu Freiheitskollisionen führt oder eine Schädigung grundlegender Interessen anderer die Folge wäre. Aus dieser Überzeugung resultiert auch eine spezifische Vorstellung von der Legitimation politischer Ordnung, nämlich das sogenannte „Rechtfertigungserfordernis".[83] Danach sind politische Entscheidungen nur dann legitim, wenn sie mit Gründen gerechtfertigt werden, die prinzipiell die Zustimmung aller vernünftigen Bürgerinnen und Bürger finden können.[84] Denn ein vernünftiges, zu verantwortlichen moralischen Entscheidungen fähiges Wesen einem Zwang zu unterwerfen, der nicht mit Gründen gerechtfertigt werden kann, die ver-

---

Society, Part I, 1963, S. 213; *Devlin*, The enforcement of morals, 7. Abdr. 1981; *Hart*, Law, Liberty and Morality, 2. Aufl 1968.

81   Vgl. zum Folgenden *Willems*, Religion als Privatsache? Eine kritische Auseinandersetzung mit dem liberalen Prinzip einer strikten Trennung von Politik und Religion, in: Minkenberg/Willems (Hrsg.), Politik und Religion, 2003, S. 88 (89-90).

82   Vgl. als Beispiel für die beiläufige Formulierung der (liberalen) Standardlösung sei noch einmal auf *Holmes* (Fn. 9), S. 80 verwiesen. Vgl. auch unten die knappe Rekonstruktion der Habermasschen Argumentation mit Blick auf den Fall des Schwangerschaftsabbruches.

83   *McCabe*, Modus vivendi liberalism. Theory and practice, 2010. Vgl. zum folgenden *Willems* (Fn. 80), S. 266.

84   Dissens gibt es über die Reichweite dieses Rechtfertigungserfordernisses: Es kann sich auf grundlegende politische Fragen wie den Umfang und das Ausmaß von Freiheitsrechten und den Umgang mit gesellschaftlicher Ungleichheit beschränken oder sich auf alle politische Entscheidungen erstrecken.

nünftige Wesen grundsätzlich akzeptieren können, bedeutet letztlich, die Würde dieses vernünftigen Wesens zu verletzten.

Die Kritik an dieser grundsätzlichen Lösung lautet nun, dass es sich bei diesem politiktheoretischen Vorschlag anders als von seinen Verfechtern behauptet nicht um eine neutrale Beschränkung des Politischen durch die Einräumung mehr oder minder großer individueller Freiheitsräume mit dem Ziel einer allseits akzeptablen Befriedung von Wertkonflikten handele, sondern vielmehr um die Durchsetzung oder doch zumindest Bevorteilung einer bestimmten Klasse von moralisch-politischen Überzeugungen, nämlich derjenigen, die um das Ideal individueller Autonomie zentriert seien.[85] Denn nach dem Ideal individueller Autonomie sollen Individuen ein Leben nach selbstgesetzten Maximen führen; dies ist nur möglich, wenn den Individuen ein möglichst großer, gegen Interventionen anderer wie des Staates geschützter Handlungsraum eingeräumt wird. Die Verbannung strittiger moralischer Fragen von der politischen Agenda sei daher – so die Kritik – letztlich nichts anderes als die vom Ideal der Autonomie erforderte umfassende Freiheit individueller Wahlentscheidungen. Sie bestreite damit aber zugleich *in der Sache* den reklamierten Wahrheits- oder Richtigkeitsanspruch konkurrierender, nicht oder zumindest nicht allein am Ideal individueller Autonomie orientierter Moraltheorien säkularer oder religiöser Provenienz, nämlich dass einzelne der durch die Privatisierung strittiger moralischer Fragen freigegebenen Handlungsalternativen ein so grundlegendes moralisches Übel darstellen, dass man sie nicht zu einem Gegenstand individueller Gewissensentscheidung erklären kann.[86]

Nun räumen auch Verfechter der liberalen politiktheoretischen Lösung selbstverständlich ein, dass ihr Vorschlag für den Umgang mit moralischem Dissens – Privatisierung und Toleranz – Grenzen hat. So würden es Liberale

---

85 Vgl. hierzu und zum Folgenden *Willems* (Fn. 81), S. 89 f. Zur fehlenden Neutralität der Toleranzforderung vgl. zuletzt auch *van den Daele* (Fn. 10), 375-377.

86 Vgl. *Perry*, Religion in politics. Constitutional and moral perspectives, 1997, S. 72; *Bellamy*, Liberalism and pluralism. Towards a politics of compromise, 1999, S. 110 f.; *Shiffrin*, Religion and democracy, Notre Dame Law Review 1999, 1631 (1648). In gleicher Weise beruht auch die liberale Vorstellung von der Legitimität politischer Ordnung, die Forderung nach der Rechtfertigung politischer Zwangsmaßnahmen durch Gründe, denen vernünftige Bürgerinnen und Bürger prinzipiell zustimmen können, letztlich auf der Orientierung am Ideal der Autonomie, zielt dieses Prinzip doch darauf sicherzustellen, dass die kollektive Selbstbestimmung mit der individuellen nicht in Widerspruch geraten kann. Sie ist daher keine neutrale Formel für den Umgang mit moralischer Pluralität und moralischem Dissens, bestreitet vielmehr als eine selbst grundsätzlich umstrittene Theorie politischer Legitimation in der Sache die Wahrheitsansprüche konkurrierender politischer Theorien über die Quellen und Kriterien der Legitimität politischer Ordnung.

in einer Gesellschaft, in der es Sklaverei gibt und zugleich über die Frage der Sklaverei politisch gestritten wird, wohl kaum als zulässig erachten, diese Frage zur Privatsache zu erklären, weil dies eine neutrale und mit der Autonomie der Entscheidenden verträgliche Lösung eines strittigen moralischen Problems sei – und zwar deshalb, weil sie Sklaverei für ein grundlegendes moralisches Übel halten und Argumente für die moralische Zulässigkeit der Sklaverei schlicht als falsch erachten.[87] Auf der anderen Seite weisen sie aber in der Regel den strukturgleichen Einwand der Kritiker einer permissiven Regelung des Schwangerschaftsabbruches zurück, dass es auch nicht legitim sei, die strittige Frage der Regelung des Schwangerschaftsabbruches zu einer Privatsache zu erklären und von denen, die den Schwangerschaftsabbruch ablehnen, Toleranz zu fordern, und zwar deshalb, weil der Schwangerschaftsabbruch bzw. die damit einhergehende Destruktion eines Embryos oder Fötus ein grundlegendes moralisches Übel ist und Argumente für seine moralische Zulässigkeit schlicht falsch sind. Damit stellt sich die Frage, wie dieser unterschiedliche Umgang mit moralischem Dissens gerechtfertigt wird und ob diese Rechtfertigungsversuche erfolgreich sind.[88] Dieser Frage soll im Folgenden exemplarisch anhand der Positionen von John Rawls und Jürgen Habermas zum Schwangerschaftsabbruch nachgegangen werden.[89]

---

87 *Bellamy* (Fn. 86), S. 112 f.; vgl. auch *Macedo*, In defense of liberal public reason: Are slavery and abortion hard cases?, in: George/Wolfe (Hrsg.), Natural law and public reason, 2000, S. 11 (42).

88 Dabei wird im Folgenden davon ausgegangen, dass es heute unumstritten ist, dass „[a]ll reasonable doctrines reject slavery and forced servitude…", *Freeman*, Introduction. John Rawls - An overview, in: Freeman (Hrsg.), The Cambridge companion to Rawls, 2003, S. 1 (40).

89 John Rawls und Jürgen Habermas sind beide der großen Familie der liberalen politiktheoretischen Ansätze zuzuordnen. Beide teilen das liberale Legitimationsprinzip der Rechtfertigung durch Gründe, denen alle Bürgerinnen und Bürger guten Willens prinzipiell zustimmen können, und die diesem Prinzip zu Grunde liegende kategoriale Unterscheidung zwischen moralischen Argumenten, die nur vor dem Hintergrund einer geteilten Lebensweise plausibel bzw. verständlich sind, und moralischen Argumenten, die allgemein plausibel bzw. verständlich sind. Rawls unterscheidet zwischen nichtöffentlichen Argumenten auf der Basis umfassender Doktrinen wie Katholizismus oder Utilitarismus und allgemein zustimmungsfähigen Argumenten einer öffentlichen Vernunft auf der Basis politischer, d.h. von umfassenden Doktrinen unabhängiger Konzeptionen der Gerechtigkeit; vgl. *Rawls*, Politischer Liberalismus, 1998; *Rawls*, The idea of public reason revisited, in: Rawls (Hrsg.), Collected papers, hrsg. von Samuel Freeman, 1999, S. 573 ff. Habermas unterscheidet zwischen ethischen Argumenten, in denen es auf der Basis gemeinsamer Lebensformen oder geteilter Vorstellungen eines guten Lebens oder um Fragen der richtigen Lebensführung geht, und moralischen Argumenten, in denen es darum geht, was aus einer unparteilichen Perspektive für jedermann gleichermaßen gut ist; vgl. etwa *Habermas*, Erläuterungen zur Diskursethik, 2. Aufl 1992, S. 100 ff.; *Habermas*, Die Zukunft der menschlichen Natur. Auf dem Weg zu einer liberalen Eugenik?, 2001, S. 71. Beide Autoren gehen zudem davon aus,

In der ersten Auflage des „Politischen Liberalismus" hatte Rawls ausgeführt, dass eine *jede vernünftige* Abwägung der drei von ihm für eine Entscheidung über diese Frage herangezogenen politischen Werte – die dem menschlichen Leben gebührende Achtung, die Reproduktion der politischen Gesellschaft im Laufe der Zeit und die Gleichheit der Frauen – „... Frauen ein in gebührender Weise qualifiziertes Recht zuerkennen muß, innerhalb des ersten Drittels der Schwangerschaft selbst darüber entscheiden zu können, ob sie ihre Schwangerschaft fortsetzen wollen oder nicht".[90] Rawls scheint in

---

dass es in modernen Gesellschaften in der Regel über umfassende Doktrinen bzw. Vorstellungen des guten Lebens vernünftigerweise Dissens gibt. Sie taugen daher nicht oder nur in sehr begrenztem Maße und unter sehr spezifischen Umständen als Basis für politische Entscheidungen. Beide Autoren etablieren zudem eine klare Vorrangregel: öffentliche oder moralische Argumente haben Vorrang vor nichtöffentlichen oder ethischen Argumenten. Vgl. hierzu und zum Folgenden die knappe, aber sehr präzise und überzeugende Rekonstruktion der kommunikations- und rechtstheoretischen Voraussetzungen der Habermaschen Theorie bei *Wenner*, Die Auseinandersetzung um den Schwangerschaftsabbruch in der Rechtstheorie von Jürgen Habermas: Grundlagen und Einwände, in: Beck (Hrsg.), Gehört mein Körper noch mir? Strafgesetzgebung zur Verfügungsbefugnis über den eigenen Körper in den Lebenswissenschaften, 2012, S. 111. In der Frage des Schwangerschaftsabbruches plädieren beide Autoren für eine permissive Regelung; vgl. *Rawls* (Fn. 89), S. 349, Anm. 32; *Habermas* (Fn. 89), S. 57f.

90 *Rawls* (Fn. 89), S. 349, Anm. 32. Daraus folgert er auch, „... daß jede umfassende Lehre in dem Maße unvernünftig ist, wie sie zu einer Abwägung politischer Werte führt, die dieses gebührend qualifizierte Recht im ersten Drittel der Schwangerschaft ausschließt". Im Vorwort zur amerikanischen Taschenbuchausgabe des ‚Politischen Liberalismus' von 1995 stellt Rawls jedoch zum einen klar, dass ihm diese Passage nur zur Illustration für das Kriterium diente, das es erlaubt, umfassende Lehren als unvernünftig auszuzeichnen. Zum anderen konzediert er, dass die von ihm vorgenommene Abwägung der drei Werte zugunsten eines qualifizierten Rechtes auf den Schwangerschaftsabbruch zwar seine Position sei, aber noch keine Begründung darstelle. Samuel Freeman interpretiert diese Passage so, dass jede Verabsolutierung eines der drei Werte, sei es der Wert der dem menschlichen Leben gebührenden Achtung oder der Wert der Freiheit und Gleichheit von Frauen, auf Kosten der anderen Werte nicht auf der Basis öffentlicher Vernunft, sondern nur durch Rekurs auf Ansichten umfassender Doktrinen beruhen könne, *Freeman* (Fn. 88), S. 42. Freeman bleibt jedoch eine Begründung schuldig. Das ist vor allem deshalb misslich, weil Freeman bei einem Dissens über die Zulässigkeit der Sklaverei vermutlich sehr wohl für die Verabsolutierung des Wertes der menschlichen Würde oder Autonomie plädieren würde. Sowohl bei Rawls als auch bei Freeman vermisst man daher eine Reflexion darüber, wie sich das relative oder absolute Gewicht politischer Werte bestimmen lässt. Zweifelhaft erscheint auch, ob es überhaupt möglich ist, auf Argumente auf der Basis umfassender Lehren zu verzichten, wenn man in der Frage des Schwangerschaftsabbruches das Gewicht, das dem Wert der dem menschlichen Leben gebührende Achtung in der Abwägung politischer Werte zukommt, ermessen will; vgl. *Shaw*, Justice and the Fetus: Rawls, Children, and Abortion, Cambridge Quarterly of Healthcare Ethics 2011, 93 – was jedoch nötig wäre, wenn man akzeptable Kompro-

dieser Wertabwägung davon auszugehen, dass Föten entweder kein gleiches Lebensrecht wie Geborene haben oder es sich bei der These vom Lebensrecht von Föten um ein Argument aus dem Fundus umfassender Lehren handelt, das sich nicht in der Sprache öffentlicher Vernunft formulieren lässt. In ersteren Fall müsste er jedoch zumindest zeigen, warum die Bestreitung eines gleichen Lebensrechts des Fötus anders als seine Befürwortung kein Argument auf der Basis umstrittener umfassender Lehren ist; andernfalls verstieße er selbst gegen das Gebot des öffentlichen Vernunftgebrauchs.[91] Zudem müsste er zeigen, dass es allgemein konsentierte und nicht selbst wiederum zwischen den Konfliktparteien umstrittene Kriterien für die Unterscheidung öffentlicher und nichtöffentlicher Argumente gibt. Im zweiten Fall müsste er zumindest zeigen, dass alle vorgebrachten Argumente für ein Lebensrecht des Fötus sich als Argumente auf der Basis umfassender Lehren erweisen lassen, wobei der bloße Verweis auf ihre Strittigkeit nicht ausreicht.[92] Er müsste dies vor allem deshalb tun, weil sich sonst seine Entscheidung, hinter dem Schleier des Nichtwissens nur die Interessen geborener Bürger und advokatorisch auch die Interessen von Kindern sowie die potentiellen Interessen künftiger Generationen zu berücksichtigen, nicht aber die potentiellen Interessen von Embryonen und Föten, als willkürlich erweisen würde.[93]

Im Vorwort zur amerikanischen Taschenbuchausgabe des „Politischen Liberalismus" unternimmt Rawls daher einen Kurswechsel. Hier diskutiert er die Frage des Schwangerschaftsabbruches nun im Kontext der Erörterung des Problems, wie mit einem bleibenden Dissens zwischen unterschiedlichen

---

misse anstrebt. Es dürfte daher kein Zufall sein, dass Liberale wie Freeman oder Macedo die Frage der Vernünftigkeit nicht länger vornehmlich auf der Ebene einzelner Argumente als vielmehr auf der Ebene der Abwägung der konträren Argumente ansiedeln. Zu grundsätzlichen Einwänden gegen die Unabhängigkeit wie den Vorrang von Fragen der Gerechtigkeit gegenüber solchen des guten Lebens vgl. *Gray*, Two faces of liberalism, 2000: „The right can never be prior to the good. Without the content that can be given only by a conception of the good, the right is empty" sowie *Gray*, Enlightenment's wake. Politics and culture at the close of the modern age, 2007, S. 108: „[…] rights claims are never primordial or foundational but always conclusionary, provisional results of long chains of reasoning that unavoidably invoke contested judgements about human interests and well-being". Macedo wählt zudem den Weg, das von Robert P. George für den absoluten Vorrang des Lebensrechtes des Fötus vorgebrachte Kontinuitätsargument als in der Sache nicht überzeugend zu erweisen; vgl. *Macedo* (Fn. 87), S. 31 f. Aber auch hier stellt sich die Frage, was folgt, wenn der Dissens über die Triftigkeit des Argumentes wie des Einwandes bestehen bleibt.

91 *Shaw* (Fn. 90), 94 f., mit weiteren Nachweisen. Zu einem kurzen Begründungsversuch vgl. *Macedo* (Fn. 87), S. 32.

92 So Rawls selbst, wie im nächsten Abschnitt deutlich werden wird. Vgl. auch *Shaw* (Fn. 90), 94 f.

93 Vgl. *Shaw* (Fn. 90), 96-100.

politischen Konzeptionen umzugehen ist. In einer solchen Situation, die nach ihm sogar den Normalfall bilde, bleibe nur die Abstimmung. Solange alle Beteiligten mit öffentlichen Gründen operiert hätten, müsse das Ergebnis einer solchen Abstimmung zumindest vorläufig als vernünftig und damit bindend angesehen werden. Das gelte nun auch für den Schwangerschaftsabbruch. Unter den genannten Bedingungen müssten daher Katholiken im Falle einer Abstimmungsniederlage das Zugeständnis eines Rechtes auf den Schwangerschaftsabbruch als legitimes Recht anerkennen und dürften sich ihm nicht gewaltsam widersetzen. Täten sie letzteres, stellte dies den unvernünftigen Versuch dar, der Mehrheit ihre umfassende Lehre aufzudrängen. Zudem seien sie selbst ja nicht gezwungen, dieses zugestandene Recht wahrzunehmen.[94] Schon durch den Kontext der Erörterung – es geht um den Dissens zwischen *politischen* Konzeptionen –, aber auch noch einmal explizit konzediert Rawls auch, dass es Begründungen für ein Verbot des Schwangerschaftsabbruches gibt, die zumindest die „Form eines öffentlichen Vernunftgebrauchs" haben.[95] Wenn dies aber der Fall ist, dann folgt aus seinem Argument für den Umgang mit bleibendem Dissens zwischen politischen Konzeptionen, dass in diesem Falle auch eine Mehrheitsentscheidung *gegen* das Recht auf Schwangerschaftsabbruch Anspruch auf Anerkennung als legitimes Gesetz hätte. Allerdings bleibt auch hier das Problem bestehen, dass im Regelfall davon auszugehen ist, dass sich ein Dissens zwischen unterschiedlichen politischen Konzeptionen auch auf die Kriterien für die Unterscheidung öffentlicher von nichtöffentlichen Argumenten erstrecken wird, so dass umstritten sein wird, ob die Rawlssche Bedingung für legitime Rechtssetzung durch Mehrheitsentscheidung – allseitiger Gebrauch öffentlicher Argumente – erfüllt ist.[96] Einseitige Mehrheitsentscheidungen mögen sogar die Zweifel verstärken, dass auf Seiten der Mehrheit tatsächlich allein öffentliche Gründe den Ausschlag gegeben haben.

Im Anschluss an Rawls hat Stephen Macedo daher einen anderen Weg gewählt. Er geht von der annähernd gleichen Stärke der *öffentlichen* Argumente auf beiden Seiten der Kontroverse über den Schwangerschaftsabbruch aus und bezeichnet diejenigen, die diesen Umstand bestreiten, als unvernünftig – darauf zielt ja auch seine Widerlegung des Argumentes von Robert P. George für den absoluten Vorrang des Lebensrechtes des Fötus. Anders als Rawls

---

94   *Rawls* (Fn. 89), S. 55-57.
95   *Rawls* (Fn. 89), S. 57, Anm. 32.
96   Das führt am Ende in ein Dilemma: Je weiter man den Umfang der Menge der politischen Werte bzw. der öffentlichen Argumente bestimmt, desto größer werden der Dissens und damit auch die Zweifel, ob die Rawlssche Legitimitätsbedingung erfüllt ist; je enger man diesen Umfang bestimmt, desto wahrscheinlicher wird es, dass sich Streitfragen nicht auf der Basis öffentlicher Gründe bzw. politischer Werte lösen lassen; vgl. dazu *Willems* (Fn. 81), S. 102, mit weiteren Nachweisen.

plädiert er jedoch nicht für Mehrheitsentscheidungen, sondern für „prinzipienorientierte Kompromisse".[97]

Nach Habermas gilt es, mit Blick auf den Dissens um den Schwangerschaftsabbruch zunächst zu klären, ob es sich um eine moralische oder eine ethische Frage handelt. Moralische Fragen zielen auf eine „Regelung unseres Zusammenlebens, die „gleichermaßen gut ist für alle".[98] Moralische Fragen haben auf lange Sicht nur eine richtige Antwort.[99] Das setzt aber voraus, das das Ausgangsproblem sich unabhängig, also ohne Rekurs auf die in pluralistischen Gesellschaften vernünftigerweise umstrittenen Identitäten, Lebensformen und Lebensentwürfe der dissentierenden Konfliktparteien formulieren lässt.[100] Wenn eine solche neutrale Problembeschreibung nicht möglich ist, handelt es sich um eine ethische Frage. Solche Fragen erlauben allein „je nach Kontext, Überlieferungshorizont und Lebensideal verschiedene gültige Antworten".[101] Die Frage des angemessenen Umgangs mit dem daraus folgenden grundsätzlichen ethischen Dissens wird damit zu einer nach der „legitimen Ordnung koexistierender Lebensformen... Dann fragt es sich, wie die Integrität und gleichberechtigte Koexistenz der Lebensweisen und Weltauslegungen, aus denen sich verschiedene ethische Auffassungen von Abtreibung ergeben, gesichert werden können".[102] Es gilt, nach einer neutralen Regelung zu suchen, „die auf der abstrakten Ebene der gleichberechtigten Koexistenz der verschiedenen ethisch imprägnierten Gemeinschaften die rational motivierte Anerkennung aller Konfliktparteien finden kann".[103] Die gesuchte Lösung bedarf also einer „normativen Rechtfertigung", die „die Koexistenz der in ihrer Integrität zugleich geschützten Lebensformen fair (ge)regelt, d. h. nach

---

97 *Macedo* (Fn. 87), S. 29-31, 42 f. Auch hier bleibt jedoch das Problem des Dissenses über die Kriterien für die Unterscheidung öffentlicher von nichtöffentlichen Argumenten ungelöst.

98 *Habermas* (Fn. 89), S. 165 f.

99 *Habermas* (Fn. 89), S. 165 f. Wie Rawls geht jedoch auch Habermas davon aus, dass Gerechtigkeitsfragen kontrovers bleiben können; vgl. *Habermas*, Die Einbeziehung des Anderen: Studien zur politischen Theorie, 1996, S. 323. Er hält jedoch prinzipiell an der Unterstellung der *einen* richtigen Antwort auf moralische Fragen fest; vgl. *Habermas* (Fn. 99), S. 323, 326, vorsichtiger: 335-336. Bei einem vorläufig fortbestehendem Dissens haben auch bei Habermas Mehrheitsentscheidungen als „Zäsuren in einem unter Entscheidungsdruck (einstweilen) abgebrochenen Argumentationsprozeß" legitimitätsstiftende Wirkung; vgl. *Habermas* (Fn. 99), S. 327.

100 *Habermas* (Fn. 89), S. 165 f.

101 *Habermas* (Fn. 89), S. 165 f.

102 *Habermas* (Fn. 89), S. 165 f. Auch hier wird gewissermaßen auf eine moralische Ebene gewechselt und nach Regelungen gesucht, die „im Hinblick auf den vorrangigen Anspruch einer gleichberechtigten Koexistenz ‚gleichermaßen gut ist für alle' sind; vgl. *Habermas* (Fn. 99), S. 321.

103 *Habermas* (Fn. 99), S. 321.

Regeln ein(ge)richtet, die für alle Seiten rational akzeptabel sind".[104] Das Ziel ist daher eine „aus den gleichen Gründen akzeptable Regelung..., die den Wertkonflikt ungeschlichtet lässt".[105]

Inzwischen geht Jürgen Habermas davon aus, dass es keine weltanschaulich neutrale Bestimmung des moralischen Status von Embryonen oder Föten gibt. Eindeutigkeit in dieser Frage sei nur auf der Basis weltanschaulicher oder anthropologischer Prämissen zu erreichen. Diese seien aber in pluralistischen Gesellschaften vernünftigerweise umstritten.[106] Im Gegensatz zu Rawls bestreitet Habermas daher explizit, dass es nichtmetaphysische Argumente für ein Lebensrecht des Embryos bzw. seinen Status als Person geben kann. Andererseits besteht nach Habermas kein Zweifel „am intrinsischen Wert des menschlichen Lebens vor der Geburt".[107]

Auch wenn er eine weltanschaulich neutrale Bestimmung des Status von Embryonen und Föten nicht als möglich erachtet, unternimmt er zunächst noch einmal einen Versuch, die Frage moralisch zu klären. Dieser Versuch zielt darauf, aus dem Begriff der Moral selbst Konsequenzen für die Frage des moralischen Status von Embryonen oder Föten abzuleiten. Danach können sich nur die Mitglieder der „Gemeinschaft moralischer Wesen ... gegenseitig moralisch verpflichten und voneinander normenkonformes Verhalten erwarten".[108] Embryonen und Föten kann ein Status als gleichberechtigte Mitglieder des „Universums der möglichen Träger von moralischen Rechten und Pflichten" deshalb nicht zuerkannt werden, weil dieser Status gebunden ist an die wechselseitige Anerkennung innerhalb des „Universum[s] möglicher interpersonaler Beziehungen und Interaktionen, das moralischer Regelung bedarf und fähig ist".[109] „Was den Organismus erst mit der Geburt zu einer Person im

---

104 *Habermas* (Fn. 99), S. 335.
105 *Habermas* (Fn. 99), S. 322. Die für eine solche Lösung notwendige Abstraktion arbeite jedoch im Allgemeinen „zugunsten einer vergleichsweise ‚liberalen' Regelung". Aber auch wenn eine solche Regelung die Folgelasten unterschiedlich verteile, habe sie den Vorteil, dass die geforderte Toleranz die „Integrität" der ethischen Gemeinschaften nicht beschädige, weil sie nach wie vor die abgelehnten Praktiken verabscheuen dürften; vgl. *Habermas* (Fn. 99), S. 322.
106 *Habermas* (Fn. 89), S. 58-61; *Habermas*, Zwischen Naturalismus und Religion. Philosophische Aufsätze, 2005, S. 266; vorsichtiger noch *Habermas* (Fn. 89), S. 165 f.; *Habermas* (Fn. 99), S. 321. In ‚Faktizität und Geltung' ging Habermas noch davon aus, dass es sich beim Schwangerschaftsabbruch um eine moralische Frage handelt; vgl. *Habermas*, Faktizität und Geltung. Beiträge zur Diskurstheorie des Rechts und des demokratischen Rechtsstaats, 2. Aufl 1992, S. 204. Vgl. zum Folgenden die überzeugende Rekonstruktion und Kritik der Habermasschen Argumentation in der Frage des Schwangerschaftsabbruches bei *Wenner* (Fn. 89), S. 121-128.
107 *Habermas* (Fn. 89), S. 61.
108 *Habermas* (Fn. 89), S. 62.
109 *Habermas* (Fn. 89), S. 64.

vollen Sinne des Wortes macht, ist der gesellschaftlich individuierende Akt der Aufnahme in den öffentlichen Interaktionszusammenhang einer intersubjektiv geteilten Lebensform. (…) Erst in der Öffentlichkeit einer Sprachgemeinschaft bildet sich das Naturwesen zugleich zum Individuum und zur vernunftbegabten Person".[110] Denn erst die Geburt markiert den Zeitpunkt, „von dem an sich die *Anlage* zum Personsein verwirklichen kann, gleichviel in welchen Formen".[111] Unter diesen beiden Voraussetzungen, dem intrinsischen Wert menschlichen Lebens vor der Geburt wie dem Fehlen des Status von Embryonen und Föten als gleichberechtigte Träger von Rechten und Pflichten, muss bei der Abwägung des Lebensschutzes des frühen Embryo gegen das Selbstbestimmungsrecht von Frauen das letztere den Vorrang haben.[112]

Allerdings erweist sich diese Grenzziehung mit der Geburt ähnlich wie bei Rawls als unzureichend begründet und willkürlich. Unzureichend begründet ist diese Position, weil Habermas wie Rawls zeigen müsste, dass sein Argument auf der Basis der Grenzen der Moral zum einen weltanschaulich neutral ist, es zum anderen aber auch keine vernünftigen konkurrierenden Bestimmungen des Status von Embryonen und Föten in anderen Moral- oder Gerechtigkeitstheorien gibt, so dass es sich bei diesem Problem nicht um eine *kontroverse* Gerechtigkeitsfrage handelt, bei der ja auch eine Mehrheitsentscheidung für eine restriktive Regelung Legitimität beanspruchen könnte. Willkürlich ist diese Grenzziehung, weil im Vergleich zu Frühgeborenen und schwerstbehindert Geborenen der Entwicklung der *ausgebildeteren* Anlage zum Personsein von lebensfähigen Föten *allein* eine individuelle, allerdings kollektiv lizenzierte Entscheidung im Wege steht.[113]

Weil Habermas aber selbst bezweifelt, dass es eine weltanschaulich neutrale Bestimmung des moralischen Status von Embryonen oder Föten geben kann, stellt er in Rechnung, dass diese Argumentation scheitern könnte, weil sie einer metaphysischen Voreingenommenheit überführt werden könnte.[114] Daher entwickelt er einen zweiten Lösungsvorschlag, der orientiert ist an der „legitimen Ordnung koexistierender Lebensformen". Die einzigen für alle Konfliktparteien gleichermaßen rational akzeptablen Gründe in der Frage des Schwangerschaftsabbruches sind aber nun: die Verpflichtung zu friedlicher

---

110 *Habermas* (Fn. 89), S. 65. Habermas betont, dass auch komatöse Patienten Teil dieser Lebensform seien; vgl. *Habermas* (Fn. 89), S. 65, Anm. 40.
111 *Habermas* (Fn. 89), S. 65, Anm. 65.
112 *Habermas* (Fn. 89), S. 57.
113 Vgl. *Shaw* (Fn. 90), 96-100.
114 *Habermas* (Fn. 89), S. 70. Zu den Zweifeln, ob es beim Problem des Schwangerschaftsabbruches nur eine richtige Antwort gibt, ja ob überhaupt eine moralische Lösung dieses Problems möglich ist, vgl. *Habermas* (Fn. 89), S. 165 f.

Koexistenz, die Forderung nach Toleranz und die Hinnahme verwerflichen Verhaltens[115] – mit anderen Worten: die klassische liberale Antwort von Privatisierung plus Toleranz. Das ist jedoch nicht nur keine Antwort auf die von den Kritikern der liberalen Lösung gestellte Frage nach den Grenzen der Toleranz. Vielmehr macht Habermas anders als Rawls in seinen revidierten Überlegungen und anders als Liberale in dessen Theorietradition wie Macedo trotz des endemischen Dissenses über den Schwangerschaftsabbruch den Kritikern permissiver Lösungen nicht die geringste Konzession. Das ist nicht zuletzt auch eine Folge des Umstandes, dass Habermas anders als Liberale in der Rawlsschen Tradition wie Macedo eine andere mögliche Antwort auf Dissens in moralischen oder ethischen Fragen, nämlich Kompromisse, prinzipiell ablehnt. Als Begründung führt er zum einen an, dass Wertkonflikte „nichtkompromißfähig" seien und von ihnen daher eine „Integritätsgefährdung" ausgehe, die ‚wesentlich schmerzlicher' sei als jede Toleranzlösung.[116] Zum anderen führt er an, dass es in dem Falle, in dem eine moralische Transzendierung ethischer Selbstverständnisse durch Gerechtigkeitsfragen nicht möglich wäre, und der ethische Dissens sich auf alle strittigen politischen Fragen erstrecken würde, ein Schmittsches Verständnis von Politik drohe.[117] Dann sei es aber „unerfindlich, wie die von rational unlösbaren Wertkonflikten durchzogenen, von generischen Identitäten beherrschten politischen Auseinandersetzungen überhaupt anders als durch Oktroy, bestenfalls durch oktroyierte … Kompromissverfahren sollten beigelegt werden können."[118] Denn wenn eine vernünftige Einigung auf der abstrakten moralischen Ebene hinsichtlich dessen, was gut für alle sei, nicht länger als möglich erachtet würde, bliebe „… nur der Rekurs auf Gewohnheit, gewaltsame Interessendurchsetzung und widerwillige Anpassung … übrig".[119] Auf diesem Wege sei allenfalls ein „modus vivendi auf Zeit", nicht aber ein „normativ begründeter Appell an Toleranz" zu erreichen.[120]

Bei dieser Ablehnung des Kompromisses bleibt aber nicht nur unklar, warum Habermas im Falle des Schwangerschaftsabbruches seiner Bestimmung und Wertschätzung des Kompromisses in ‚Faktizität und Geltung' nicht länger folgt.[121] Denn dort hatte er den Kompromiss nicht als bloß macht- und sanktionsgestütztes politisches Verfahren, sondern auch als Form rationaler Willensbildung ausgezeichnet, die durch eine indirekte Bindung an das Dis-

---

115 *Habermas* (Fn. 89), S. 73; *Habermas* (Fn. 99), S. 322; *Habermas* (Fn. 106), S. 265ff.
116 *Habermas* (Fn. 99), S. 322.
117 *Habermas* (Fn. 99), S. 325.
118 *Habermas* (Fn. 99), S. 325.
119 *Habermas* (Fn. 99), S. 334.
120 *Habermas* (Fn. 99), S. 334.
121 *Habermas* (Fn. 99), S. 204.

kursprinzip dergestalt sichergestellt wird, dass die Verhandlungen an Fairness-Gesichtspunkte wie etwa die Gleichverteilung von Repräsentanten der Konfliktparteien gebunden werden, die ihrerseits in Diskursen moralisch gerechtfertigt werden können und müssen.[122] Hinzu kommt, dass er die spezifische Form eines inklusiven oder prinzipienorientierten Kompromisses nicht in Rechnung stellt.[123] Schließlich scheint die Geringschätzung des Kompromisses auch schlicht auf einer unzureichenden Berücksichtigung der Empirie des Umgangs mit dem Dissens in der Frage des Schwangerschaftsabbruches zu beruhen.

Die Rechtfertigung der liberalen Lösung gegen ihre Kritik sowohl in der Rawls-schen Tradition als auch bei Habermas scheitert aber noch in einer weiteren Hinsicht, nämlich an ihren metaethischen Prämissen. Denn sie basiert wesentlich auf der metaethischen Annahme, dass zwischen Gerechtigkeitsfragen und Fragen des guten Lebens, zwischen moralischen und ethischen Fragen, zwischen Argumenten auf der Basis von politischen Konzeptionen und Argumenten auf der Basis umfassender Lehren eindeutig unterschieden werden kann und die Kriterien für diese Unterscheidung nicht ihrerseits umstritten sind.[124] Denn eine Lösung des Konfliktes durch Mehrheitsentscheidung (Rawls, Habermas) oder Kompromiss (Macedo) ist nur legitim, wenn es sich bei dieser Frage um einen Dissens über Gerechtigkeitsfragen handelt. Aber auch eine Lösung des Konfliktes durch Privatisierung und Toleranz ist nur dann legitim, wenn es sich wenn es sich bei dieser Frage um einen Dissens über ethische Fragen bzw. Fragen der guten Lebens handelt.[125]

Doch diese metaethische Annahme ist eine in pluralistischen Gesellschaften selbst wiederum vernünftigerweise umstrittene Grundannahme. Das zeigt der Blick auf wertepluralistische Autoren in der Tradition Isaiah Berlins.[126] Diese Theorietradition geht von der Inkommensurabilität, Inkompatibilität und Inkomparabilität moralischer Prinzipien und Werte aus. Konflikte zwischen moralischen Prinzipien und Werten sind daher unvermeidlich. Das nötigt zu existentiellen Entscheidungen zwischen konfligierenden Prinzipen und Werten.[127] Aber die metaethischen Grundannahmen der wertepluralisti-

---

122 Vgl. *Habermas* (Fn. 106), S. 205 f.

123 Hier scheint Habermas ein Opfer seiner problematischen binären Logik von verständigungsorientiertem und strategischem Handeln zu werden.

124 Bei Habermas kommt noch die oben bereits erwähnte stärkere metaethische Annahme hinzu, dass im strengen Sinne moralische Fragen nur eine Antwort haben.

125 Bemerkenswerter Weise finden sich in beiden Theorietraditionen wenig Hinweise darauf, wie mit einem Dissens über die Kriterien dieser Unterscheidung umzugehen ist.

126 Vgl. zum Folgenden *Willems* (Fn. 80).

127 Mit Blick auf die Frage, welche Form politischer Ordnung für den Umgang mit der Pluralität und Konfliktivität moralischer Prinzipien angemessen ist, lassen sich inner-

schen Tradition sind in pluralistischen Gesellschaften ebenfalls vernünftiger-weise umstritten und taugen daher nicht als Grundlage einer Begründung und Rechtfertigung für ein Modell politischer Ordnung mit der Aussicht auf all-gemeine Zustimmung.

Was folgt daraus nun für die Frage nach einer politischen Ordnung pluralis-tischer Gesellschaften, vor allem mit Blick auf den Umgang mit grundlegen-dem moralischen Dissens? Versuche einer Begründung solcher Ordnungsmo-delle unter Rekurs auf metaethische oder metaphysische Voraussetzungen und Annahmen versprechen wenig Erfolg – das gilt selbst für den in dieser Hin-sicht erklärtermaßen sparsamen politischen Liberalismus John Rawls', der zumindest auf der Annahme der Möglichkeit einer Unterscheidung von öf-fentlichen politischen Werten und Werten auf der Basis umfassender Lehren sowie der relativen Unstrittigkeit der dafür notwendigen Kriterien basiert. Damit fällt aber auch der traditionelle Rechtfertigungsgrund für das liberale Standardmodell für den Umgang mit moralischem Dissens in Form von Priva-tisierung und Toleranz, das ohne diese Rechtfertigung angesichts der selbst von seinen Verfechtern zugestandenen höchst asymmetrischen Konsequenzen wohl kaum Chancen hat, als faire Lösung moralischer Dissense akzeptiert zu werden.

Unter diesen Bedingungen einer offensichtlichen Umstrittenheit jeglicher metaphysischer und metaethischer Annahmen über Charakter und Struktur moralischer Prinzipien und Werte erweist sich daher das Ideal der friedlichen Koexistenz in Form eines modus vivendi und eine verhandlungsbasierte kom-promissorientierte Politik als einzig realistische Option für den Umgang mit den für pluralistische Gesellschaften typischen endemischen moralischen Dissensen und Konflikten: „Within a pluralist polity ... the only principles likely to attain the reasonable endorsement (or non-rejection) of citizens would be expressive of a compromise. In other words, they would be compo-site rather than synthetic principles. (...) Rights and liberties derive from the particular accords and laws arrived at between citizens participating in the

---

halb der pluralistischen Tradition unterschiedliche Antworten ausmachen. Liberale Pluralisten gehen im Anschluss an Isaiah Berlin davon aus, dass sich trotz des Plura-lismus von moralischen Prinzipien und Werten ein relativer, wenn auch nicht absolu-ter Vorrang negativer Freiheit und damit eine liberale politische Ordnung begründen bzw. rechtfertigen lässt. Vgl. u. a. *Berlin*, Zwei Freiheitsbegriffe, in: *Berlin*, Freiheit. Vier Versuche. Frankfurt am Main 1995, 197; *Crowder*, Liberalism and value pluralism, 2002; *Galston*, Liberal pluralism. The implications of value pluralism for political theory and practice, 2002. Radikale Pluralisten wie John Gray bestreiten da-gegen, dass sich ein solcher Vorrang liberaler Werte und Institutionen begründen bzw. rechtfertigen lässt. Das angemessene Modell politischer Ordnung sei daher die friedli-che Koexistenz unterschiedlicher Lebensweisen auf der Basis eines modus vivendi. Vgl. *Gray* (Fn. 90).

political process. They do not constitute that process. Democracy so conceived operates as a form of rolling contract for the construction of principles of justice that reflect the evolving character and circumstances of a particular people".[128] Politische Ordnungsmodelle sowie die Kriterien zur Beurteilung ihrer Legitimität, aber auch die Lösung einzelner strittiger moralischer Fragen erweisen sich unter diesen Voraussetzungen als kontextabhängig und kontingent. Es handelt sich zudem um Arrangements, die unter nicht-idealen Bedingungen zustande kommen: „A political settlement is, in fact, always the creation of some particular people, facing particular problems, in a particular place, at a particular time, standing in complex and unequal relationships with each other and utilizing whatever partial and incomplete knowledge they have available to them: it is never the fully informed, free and equal individuals constructed by the theorists who decide, but a conglomeration of flawed, ignorant, irrational, emotional, partisan, unequal and socially embedded ones – people, surprisingly, just like us."[129]

Aber auch eine politische Ordnung der friedlichen Koexistenz in Form eines modus vivendi ist nicht voraussetzungslos. Denn nur dann, wenn „people want to live together in a civil manner, without resort to tyranny or persistent violent struggle, and in a way that at least extends a measure of toleration to diverse ways of life, then modus vivendi is the best way forward"[130]. Darüber hinaus bedarf es aber auch einer entgegenkommenden politischen Kultur in Form einer Bereitschaft zu einem zivilen Umgang mit dem endemischen moralischen Dissens.[131] Dazu zählt etwa die Bereitschaft, den Versuch zu unternehmen, andere Positionen zu verstehen und die eigenen Positionen und Einwände soweit als möglich verständlich zu machen, gegebenenfalls in der Sprach- bzw. moralischen Welt der Anderen. Dazu zählt aber auch die Bereitwilligkeit, Differenzen so weit als möglich zu minimieren bzw. Fragen zu identifizieren, bei denen sich Übereinstimmung erzielen lässt.[132] Des Weiteren bedarf es auch eines gewissen Maßes an Vertrauen. Denn auch eine Ordnung der friedlichen Koexistenz in Form eines modus vivendi wird angesichts beschränkter politischer Ressourcen und Entscheidungszwang nicht ohne Mehrheitsentscheidungen auskommen. Solche Mehrheitsentscheidungen – die hier

---

128 *Bellamy* (Fn. 86), S. 110-111. Zur Zurückweisung klassischer Einwände gegen das Ideal der friedlichen Kooexistenz in Form eines modus vivendi und einer verhandlungsbasierten kompromissorientierten Politik, nämlich dass solche Arrangements instabil und ungerecht seien, vgl. *Willems* (Fn. 80), 291-295, m. w. N.

129 *Horton*, Towards a Political Theory of Modus Vivendi, 2009, S. 16.

130 *Horton*, John Gray and the Political Theory of Modus Vivendi, in: Critical Review of International Social and Political Philosophy 9 (2), 2006, 155 (166-167).

131 Vgl. *Wenner* (Fn. 89), S. 129 f.; vgl. hierzu und zum Folgenden auch *Willems* (Fn. 81), S. 106-110, m. w. N.

132 Vgl. *Gutmann/Thompson*, Democracy and disagreement, 1996, S. 79-91.

jedoch als ‚Zäsuren in einem unter Entscheidungsdruck (einstweilen) abgebrochenen *Verhandlungsprozess*' verstanden werden – setzen jedoch voraus, dass die unterliegende Partei sich weitgehend auf die allseitige Bereitschaft zu einem zivilen Umgang mit moralischem Dissens verlassen kann.[133]

Schließlich bedarf es aber auch einer institutionellen Infrastruktur, und zwar als Ermöglichungs- wie förderliche Bedingung sowohl für die Generierung von allseits akzeptablen Kompromisslösungen als auch für die Entwicklung und Stärkung einer entgegenkommenden politischen Kultur in Form einer Bereitschaft zu einem zivilen Umgang mit dem endemischen moralischen Dissens. Angesichts des lange Zeit bestehenden institutionellen Defizits moderner politischer Theorie handelt es sich hier allerdings weitgehend um eine terra incognita. Mit Blick auf die institutionelle Ermöglichung wie Förderung von integrativen Kompromisslösungen war oben ja bereits die Idee einer „verhandlungsdemokratischen Politik im Schatten gerichtlicher Dezision" eingeführt worden. Die Entwicklung einer entgegenkommenden politischen Kultur sowie des unerlässlichen Vertrauens bedarf jedoch auch institutioneller Sicherungen gegen ihren Missbrauch. Hier liegt es nahe, an Ideen einer Beschränkung der zeitlichen wie sozialen Effekte von Politik anzuknüpfen.[134] In der Zeitdimension kann etwa die Geltungsdauer von Regelungen beschränkt werden, so dass entweder Neuverhandlungen garantiert sind bzw. die Anreize zur Entwicklung langfristig akzeptabler Kompromisse erhöht werden. In der Sozialdimension kann die Durchschlagskraft von Politik durch die Aufteilung und Balancierung von Macht so beschränkt werden, dass Mehrheiten sich nicht umstandslos durchsetzen können und zugleich die Anreize zu Verhandlungen und der Entwicklung langfristig akzeptabler Kompromisse erhöht werden.

---

133 Die gekennzeichnete Passage variiert eine Formulierung von *Habermas* (Fn. 99), S. 327.

134 Vgl. *Bader*, Religious pluralism. Secularism or priority for democracy?, Political Theory 1999, 597 (602); *Walzer*, Drawing the line: Religion and politics, Soziale Welt 1998, 295 (303).

Wissen, Ungewissheit und Nichtwissen im Biorecht: Denk- und Argumentationsmuster

Ulrich M. Gassner

I. Semantiken der Wissens- und Risikogesellschaft

Wissen, Ungewissheit und Nichtwissen sind keine spezifisch rechtlichen oder gar biorechtlichen Kategorien, sondern Kernbegriffe der Wissensgesellschaft, d.h. einer Gesellschaft, in der nicht mehr wie in der Industriegesellschaft die Herstellung von Waren, sondern der Erwerb und die Nutzung von Wissen im Vordergrund steht. Die Wissensgesellschaft ist geprägt von den Unbestimmtheiten der Technikentwicklung, die verschiedene Formen der Wissensproduktion evozieren. Die tradierte Idee des Fortschritts durch Wissenserwerb tritt hierbei in den Hintergrund. Wissen weicht mangels hinreichend valider Datenbasis zunehmend Ungewissheit und Nichtwissen.

Die „Allgegenwart des Nichtwissens"[1] wird unterschätzt von dem gängigen Risikoparadigma, das bekanntlich seit mehr als 30 Jahren vielfach als Deutungsschema moderner Gesellschaften angesehen wird.[2] Denn dieses Konzept beruht im Kern auf der Annahme, dass es grundsätzlich möglich ist, unerwünschte Handlungsfolgen zu antizipieren und die Wahrscheinlichkeit ihres Eintretens abzuschätzen. Eben dieses Rationalitätskalkül ist in der Risikogesellschaft eher die Ausnahme denn die Regel. Spätmoderne Beschleunigungsgesellschaften[3] sind zunehmend technikgetrieben und entwerfen sich permanent neu, ihre Zukunft ist offen.[4] Ihre Akteure sind gezwungen, die eine oder andere Wahl zu treffen, ohne über die Folgen ihrer Handlungen ausreichend wissen zu können. Die Handlungsfolgen entgrenzen sich zunehmend in zeitli-

---

1   *Böschen/Wehling*, Neue Wissenarten: Risiko und Nichtwissen, in: Maassen/Kaiser/Reinhart/Sutter (Hrsg.), Handbuch Wissenssoziologie, 2012, S. 317.
2   Vgl. namentlich *Beck*, Risikogesellschaft. Auf dem Weg in eine andere Moderne, 1986; *Bonß*, Vom Risiko. Unsicherheit und Ungewissheit in der Moderne, 1995; *Douglas/Wildavsky*, Risk and Culture. An Essay on the Selection of Technical and Environmental Dangers, 1982; *Luhmann*, Soziologie des Risikos, 1991; ausführlich dazu *Wehling*, Im Schatten des Wissens? Perspektiven der Soziologie des Nichtwissens, 2006, S. 85 ff., 167 ff., 187 ff. und passim.
3   Grdl. *Rosa*, Beschleunigung. Die Veränderung der Temporalstrukturen in der Moderne, 2005.
4   Vgl. *Böschen/Wehling* (Fn. 1), S. 317.

cher, räumlicher, ökonomischer und sozialer Hinsicht. *Ulrich Beck* hat darauf hingewiesen, dass sich die „ökologischen, atomaren, chemischen und genetischen Großgefahren" der hochtechnisierten Moderne in mehrfacher Hinsicht von den begrenzten und zurechenbaren „Risiken primärer Industrialisierung" unterscheiden.[5] Namentlich die biotechnologische Revolution konstituiert einen Eingriff in die menschliche Evolution[6], dessen weitreichende Folgen kaum kalkuliert werden können.[7] Funktionsdefizite des wissenschaftlichen und politischen Systems gehen damit zwangsläufig einher: Die Wissenschaft als Garant der Erkennbarkeit von Entscheidungsfolgen verliert in der modernen Risikogesellschaft ebenso an Bedeutung wie Recht und Politik als Garanten der Zurechnung von Verantwortung.[8]

Diese „Grenzen der Risikosemantik"[9] wurden vor allem in der Wissenssoziologie erkannt und seit den 1980er Jahren durch die Einführung der Kategorie Nichtwissen überwunden. Wegweisend war hier hierbei vor allem die Erkenntnis von *David Collingridge,* der aus der Krisis der Kategorie „Risiko" gefolgert hat, das tradierte Modell von Entscheidungen unter Gewissheit, Risiko oder Ungewissheit müsse durch den Begriff und die Dimension des Nichtwissens erweitert werden.[10] Danach ist Nichtwissen die maßgebliche Determinante für Beobachtungs- und Entscheidungssituationen *jenseits* von (Un-)Gewissheit und Risiko.[11] Mit dieser *formalen* Festlegung ist der *unmarked space* des Nichtwissens als „andere Seite des Wissens"[12] assoziiert, aber noch keine *materielle* Abgrenzung zwischen Risiko, Ungewissheit und Nichtwissen geleistet. In der sozialwissenschaftlichen Debatte gehört die Unterscheidung dieser drei Begriffe denn auch immer noch zu den am stärksten umstrittenen Fragen.[13] Immerhin scheint man sich aber jedenfalls darin einig zu sein, dass sich die Abgrenzung dieser Aggregatzustände des Unwis-

---

5   *Beck*, Gegengifte, 1988, S. 120.
6   Vgl. nur *Rheinberger*, Jenseits von Kultur und Naur. Anmerkungen zur Medizin im Zeitalter der Molekularbiologie, in: *Borck* (Hrsg.), Anatomien medizinischen Wissens. Medizin, Macht, Moleküle, 1996, S. 287 ff.
7   Vgl. z.B. *Bechmann*, Zukunft als Risiko oder Gefahr. Zur Bedeutung des Nichtwissens und der Sicherheit in der modernen Gesellschaft, in: Scholtz/Trappe (Hrsg.), Sicherheit. Grundproblem moderner Gesellschaften, 2003, S. 131 (138 f.).
8   *Böschen/Wehling* (Fn. 1), S. 317.
9   *Luhmann*, Die Beschreibung der Zukunft, in: ders., Beobachtungen der Moderne, 1992, S. 129 (146).
10   *Collingridge*, The Social Control of Technology, 1980, S. 25.
11   *Wehling* (Fn. 2), S. 86.
12   *Luhmann*, Ökologie des Nichtwissens, in: ders., Beobachtungen der Moderne, 1992, S. 149 (159).
13   *Wehling* (Fn. 2), S. 110.

sens an dem Kenntnisgrad über Handlungs- und Entscheidungsfolgen und deren Eintrittswahrscheinlichkeiten zu orientieren hat.[14]

II. Vom Restrisiko zum Basisrisiko

Die differenzierende Sichtweise der Wissenssoziologie ist nicht allzu weit entfernt von der – freilich durchaus vielgestaltigen – juristischen Risikosemantik und den von ihr entwickelten Parametern.

Aber auch die realistische und zugleich skeptische Betrachtung gesellschaftlicher Sicherheits- und Rationalitätserwartungen, wie sie paradigmatisch bei *Collingridge* formuliert ist, findet eine Entsprechung in der Rechtspraxis. Die Rede ist vom Kalkar-Urteil des BVerfG von 1978, wo zutreffend konstatiert wird, dass wir uns „immer nur auf dem neuesten Stand unwiderlegten möglichen Irrtums" befinden können.[15] Die dort entwickelte Kategorie des sozial adäquaten, noch hinnehmbaren *Restrisikos* dient in wissenssoziologischer Diktion gleichsam als „Statthalter des Nichtwissens" dazu, unvorhersehbare Ereignisse generell als unerheblich zu behandeln und damit den Entscheidungs- und Verantwortungskontext gegenüber Anforderungen virtuell Betroffener zu immunisieren.[16]

In jüngster Zeit scheint sich allerdings ein Paradigmenwechsel zugunsten betroffener Dritter zu vollziehen. Das BVerfG hat in seinem Gentechnik-Urteil von 2010 auf einen „wissenschaftlich-empirischen Nachweis des realen Gefährdungspotentials der gentechnisch veränderten Organismen und ihrer Nachkommen"[17] verzichtet und damit das Risiko des Nichtwissens – anders als im Kalkar-Urteil – pauschal den Herstellern und Nutzern riskanter Technologien aufgebürdet. Der dort vor dem Hintergrund einer „wissenschaftlich ungeklärten Situation" geprägte Begriff „Basisrisiko"[18] steht symbolhaft für die Kontingenz bundesverfassungsgerichtlicher Risikosemantik. Er wirft mehr Fragen auf, als er beantwortet.[19] Das Restrisiko, das jahrzehntelang die Diskussion beherrscht hat, wird schlicht ignoriert und mutiert zur Nullkategorie. Aber auch dieses *blackboxing* von Nichtwissen birgt einen hermeneutischen Rationalitätsgewinn: Die Grenze zwischen Kontrolle und Nicht-Kontrolle wird deutlich markiert. Bedenklich stimmt allerdings, dass das Basisrisiko-

---

14 Ebd.
15 BVerfGE 49, 89 (143).
16 *Böschen/Wehling* (Fn. 1), S. 319.
17 BVerfGE 128, 1 (39).
18 BVerfGE 128, 1 (39).
19 *Bickenbach*, Die Freiheit, Wissen zu schaffen zur Minderung der Last des Nichtwissens auf dem Gebiet der Gentechnik, ZJS 2011, 1 (10).

konzept im Urteil nicht weiter abgeleitet wird. Immerhin aber verdeutlicht das Gericht sein normatives Denkmuster, indem es auf den – auch im EU-Primärrecht positivierten[20] – Vorsorgegrundsatz und die staatliche Verantwortung zum Schutz der natürlichen Lebensgrundlagen (Art. 20a GG) rekurriert.[21] Insofern entspricht das Urteil der politisch gewollten Entwicklung zum unbegrenzten Umweltstaat.

In Gestalt gerichtlicher Auseinandersetzungen offenbart sich hier eine konflikthafte Entwicklung, die treffend als „Politisierung des Nichtwissens" gekennzeichnet wurde.[22] Spricht die eine Seite von eindeutig identifizierbaren und bloß temporären Wissenslücken, verweist die andere auf die Gefahren des unerkannten Nichtwissens.[23]

III. Formen des Nichtwissens

Die Kategorie des unerkannten Nichtwissens deutet auf entsprechende Unterscheidungsdimensionen. Induktiv lässt sich in der Tat eine *dreigliedrige Typologie* des Nichtwissens entwickeln, wie vor allem *Peter Wehling* gezeigt hat.[24]

Grundlegend ist die Unterscheidung nach dem Grad und der Form des Nichtwissens. Hieraus ergeben sich als idealtypische Polarisierungen das gewusste und erkannte Nichtwissen einerseits und das nicht-gewusste, unerkannte Nichtwissen andererseits.[25] Im letzteren Fall der *unknown unkowns* bleibt nicht nur unerkannt, *was* gewusst wird, es bleibt auch offen, *ob* etwas Relevantes nicht gewusst wird.[26]

Das (Nicht-)Wissen des Nichtwissens hat auch eine bedeutende temporale Dimension, die durch die Begriffe „Noch-Nicht-Wissen" und „Nicht-Wissen-

---

20 Art. 191 Abs. 2 S. 2 AEUV.
21 BVerfGE 128, 1 (39 f.).
22 *Wehling*, Die Politisierung des Nichtwissens: Vorbote einer neuen Wissensgesellschaft?, in: Ammonn/Heineke/Selbmann/Hintz (Hrsg.), Wissen in Bewegung. Vielfalt und Hegemonie in der Wissensgesellschaft, 2007, S. 221 ff.
23 *Böschen/Kastenhofer/Rust/Soentgen/Wehling*, Entscheidungen unter Bedingungen pluraler Nichtwissenskulturen, in: Mayntz/Neidhardt/Weingart/Wegenroth (Hrsg.), Wissensproduktion und Wissenstransfer. Wissen im Spannungsfeld von Wissenschaft, Politik und Öffentlichkeit, 2008, S. 197 ff.
24 *Wehling* (Fn. 2), S. 116 ff.; vgl. auch *ders.*, Nichtwissenskulturen und Nichtwissenskommunikation in den Wissenschaften, in: Janich/Nordmann/Schebek (Hrsg.), Nichtwissenskommunikation in den Wissenschaften. Interdisziplinäre Zugänge, 2012, S. 73 (79 ff.).
25 *Wehling* (Fn. 2), S. 117.
26 *Wehling* (Fn. 24), S. 80.

Können" gezeichnet werden können.[27] Paradigmatisch für die Annahme eines dauerhaften und unüberwindbaren Nichtwissens ist das lapidare Diktum *Niklas Luhmanns*: „Die Zukunft lässt sich nicht beobachten."[28]

Die dritte Unterscheidungsdimension des Nichtwissens reflektiert die Tatsache, dass Nichtwissen auch beabsichtigt sein kann. Intendiertes Nichtwissen kann weiter unterschieden werden in gewolltes eigenes Nichtwissen und gezielt erzeugte oder aufrechterhaltene Unkenntnis Dritter.[29]

IV. Nichtwissenskulturen und Nichtwissenskonflikte

Das von der Wissenssoziologie entwickelte Konzept der Nichtwissenskulturen verweist darauf, dass die Formen des Nichtwissens *innerhalb* der Wissenschaft unterschiedlich zu Tage treten.[30] *Drei Typen* des je spezifischen wissenschaftlichen Umgangs mit Nichtwissen lassen sich identifizieren: die kontrollorientierte, die komplexitätsorientierte sowie die einzelfall- bzw. expertiseorientierte (Nichtwissens-)kultur.[31] Letztgenanntem Typus lässt sich etwa die praktische Medizin zuordnen.[32] Die – hier besonders interessierende – Molekularbiologie entspricht dagegen dem Typus einer kontrollorientierten Nichtwissenskultur, die sich u.a. dadurch auszeichnet, dass ihre Forschungsgegenstände hochgradig dekontextualisiert und *in vivo* oder *in vitro* untersucht werden, während komplexitätsorientierte Nichtwissenskulturen, wie sie z.B. in der Ökologie oder Epidemiologie vorherrschen, insofern wenig dekontextualisiert sind, als sie auf die Beobachtung *in situ* angewiesen sind. Dementsprechend unterschiedlich ausgeprägt sind die Aufmerksamkeitshorizonte für unerwartete Phänomene und unbekanntes Nichtwissen. Deshalb sind die unterschiedlichen Formen des wissenschaftlichen Umgangs mit Nichtwissen als *„prinzipiell* gleichermaßen legitim" anzuerkennen.[33]

Die so von der Wissenschaft selbst erzeugte Pluralisierung der Wissenswahrnehmung führt *außerhalb* der Wissenschaft zu einer erheblichen Folge-

---

27 *Wehling* (Fn. 2), S. 132 f.
28 *Luhmann*, Soziologie des Risikos, 1991, S. 83; kritisch dazu *Wehling* (Fn. 2), S. 137 ff.
29 *Wehling* (Fn. 2), S. 127.
30 Begriffsdefinition bei *Wehling* (Fn. 24), S. 83 f.
31 *Böschen*, Pluralität und Evidenz. Risikoregulierung unter dem Einfluss wissenskultureller Divergenz, in: Albers (Hrsg.), Risikoregulierung im Bio-, Gesundheits- und Medizinrecht, 2011, S. 57 (65 f.); *ders./Kastenhofer/Rust/Soentgen/Wehling* (Fn. 23), S. 203 f.; *Wehling* (Fn. 24), S. 87.
32 *Böschen/Kastenhofer/Rust/Soentgen/Wehling* (Fn. 23), 204; *Wehling* (Fn. 24), S. 87.
33 *Wehling* (Fn. 24), S. 89.

wirkung, die sich schlagwortartig als „Politisierung des Nichtwissens"[34] charakterisieren lässt. So wird teilweise die Unterscheidung zwischen Wissens-
und Wertekonflikten unscharf, wenn sich, wie etwa in der Stammzellenforschung, der Eindruck verdichtet, das Nichtwissen der Wissenschaft sei bedeu-
tender als das Wissen.[35] Tendenziell lässt sich ein bioethischer Werteimperia-
lismus identifizieren: Gerade unter den Nichtwissensbedingungen der *science-
based ignorance*[36] mutieren Wissenskonflikte häufig zu Wertkonflikten. Am-
bivalente Bewertungen und kategoriale Unschärfen weisen den Geltungsanspruch der Wissenschaft gerade im Bereich der Biotechnologie in Grenzen[37],
man denke etwa nur an die prekäre Frage nach Anfang und Ende des menschlichen Lebens.[38]

Insgesamt scheint sich der biopolitische Diskurs von der *science-based ignorance* hin zur *value-based ignorance* zu bewegen. So stehen etwa im internationalen Transhumanismus[39]-Diskurs nicht die Risiken des *genetic enhancement* im Vordergrund, sondern das *Gattaca*-Argument, das auf die Problematik der Ungleichheit zwischen den *genetic poor* und den *genetic rich*, also
zwischen den genetisch optimierten und den genetisch nicht optimierten Menschen zielt.[40] Ein extremes Beispiel für die *value-based ignorance* – und damit auch für die Tyrannei bioethischer Werte[41] – bildet die These *Francis
Fukuyamas*, der den Transhumanismus schlicht zur gefährlichsten Idee der

---

34 *Wehling*, Die Politisierung des Nichtwissens. Vorbote einer reflexiven Wissensgesell-
    schaft?, in: Ammon/Heineke/Selbmann/Hintz (Hrsg.), Wissen in Bewegung. Vielfalt
    und Hegemonie in der Wissensgesellschaft, 2007, S. 221 ff.; vgl. auch *ders.*, Gibt es
    Grenzen der Erkenntnis? Von der Fiktion grenzenlosen Wissens zur Politisierung des
    Nichtwissens, in: Wengenroth (Hrsg.), Grenzen des Wissens – Wissen um Grenzen,
    2012, S. 90 ff.

35 *Böschen*, Reflexive Wissenspolitik: die Bewältigung von (Nicht-)Wissenskonflikten
    als instutionenpolitische Herausforderung, in: Feindt/Saretzki (Hrsg.), Umwelt- und
    Technikkonflikte, 2010, S. 104.

36 *Ravetz*, The Merger of Knowledge with Power. Essays in Critical Science, 1990,
    S. 26.

37 *Böschen* (Fn. 35), S. 104 f.; vgl. allgemein dazu auch *ders.* (Fn. 31), S. 63.

38 Ebd.

39 *Sorgner*, Posthumane leben besser? Ist der Transhumanismus die gefährlichste Idee
    der Welt?, Aufklärung und Kritik 4/2012, S. 160 (165), zufolge kennzeichnet den
    Transhumanismus „die Bejahung des Gebrauchs von neuen Technologien zur Er-
    schaffung des Trans- bzw. Posthumanan, so dass die Evolution nicht mehr nur von der
    natural selection abhängt, sondern auch die *human selection* richtungweisend eingrei-
    fen kann."

40 Vgl. dazu *Sorgner* (Fn. 39), S. 163.

41 Vgl. dazu *Gehring*, Was ist Biomacht? Vom zweifelhaften Mehrwert des Lebens,
    2006, S. 110 ff. und passim.

Welt erklärt.[42] Wenn *Jürgen Habermas* zu *Peter Sloterdijks* Elmauer Rede[43] die Wendung von der „Hand voll ausgeflippter Intellektuellen" einfällt[44], so zeugt dies auch nicht unbedingt von analytischer Kraft. Brennen aber schon den Meisterdenkern angesichts der Herausforderungen der biotechnologischen Revolution zuweilen die Sicherungen durch, so könnte dies die Annahme nähren, dass auch der biopolitische Prozess oder jedenfalls dessen praktische Ergebnisse durch ähnlich fundamentalistische Überspitzungen normativ aufgeladen werden.

Im Folgenden ist daher zu untersuchen, auf welchen Erwägungen die biorechtlichen Konkretisierungen des biopolitischen Diskurses beruhen.

V. Biorechtliche Denk- und Argumentationsmuster

1. Gesundheitsprodukteregulierung als Risikodiskurs

Mit Blick auf die kontinentale Regulierungslandschaft lässt sich feststellen, dass der Gesetzgeber in jüngerer Zeit besonders bei Gesundheitsprodukten versucht, sicherheitsoptimierende Rationalitätsgewinne zu erzielen. Das betrifft etwa die Implementierung einer vergleichenden Nutzen-Risiko-Abwägung für Medizinprodukte als zwingende Voraussetzung der CE-Kennzeichnung durch die 4. MPG-Novelle[45] (§ 19 Abs. 1 S. 2 MPG). Medizinprodukte mit geringem Risiko, wie z.B. Pflaster, Kompressen oder Mullbinden, werden hiervon nicht ausgenommen. Ein weiteres Beispiel ist die seit 2005 bestehende Verpflichtung, in den Unterlagen für die Zulassung von Tierarzneimitteln auch die Durchführung einer Umweltrisikoprüfung nachzuweisen.[46]

---

42 *Fukuyama*, The World's most dangerous Ideas: Transhumanism, ForeignPolicy 144 (2004), Sept./Oct., 42 f.

43 *Sloeterdijk*, Regeln für den Menschenpark. Ein Antwortschreiben zu Heideggers Brief über den Humanismus, 1999.

44 *Habermas*, Die Zukunft der menschlichen Natur. Auf dem Weg zu einer liberalen Eugenik?, 2001, S. 43. Freilich sind sich beide Auguren darin einig, dass es sich bei der Menschenzüchtung um eine ethisch lösbare Aufgabenstellung handelt, *Gehring* (Fn. 41), S. 180.

45 Gesetz zur Änderung medizinprodukterechtlicher Vorschriften vom 29.7.2009, BGBl. I, 2326.

46 Art. 12 Abs. 3 S. 2 Buchst. j RL 2001/82/EG (umgesetzt in § 22 Abs. 3c S. 3 AMG), Art. 31 Abs. 1 UA 1 S. 1 VO (EG) Nr. 726/2004; vgl. dazu *Kern*, Rechtliche Regulierung der Umweltrisiken von Human- und Tierarzneimitteln. Eine Analyse des europäischen und nationalen Produktzulassungsrechts für Human- und Tierarzneimittel so-

Der Gesetzgeber formuliert insofern, teilweise unterstützt von der Europäischen Kommission als Inkubator[47], gerade für komplexitätsorientierte Nichtwissenskulturen neue Herausforderungen und trägt auf diese Weise zur Mehrung von Risikowissen und Minderung von Nichtwissen bei. Die hinter dieser Entwicklung stehenden legislativen Erwägungen sind (nur) insofern wertebezogen, als sie darauf abzielen, mehr Produktsicherheit zu schaffen.

2. Biorecht als Grundrechtsdiskurs

a) Gendiagnostik

Für die Kernmaterien des Biorechts spielen Sicherheitserwägungen eine weit geringere Rolle als bei der Risikoregulierung von Gesundheitsprodukten. Im Vordergrund stehen aus Grund- und Menschenrechten abgeleitete Begründungsmuster. So wird etwa in § 1 GenDG ausdrücklich festgehalten, dass der Gesetzeszweck darin liege, „insbesondere die staatliche Verpflichtung zur Achtung und zum Schutz der Würde des Menschen und des Rechts auf informationelle Selbstbestimmung zu wahren". Daneben soll freilich auch „Missbrauchsgefahren und Risiken" begegnet werden.[48]

Das auf den Menschenwürdesatz (Art. 1 Abs. 1 GG) gerichtete Regelungsziel wird in der amtlichen Begründung des Gesetzentwurfs vereinzelt argumentativ untermauert, wie etwa im Kontext des in § 4 GenDG geregelten Benachteiligungsverbots.[49] Der Gesetzgeber geht hier davon aus, dass die Wahrscheinlichkeitsaussage prädiktiver Gentests für den konkreten Fall, namentlich bei multifaktoriellen Erkrankungen, von einer Vielzahl individueller Faktoren endogener und exogener Art abhängt. Insofern dürfe „der Mensch auch im Hinblick auf seine gesundheitliche Situation nicht auf das bloße genetische Substrat reduziert werden."[50] Regulatorisches Leitziel ist also nicht die Optimierung von Wissenskulturen, sondern der individuelle Schutz vor der

---

wie des Chemikalien-, Wasser- und Düngemittelrechts im Hinblick auf die Handhabung der von Arzneimitteln ausgehenden Umweltgefährdungen, 2010, S. 138 ff.

47 Eine eigenständige Initiative bildet etwa die unverbindliche Empfehlung der Europäischen Kommission, das Instrument der Environmental Risk Assessment (= ERA) Monographs als wirkstoffbezogenes Instrument zur Generierung der erforderlichen umweltrelevanten Risikoinformationen bei Tierarzneimitteln zu nutzen, vgl. Notice to Applicants (NTA), Vol. 6 C, Nr. 4.1.

48 BTDrs. 16/10532, 19.

49 Vgl. auch Art. 14 EMRK in Verbindung mit den Menschenrechten und Grundfreiheiten nach dieser Konvention sowie Art. 11 BMK.

50 BTDrs. 16/10532, 19.

Fehlinterpretation von Risikowissen und deren Instrumentalisierung durch Dritte.

Zudem soll der Gefahr „falschen Wissens", entstanden durch unzuverlässige Testergebnisse, mittels Maßnahmen der Qualitätssicherstellung (vgl. §§ 5, 6 GenDG) entgegengewirkt werden. Hierin wird eine „tragende Säule" für den Schutz des allgemeinen Persönlichkeitsrechts, des informationellen Selbstbestimmungsrechts und des Gleichbehandlungsgebots gesehen.[51]

Ferner soll der in § 7 GenDG vorgesehene (Fach-)Arztvorbehalt den Gefahren eines Angebots von Gentests aus rein kommerziellen Gründen wehren.[52] Im rechtswissenschaftlichen Schrifttum wird der (Fach-)Arztvorbehalt mit dem Argument begründet, er schütze das allgemeine Persönlichkeitsrecht in Gestalt des Rechts auf Wissen und des informationellen Selbstbestimmungsrechts, da er eine kompetente Befunderstellung, Interpretation und Bewertung sicherstelle und die genetischen Daten dem Arztgeheimnis unterlägen.[53]

b) Embryonenschutz

Mit dem ESchG von 1991 hat der Gesetzgeber dem Schutz schon frühester menschlicher Entwicklungsstadien – sei es *in vivo* oder *in vitro* – herausragende Bedeutung beigemessen. Er wollte damit vor allem „der Wertentscheidung des Grundgesetzes zugunsten der Menschenwürde und des Lebens Rechnung" tragen.[54]

Die damit verbundene Grundrechtshypertrophie geht einher mit der Vorverlagerung der Diagnose entsprechender Schutzgutbeeinträchtigungen. Die mit den einzelnen Verbotstatbeständen des ESchG zu bekämpfenden Gefahren haben also vielfach keinen naturwissenschaftlichen Gehalt, sondern stellen bioethische Konstruktionen dar, deren empirische Basis unreflektiert unterstellt wird. So stellt etwa § 3 ESchG die Geschlechtswahl unter Strafe, um hierdurch „Züchtungstendenzen Vorschub leistenden Manipulation[en]" entgegenzutreten.[55] In der Kommentarliteratur wird zur Legitimation dieses Eingriffs in das Grundrecht auf reproduktive Selbstbestimmung vereinzelt auf eine Schutzfunktion zugunsten des objektiv-rechtlichen Gehalts des Menschenwürdesatzes (Art. 1 Abs. 1 GG) verwiesen: Dieser garantiere, dass der

---

51 *Scherrer*, Das Gendiagnostikgesetz. Eine Darstellung unter besonderer Berücksichtigung verfassungsrechtlicher Fragestellungen, 2012, S. 80.
52 *Scherrer* (Fn. 51), S. 86.
53 Ebd.
54 BTDrs. 11/5460, S. 6.
55 BTDrs. 11/5460, S. 10.

Staat Versuchen begegne, die es einem entstehenden Individuum unmöglich machten, sich als unfestgestelltes, offenes Wesen „Mensch" zu verstehen.[56]

Auch das gesetzgeberische Motiv für das grundsätzliche Verbot der Keimbahntherapie (§ 5 ESchG) stützt sich nicht auf Ungewissheits- oder Nichtwissensargumente. Vielmehr gründet es auf der – inzwischen überholten[57] – prognostischen Annahme, dass wegen der zu erwartenden Fehlschläge bei den zur Entwicklung neuer Methoden erforderlichen Versuchen an Menschen irreversible Folgen für die Nachkommen eintreten würden.[58] Solche schwerwiegenden Folgen seien „weder mit dem objektiv-rechtlichen Gehalt des Grundrechts auf Leben und körperliche Unversehrtheit (Artikel 2 Abs. 2 S. 1 GG) noch mit der Grundentscheidung des Artikels 1 Abs. 1 GG für den Schutz der Menschenwürde zu vereinbaren."[59] Dass mit dieser Einschränkung der Forschungsfreiheit Nichtwissen zementiert und ein „Bestandsschutz von Erbkrankheiten"[60] einhergeht, übersieht der Gesetzgeber geflissentlich.

c) Forschung mit Stammzellen

Die Regelungsziele des ESchG hat der Bundestag 2002 mit dem StZG ausdrücklich bekräftigt und sogar noch erweitert. Der primäre Regelungszweck dieses Gesetzes liegt darin, jede Veranlassung eines weiteren Verbrauchs von Embryonen zur Gewinnung von embryonalen Stammzellen für Forschungszwecke zu vermeiden.[61] Das gesetzgeberische Motiv wird in § 1 StZG offengelegt: Konkretisiert werden soll „die staatliche Verpflichtung, die Menschenwürde und das Recht auf Leben zu achten und zu schützen und die Freiheit der Forschung zu gewährleisten".

---

56 *Prütting/Höfling*, ESchG, in: Prütting (Hrsg.), Fachanwaltskommentar Medizinrecht, 2. Aufl. 2012, § 3 Rn. 2.
57 Human Fertilisation and Embryology Authority (HFEA), Press release – Innovative genetic treatment to prevent mitochondrial disease, 28 June 2013 (https://www.gov. uk/government/news/innovative-genetic-treatment-to-prevent-mito-chondrial-disease; abgerufen am 14.7.2013); vgl. auch *Müller-Jung*, Biomedizin – Die Drei-Eltern-Lösung, F.A.Z. vom 20.3.2013 (http://www.faz.net/aktuell/wissen/mensch-gene/bio-medizin-die-drei-eltern-loesung-12122270.html, abgerufen am 14.7.2013).
58 BTDrs. 11/5460, S. 11.
59 Ebd.
60 *Herdegen*, in: Maunz/Dürig (Hrsg.), Grundgesetz, 55. Erg.-Lieferung 5/2009, Art. 1 Abs. 1 GG Rn. 108.
61 Vgl. BTDrs. 14/8394, 8; vgl. auch *Dederer*, Stammzellgesetz, 2012, § 1 Rn. 1: „eigentlicher Regelungszweck".

d) Lebensende

Auch mit Blick auf das Lebensende spielt die herrschende Schutzpflichtensemantik eine maßgebliche Rolle. Dies gilt etwa für die Festlegung des Todeszeitpunkts bei Transplantationen.[62] Exemplarisch für gängige Begründungsmuster biopolitischer Governance des Lebensendes steht der von der Bundesregierung initialisierte Entwurf eines Gesetzes zur Strafbarkeit der gewerbsmäßigen Förderung der Selbsttötung.[63] Den von ihr identifizierten „Gefahren für das Leben suizidgeneigter Menschen" soll deshalb gewehrt werden, weil „das Leben eines Menschen ... in der Werteordnung des Grundgesetzes an oberster Stelle der zu schützenden Rechtsgüter" steht.[64]

e) Wissenskonflikte als Wertkonflikte

Soweit der Gesetzgeber tatsächlich (Nicht-)Wissenskonflikte referenziert, wie dies etwa bei der Festlegung des Todeszeitpunkts oder des Lebensbeginns geschieht, konkretisiert er seine – naturgemäß umstrittenen – Wertentscheidungen. Auf diese Weise mutieren Wissenskonflikte unter Nichtwissensbedingungen zu Wertkonflikten.[65]

f) Normativität biorechtlicher Governance

Insgesamt lässt sich also feststellen, dass die ersten beiden wissenssoziologischen Unterscheidungsdimensionen des Nichtwissens, d.h. das Nichtwissen des Nichtwissens und das Noch-nicht-Wissen[66], im Biorecht weitgehend bedeutungslos sind. Im Übrigen zeichnen sich biorechtliche Argumentations- und Regelungsmuster dadurch aus, dass die üblichen Strategien des Rechts zum Umgang mit Ungewissheit und Nichtwissen (Flexibilisierung, Prozedura-

---

62 Der Gesundheitsausschuss rang sich allerdings mit Blick auf die fraktionsübergreifenden Kontroversen keine Empfehlung ab, sondern überließ dem Plenum die Entscheidung, vgl. BTDrs. 13/8017, 40.

63 BTDrs. 17/11126; BRDrs. 515/12; kritisch dazu z.B. *Kempf*, Zum Gesetzentwurf der Bundesregierung zur Strafbarkeit der gewerbsmäßigen Förderung der Selbsttötung, JR 2013, 11 ff. Der Gesetzentwurf hat sich durch Ablauf der Wahlperiode erledigt. In der folgenden 18. Legislaturperiode haben Abgeordnete fraktionsübergreifend vier Gesetzentwürfe (BTDrs. 18/5373; BTDrs. 18/5374; BTDrs. 18/5375; BTDrs. 18/5376) zu dieser Problematik in den Bundestag eingebracht.

64 BTDrs. 17/11126, 1; BRDrs. 515/12, 1.

65 Vgl. schon oben unter IV.

66 Vgl. oben III.

lisierung, Temporalisierung, Entmaterialisierung)[67] in ihnen nur rudimentär aufscheinen. Nicht die Bewältigung ungewisser oder unbekannter Risiken bildet den Fixpunkt staatlicher Steuerung durch Biorecht, sondern eine ethisch aufgeladene Grundrechtsinterpretation.

Sie dient dem Gesetzgeber als Legitimationsgrundlage für die Eckpfeiler biorechtlicher Governance und ist damit zentrales Instrument der „Verstaatlichung des Biologischen"[68]. Die Aktivierung gesellschaftlicher Expertise bei der Gesetzesproduktion und bei der Prozeduralisierung von Entscheidungsprozessen bietet keinen Ausweg aus dem grundrechtlich eskamotierten Wertedilemma. Hierin offenbart sich vielmehr die Monopolstellung der Ethik im biopolitischen Diskurs.[69] So werden die aktuellen biomedizinischen Kontroversen in den – typischerweise von Dissens geprägten – Voten und Stellungnahmen bioethischer Beratungsgremien ganz überwiegend nicht als Wissens-, sondern als Wertkonflikte thematisiert.[70] Häufig erfolgt „eine Berufung auf ein *intuitives Apriori* und die *Weltvernunft* wird dabei als oberste Norm ausgerufen."[71] Den grundlegenden Wertedifferenzen in der *postsozialen* Gesellschaft, wo nicht der interaktive politische Diskurs im Vordergrund steht, sondern das individuelle Seelenheil gerade auch im durch die Biowissenschaften erhofften *life enhancement* gesucht wird[72], trägt der Gesetzgeber zwar ansatzweise durch die Institutionalisierung von Ethik-Kommissionen Rechnung.[73] Doch dürfte sich derlei paternalistische Expertokratie[74] aus Sicht der

---

67 Vgl. dazu den Überblick bei *Appel*, Rechtliche Strategien im Umgang mit Ungewissheit, in: Ruch (Hrsg.), Recht und neue Technologien, 2004, S. 123 (142 ff.).

68 *Foucault*, In Verteidigung der Gesellschaft. Vorlesungen am Collège de France (1975-76), 1999, S. 276.

69 Kritisch dazu *Gehring* (Fn. 41), 2006, S. 8; zustimmend *Wehling*, Selbstbestimmung oder sozialer Optimierungsdruck? Perspektiven einer kritischen Soziologie der Biopolitik, Leviathan 2008, 249.

70 *Bogner/Menz*, in: Feindt/Saretzki (Hrsg.), Umwelt- und Technikkonflikte, 2010, S. 335 (342 ff.); vgl. zu den politischen Ethikgremien zuletzt eingehend *Ammann*, Medizinethik und medizinethische Expertengremien im Licht des öffentlichen Rechts. Ein Beitrag zur Lösung von Unsicherheiten im gesellschaftlichen Umgang mit Fragestellungen aus rechtswissenschaftlicher Perspektive, 2012, S. 313 ff.

71 *Kobald*, Präludien der Bioethik, Critica – Zeitschrift für Philosophie und Kunsttheorie, Band III/ 2011, 1 (20) (Hervorhebungen im Original).

72 *Knorr Cetina*, Umrisse einer Soziologie des Postsozialen, in: Pahl/Meyer (Hrsg.), Kognitiver Kapitalismus. Soziologische Beiträge zur Theorie der Wissensökonomie, 2007, S. 25 (26, 35 f.).

73 So zuletzt etwa durch die Schaffung der Gendiagnostik-Kommission (§ 23 Abs. 1 GenDG); vgl. zu den administrativen Ethikgremien zuletzt umfassend *Ammann* (Fn. 70), S. 430 ff.

74 Vgl. z.B. *Amman*, Wider die ethische Expertokratie. Eine Polemik in ernsthafter Absicht, in: Amman/Bleisch/Goppel (Hrsg.), Müssen Ethiker moralisch sein? Essays über Philosophie und Lebensführung, 2011, S. 177 ff.; *Bürgin/Bürkli/Götz*, Sind

Betroffenen zumindest solange nicht als taugliches Palliativ gegen die Tyrannei bioethischer Werte bewähren, als nicht deren individualethische Positionen die maßgebliche Richtschnur sind.[75]

3. Das Recht auf Nichtwissen

a) Grundelemente biorechtlicher Regelung intentionalen Nichtwissens

Im Gegensatz zu den ersten beiden wissenssoziologischen Unterscheidungsdimensionen des Nichtwissens kommt dem intentionalen Nichtwissen im Biorecht große Bedeutung zu. Seine beiden Erscheinungsformen, das gewollte eigene Nichtwissen und die gezielt erzeugte oder aufrechterhaltene Unkenntnis Dritter, finden sich in der prädiktiven Gendiagnostik und ihrer mit Wirkung zum 1. Februar 2010 in Kraft getretenen Regulierung im GenDG.[76] Die Dritten, deren Unkenntnis genetischer Daten aufrechterhalten werden soll, um Nachteile wegen (vermeintlich) ungünstiger genetischer Ausstattung auszuschließen, sind vor allem[77] Versicherungen und Arbeitgeber. Insofern bildet das Recht auf Nichtwissen ein wichtiges Widerlager gegen die Akteure der biomächtigen Gesellschaft.[78]

Exemplarisch für biorechtliche Argumentationsmuster und deren verfassungsrechtliche Implikationen erscheint aber besonders die erste der beiden Unterformen intentionalen Nichtwissens, das bewusste Nichtwissen. Sie hat ohne irgendwie erkennbaren methodischen Aufwand eine erstaunlich schnelle Karriere von der Faktizität zur Norm durchlaufen. Bereits die *Benda-*

Ethikkommissionen Ausdruck staatlichen Paternalismus?, in: Anderheiden/Bürkli/Heinig/Kirste/Seelmann (Hrsg.), Paternalismus und Recht. In memoriam Angela Augustin (1968–2004) 2006, S. 285 ff. Die Akteure selbst feiern dagegen die Depossedierung des Rechts durch die Bioethik und sehen sich teilweise schon als quasi-offizielle Norminterpreten, *Vidalis*, Meeting Darwin: The Gradual Emergence of Biolaw, JIBL 2009, 221 (226); vermittelnd *Albers*, Die Institutionalisierung von Ethik-Kommissionen. Zur Renaissance der Ethik im Recht, in: Ruch (Hrsg.), Recht und neue Technologien, 2004, S. 99 (111 ff.).

75 *Ammann* (Fn. 70), S. 594 ff., 628, 670; *Schicktanz/Schweda/Wynne*, The ethics of 'public understanding of ethics'– why and how bioethics expertise should include public and patients' voices, Medicine, Health Care & Philosophy 15 (2012), 129 (131 ff.).

76 § 9 Abs. 2 Nr. 5, § 10 Abs. 2, Abs. 3 S. 4, § 18 Abs. 1, §§ 19 f. GenDG.

77 Vgl. unten b) zu der speziellen Konstellation der Verwandten, deren Unkenntnis genetischer Daten aufrechterhalten werden kann.

78 Ähnlich mit Blick auf die „Genetisierung des Arbeitslebens" *Bühl*, Von der Eugenik zur Gattaca-Gesellschaft, in: ders. (Hrsg.), Auf dem Weg zur biomächtigen Gesellschaft. Chancen und Risiken der Gentechnik, 2009, S. 29 (89).

Kommission hatte 1985 die Frage aufgeworfen, ob „der Einzelne nicht auch das Recht auf Unkenntnis seiner genetischen Konstitution hat."[79] Die dilemmatische Janusköpfigkeit eines solchen Rechts wurde schon seinerzeit klar erkannt: „Für den betroffenen Menschen kann das Wissen, an einer unheilbaren, wenn auch erst nach Jahrzehnten auftretenden tödlichen Krankheit zu leiden, zu einer Belastung werden, die ihn von Anfang an resignieren lässt. Andererseits ist auch nicht auszuschließen, dass ihn sein Wissen bis zum Auftreten der Erkrankung zu einem besonders motivierten Leben motiviert; auch kann ihn das Wissen davor bewahren, seine Erbanlagen an eine nächste Generation weiterzugeben."[80] Gleichwohl postulierte *Ernst Benda* wenig später unter Bezugnahme auf *Hans Jonas* sogar ein „Grundrecht auf Nichtwissen"[81].

Konnte 1991 noch gefragt werden, ob es ein Recht auf Nichtwissen gibt[82], so sah man dieses Recht schon sieben Jahre später auf dem Weg, Allgemeingut zu werden.[83] Inzwischen ist es sektoriell positiviert[84] und dient dem Gesetzgeber als Leitlinie.[85] Aktuell ist im Wesentlichen nur noch dessen verfassungsrechtliche Begründung streitig, wobei es überwiegend als Kehrseite des Rechts auf Wissen um die eigene genetische Disposition und damit als Ausprägung des allgemeinen Persönlichkeitsrechts (Art. 2 Abs. 1 i.V.m. Art. 1 Abs. 1 GG) betrachtet wird[86]. Seine Überzeugungskraft gewinnt das Recht auf Nichtwissen daraus, dass es angesichts ungewisser Erfolgsaussichten primärpräventiver Maßnahmen und der Irreversibilität prophylaktischer Operationen[87] gegenüber dem Wissen als die bessere Alternative erscheinen kann.[88]

---

79   Bundesminister für Forschung und Technologie (Hrsg.), In-vitro-Fertilisation, Genomanalyse und Gentherapie, 1985, S. 38.

80   Ebd.

81   *Benda*, Gentechnologie und Recht – die rechtsethische Sicht, in: Bitburger Gespräche 1986/1, 1986, S. 17 (28).

82   *Wiese*, Gibt es ein Recht auf Nichtwissen? – Dargestellt am Beispiel der genetischen Veranlagung von Arbeitnehmern, in: Jayme/Laufs/Misera/Reinhart/Serick (Hrsg.), FS Niederländer, 1991, S. 475 ff.; skeptisch auch noch *Simitis*, Allgemeine Aspekte des Schutzes genetischer Daten, in: Institut Suisse de Droit Comparé (Hrsg.), Analyse génétique humaine et protection de la personnalité, 1994, S. 122 f.

83   *Taupitz*, Das Recht auf Nichtwissen, in: Hanau/Lorenz/Matthes (Hrsg.), FS Wiese, 1998, S. 583.

84   § 9 Abs. 2 Nr. 5 GenDG.

85   BTDrs. 16/10532, 27, 28, 36, 49.

86   So zuletzt etwa *Scherrer* (Fn. 51), S. 272 ff.; *Wollenschläger*, Der Drittbezug prädiktiver Gendiagnostik im Spannungsfeld der Grundrechte auf Wissen, Nichtwissen und Geheimhaltung. Krankheitsveranlagungen im Familienverbund und das neue Gendiagnostikgesetz, AöR 138 (2013), 161 (169 ff.).

87   Bekanntestes Beispiel ist die operative Entfernung von Brustdrüsen und Eierstöcken bei BRCA1- oder BRCA2-Mutationsträgerinnen.

Aus diesem Grund schützen auch verschiedene völkerrechtliche Übereinkommen und Deklarationen, wie etwa Art. 10 Abs. 2 S. 2 BMK, ein Recht auf Nichtwissen.[89] Die Promotion von Nichtwissen zum Rechtsgut ist freilich für eine wissensorientierte Gesellschaft ein bemerkenswerter Vorgang, der über den Bereich der Humangenetik hinausweist.[90]

b) Recht auf Geheimhaltung versus Recht auf Wissen

Prägendes Merkmal prädiktiver genetischer Untersuchungen ist ihr Drittbezug: Die gewonnenen genetischen Daten geben auch Aufschluss über das Erkrankungsrisiko der genetischen Verwandten. „Wünscht etwa eine junge erwachsene Person, deren Großmutter väterlicherseits an der Huntington-Krankheit erkrankt war, zum Zwecke ihrer eigenen Lebensplanung einen prädiktiven Test, so impliziert ein positives Testergebnis unweigerlich auch den diesbezüglichen genetischen Status des Vaters."[91]

Bei gegenläufigen bioinformationellen Interessen konfligiert in solchen Fällen das aus Art. 2 Abs. 1 i.V.m. Art. 1 Abs. 1 GG ableitbare Recht auf Geheimhaltung genetischer Informationen[92] bzw. auf informationelle Abgeschiedenheit[93] mit dem Recht auf (Nicht-)Wissen eines anderen Menschen. Solche aporetischen Grundrechtskonflikte versucht der biopolitische Gesetzgeber häufig zu entschärfen und versteht es als seine Aufgabe, Anspruchshierarchien festzulegen oder sonstige Lösungen zu formulieren. Hier hat er sich – offenbar in Anlehnung an die Stellungnahme eines ethischen Beratungsgremiums[94] – für einen Mittelweg entschieden: Das GenDG löst diesen Konflikt nicht durch eine ausdrückliche Vorrangregelung, sondern mit einer Ex-Post-Informationsregelung. Die Verwandten *müssen* nicht von der geplanten Un-

---

88   *Wehling*, Das Recht auf Nichtwissen in der Humangenetik – ein „Irrläufer" in der Wissensgesellschaft?, in: Allmendinger (Hrsg.), Entstaatlichung und soziale Sicherheit. Verhandlungen des 31. Kongresses der Deutschen Gesellschaft für Soziologie 2002. Beiträge aus Arbeitsgruppen, Sektionssitzungen und den Ad-Gruppen, 2002, S. 1 (2).

89   Vgl. z.B. auch Art. 7 Buchst. d der Weltärztebund-Deklaration von Lissabon zu den Rechten des Patienten: „Auf seinen ausdrücklichen Wunsch hat der Patient das Recht, nicht informiert zu werden, es sei denn, dass die Informationen zum Schutz des Lebens einer anderen Person erforderlich sind."

90   *Wehling* (Fn. 88), S. 3.

91   Schlussbericht der Enquete-Kommission „Recht und Ethik der modernen Medizin", BTDrs. 14/9020, 133.

92   Näher dazu zuletzt etwa *Wollenschläger* (Fn. 86), 172 ff.

93   *Taupitz* (Fn. 83), S. 586 f.

94   Schlussbericht der Enquete-Kommission „Recht und Ethik der modernen Medizin", BTDrs. 14/9020, 168.

tersuchung unterrichtet werden. Ergeben sich aber aus der Analyse genetische Eigenschaften mit Bedeutung für eine vermeidbare oder behandelbare Erkrankung, so *soll* die von der jeweiligen ärztlichen Person vorzunehmende humangenetische Beratung nach Befunderhebung auch die „Empfehlung" umfassen, „diesen Verwandten eine genetische Beratung zu empfehlen" (§ 10 Abs. 3 S. 4 GenDG). Mit dieser Regelung wird nach Auffassung des Gesetzgebers „sowohl das Recht auf informationelle Selbstbestimmung der betroffenen Person als auch der potentiell betroffenen Verwandten gewahrt."[95]

Solcherlei süßliche Semantik ist geeignet, eine Situation zu verdunkeln, die das BVerfG in seinem Urteil zum Vaterschaftstest als anstößig empfunden hat, nämlich den Umstand, dass die Grundrechtskollision „von einem Grundrechtsträger nach Gutdünken bewältigt" werden kann.[96] Genau dies ist aber bei der Informationslösung des GenDG nicht ausgeschlossen: Der Untersuchte hat das Letztentscheidungsrecht darüber, ob er die Rolle des Hiobsboten annimmt und seinen Verwandten eine genetische Beratung empfiehlt oder nicht. Entscheidet er sich für eine solche Empfehlung, so wird sich der Verwandte ihr schwerlich entziehen können, da er naturgemäß negative Informationen vermuten wird.[97] Eine autonome Entscheidung, diese Informationen nicht erhalten zu wollen, ist damit kaum mehr möglich.

In diesem Dilemma aktualisiert sich die aporetische Paradoxie des Rechts auf Nichtwissen: Die Entscheidung, bestimmte Informationen nicht erhalten zu wollen, setzt Kenntnis von der Möglichkeit der Kenntnisnahme voraus.[98] Um die tatsächliche Entscheidungsfreiheit der Verwandten zu gewährleisten, böte es sich als Alternativregelung an, sie schon vorab von der geplanten Untersuchung zu informieren.[99] Zwar kann auch bei dieser Lösung die Unbefangenheit des Verwandten verloren gehen[100], doch findet keine (mittelbare) Konfrontation mit einer mutmaßlich negativen Information statt. Das Recht auf informationelle Abgeschiedenheit des Verwandten ist nur insofern berührt, als über die Durchführung der Untersuchung informiert wird. Das Geheimhaltungsinteresse des Untersuchten muss insofern zurücktreten. Denn der Grundrechtseingriff ist wegen der unabwendbaren Drittbetroffenheit zumutbar.[101] Die vorherige Ermöglichung der Möglichkeit des Wissens sollte aber im Interesse eines schonenden Grundrechtsausgleichs nicht verpflichtend erfolgen, sondern in Gestalt einer ärztlichen Empfehlung schon bei der Ver-

---

95 BTDrs. 16/10532, 29.
96 BVerfGE 117, 202 (229).
97 *Duttge*, Das Recht auf Nichtwisssen in der Medizin, DuD 2010, 34 (36).
98 *Taupitz* (Fn. 83), S. 597.
99 So vor allem *Duttge* (Fn. 97), 36.
100 *Wollenschläger* (Fn. 86), 193.
101 *Duttge* (Fn. 97), 36.

einbarung einer Befunderhebung, spätestens aber in deren Verlauf, die Angehörigen über die Vornahme der Untersuchung zu informieren, bevor die Untersuchungsergebnisse mitgeteilt werden. Das Letztentscheidungsrecht über die Mitteilung eines positiven Befunds bliebe bei dieser Lösung ebenfalls beim Untersuchten, aber ohne, dass sein Informationsverhalten in dieser krisenhaften persönlichen Situation durch ärztliche Empfehlung gesteuert werden würde. Das Recht auf Nichtwissen des Verwandten ist – wenn überhaupt, da genetische Daten noch nicht vorliegen – bei einer solchen Vorinformationslösung nur unerheblich berührt, da es ihm ja unbenommen bleibt, dieses Recht jederzeit durch Veranlassung einer eigenen genetischen Untersuchung zu aktivieren. Ein solcher Zustand aufgeklärten Nichtwissens garantiert besser als die vom Gesetzgeber gewählte Informationslösung die Entscheidungsfreiheit des Verwandten. Seine Zukunft bleibt offener.[102]

Mehr als eine ärztliche Empfehlung im Sinne eines liberalen „Nudge"-Paternalismus[103] ist im Übrigen weder aus verhaltensökonomischer noch aus verfassungsrechtlicher Sicht geboten. Für Zurückhaltung bei der Formulierung staatlicher Informationspflichten streitet nicht zuletzt auch, dass Art. 6 Abs. 1 GG nach gefestigter Rechtsprechung des BVerfG den Staat verpflichtet, die aus Eltern und Kindern bestehende Familiengemeinschaft auch im immateriell-persönlichen Bereich als eigenständig und selbstverantwortlich zu respektieren.[104]

Demnach muss dem Recht auf informationelle Abgeschiedenheit des Verwandten ein noch größeres Gewicht als in § 10 Abs. 3 S. 4 GenDG verliehen werden. Mit der jetzigen Lösung ist der Gesetzgeber auf halbem Wege stehen geblieben. Geboten ist eine konsequente Privatisierung innerfamiliärer Informationskonflikte, was eine ärztliche Intervention nach den Maßstäben der Notstandsregelung des § 34 StGB nicht ausschließen mag[105], sofern damit keine neopaternalistische Anmaßung einhergeht.[106] Nur so wird dem gerade in der Gendiagnostik sichtbaren Nutzen des Nichtwissens Genüge getan. Dieses Nichtwissen schließt das Recht zur Selbstgefährdung mit ein. Aber schon *Georg Simmel* hatte keinen Zweifel daran, dass wir „so viel Nichtwissen be-

---

102 Ähnlich *Duttge* (Fn. 97), 36.

103 *Thaler/Sunstein*, Nudge. Wie man kluge Entscheidungen anstößt, 2009.

104 BVerfGE 24, 119 (135); 33, 236 (238); 61, 319 (347); 79, 256 (273); 99, 216 (231); 108, 82 (107); 112, 332 (352); *Wollenschläger* (Fn. 86), S. 200.

105 *Wollenschläger* (Fn. 86), 200 f.; in diesem Sinne jüngst auch Deutscher Ethikrat (Hrsg.), Die Zukunft der genetischen Diagnostik – von der Forschung in die klinische Anwendung, 2013, S. 175 (A13.)

106 Vgl. zur Gefahr von ärztlichem Neopaternalismus in diesem Kontext *Damm*, Prädiktive Gesundheitsinformationen in der modernen Medizin, DuD 2011, 859 (866).

wahren …, wie es für unser praktisches Tun zweckmäßig ist"[107]. Derlei Emanationen praktischer Vernunft seiner Bürger muss auch der biomächtige Staat der postsozialen Moderne hinnehmen.

VI. Fazit

Biorechtliche Denk- und Argumentationsmuster finden unter Nichtwissensbedingungen statt, orientieren sich aber, sofern sie sich nicht auf Gesundheitsprodukte beziehen[108], überwiegend nicht am Risikoparadigma, das den Diskurs um die adäquate Governance moderner Technologien beherrscht. Stattdessen wird die rechtliche Strategie im Umgang mit Ungewissheit stark normativ aufgeladen. Die *science-based ignorance* mutiert auf diese Weise zur *value-based ignorance*. Die diskursive Bedeutung der Bioethik und der von ihren Protagonisten beherrschten politischen und administrativen Beratungsgremien ist Ausdruck dieser Form der Bewältigung von (Nicht-)Wissenskonflikten. Die auf diese Weise erzeugte Prävalenz bioethischer Werte legitimiert den Ausbau der gesellschaftlichen und staatlichen Biomacht.

Die hypertrophe Ethisierung des biorechtlichen Diskurses lässt sich auch im Kontext der Regulierung des Grundrechtskonflikts zwischen dem Recht auf Geheimhaltung prädiktiver genetischer Informationen und dem Recht auf (Nicht-)Wissen beobachten. Da nur die (Un-)Kenntnis und informationelle Abgeschiedenheit der Betroffenen auf dem Spiel steht, offenbart sich hier die das Biorecht prägende Diskursstruktur in nahezu reiner Form: Die Risikosemantik hat allenfalls Bedeutung für die Prognose, ob eine vermeidbare oder behandelbare Erkrankung vorliegt. Maßgebliches Denk- und Argumentationsmuster ist aber ein (Nicht-)Wissensparadigma, das nur vordergründig grundrechtsbasiert, tatsächlich aber bioethisch determiniert ist.

---

107 *Simmel*, Soziologie. Untersuchungen über die Formen der Vergesellschaftung, Berlin 1908, S. 258.
108 Vgl. oben V.1.

Politische Legitimationsmechanismen in der Biomedizin. Diskursverfahren mit Ethikbezug als funktionale Legitimationsressource für die Biopolitik

Renate Martinsen

I. Kontingenzerfahrung und politische Legitimation

Sucht man nach politischen Legitimationsstrategien für Gegenwartsgesellschaften, so scheint die Antwort auf den ersten Blick einfach: „Werte und Diskurse können immer legitimieren". Der lakonisch klingende Nachsatz von Niklas Luhmann macht allerdings klar, dass die Angelegenheit so einfach dann doch wieder nicht ist: „Werte und Diskurse können immer legitimieren, nur bleibt dabei noch unentschieden: was."[1]

Die Erkenntnis der Notwendigkeit von Legitimitätsüberlegungen für die Stabilität politischer Ordnungen wurde bereits Mitte des 17. Jahrhunderts von Thomas Hobbes erkannt: Er fragt danach, mit welchen guten Gründen sich die Ausübung von Herrschaft – und damit die Einschränkung der Freiheit und Selbstbestimmung des Einzelnen – rechtfertigen lässt.[2] Dabei wird ein bestimmtes Verständnis des politischen Raums, den es zu „regieren" gilt, unterstellt: Er ist homogen strukturiert und hermetisch abgeschlossen. In allen neuzeitlichen Legitimitätsdiskussionen wird darauf aufbauend ein Ausgangspunkt als selbstverständlich unterstellt: Rechtmäßige Herrschaft erfordert den *nach innen und außen souveränen Nationalstaat*. Auch der demokratische Verfassungsstaat rekurriert demnach auf herrschaftsabstützende Rechtsgründe (insbesondere auf die Geltung von Regel und Satzung), welche sowohl Beherrschte als auch Herrschende verpflichten. Dabei genügt nach Max Weber bereits der „Glaube" der Bevölkerung an das Vorhandensein rechtmäßiger Legitimitätsquellen.[3] Tradiert blieb indes auch in der Weberschen Konzeptualisierung politischer Legitimität der Bezug auf den als kompakte Entität vorgestellten Nationalstaat.

---

1   *Luhmann,* Die Politik der Gesellschaft, 2000, S. 363.
2   *Hobbes,* Leviathan oder Stoff, Form und Gewalt eines kirchlichen und bürgerlichen Staates, hg. u. eingel. v. Iring Fetscher, 1984, S. 129ff.
3   *Weber,* Die drei reinen Typen der legitimen Herrschaft, in: ders., Gesammelte Aufsätze zur Wissenschaftslehre, hg. v. Johannes Winckelmann, 1988, S. 475ff.

In der Politikwissenschaft wird allerdings zunehmend registriert, dass die tradierten Legitimitätsmuster politischer Herrschaft gegenwärtig einem Erosionsprozess ausgesetzt sind: Zum einen führen politische Entgrenzungsprozesse nach innen (Politiknetzwerke) dazu, dass immer mehr gesellschaftliche Akteure *mitregieren*, die über kein demokratisches Mandat verfügen. Zum anderen bedingen Entgrenzungsprozesse nach außen (Europäisierung/Globalisierung) eine Entkoppelung zwischen der Reichweite politischer Entscheidungsmacht und dem Horizont politischer Problemketten. Sowohl semantische Verschiebungen in der Bezeichnung des Leviathans als auch empirische Befunde deuten darauf hin, dass sich derzeit grundlegende politische Transformationsprozesse vollziehen. Der politikwissenschaftliche Megatrend zur Jahrtausendwende steht entsprechend im Zeichen der Analyse dieses *Wandels der Staatlichkeit*.[4]

Vor diesem Hintergrund verzeichnen Diskurse über Legitimation in sozialwissenschaftlichen Publikationen und Debatten seit einigen Jahren Konjunktur. So ist beispielsweise in einem viel beachteten PVS-Sonderheft vom „Aufstieg der Legitimitätspolitik" die Rede: Wenn neue Akteure und neue Institutionen die gewandelten Formen des Regierens kennzeichnen, so stellt sich die Frage nach den Auswirkungen einer solchen tiefgreifenden soziostrukturellen Transformation auf die Legitimation sozialer Ordnungen.[5] Mit anderen Worten: Lassen sich modifizierte Muster der Legitimitätsgewinnung identifizieren oder mehren sich die Anzeichen für Legitimationsdefizite, wie eine häufig anzutreffende Krisensemantik nahezulegen scheint?

Eine besondere Brisanz erfährt die Legitimationsdebatte im Politikfeld *Biomedizin*. Denn die Radikalisierung der Kontingenzerfahrung in der Moderne, welche die Legitimitätsdebatte untergründig begleitet, wird in diesem normativ und politisch sensiblen Bereich in nachdrücklicher Weise erfahrbar. Seit geraumer Zeit ist bereits in öffentlichen Debatten eine gewachsene Wahrnehmung der Ambivalenz der technischen Entwicklung erkennbar – Technikfragen sind von den gesellschaftlichen Rändern ins Zentrum der Gesellschaft gewandert.[6] Diese Politisierung der Fortschrittsfrage betrifft insbesondere die Anwendung der Gentechnik auf den Menschen, mit der sich gleichzeitig gro-

---

4 Vgl. hierzu ausführlich *Martinsen,* New Modes of Governance: Opportunities and Limitations of Creating Legitimacy by Deliberative Politics in a Globalisizing World, in: Schmitt-Beck/Debiel/Korte (Hrsg.), Governance and Legitimacy in a Globalized World, 2008, S. 9ff.

5 S. die Beiträge in *Geis/Nullmeier/Daase* (Hrsg.), Leviathan Sonderband 27: Der Aufstieg der Legitimationspolitik: Rechtfertigung und Kritik politisch-ökonomischer Ordnungen, 2012.

6 Vgl. etwa *Hennen,* Technikdiskurse: Auf der Suche nach dem „gemeinsamen Guten"?, in: Köberle/Gloede/Hennen (Hrsg.), Diskursive Verständigung? Mediation und Partizipation in Technikkontroversen, 1997, S. 189.

ße Hoffnungen sowie massive Befürchtungen verbinden. Beispielsweise wurden als „genetisch bedingt" definierte Krankheiten bis dato für eine schicksalhafte Fügung gehalten – nun werden sie dem Bereich kontingenter Sachlagen zugeordnet. Zugleich wird erkennbar, dass im Zuge humangenetischer Entwicklungen die Unterscheidung von Krankheit und Gesundheit immer mehr an Kontur verliert, wie der in diesem Kontext kursierende Begriff des „gesunden Kranken", der permanent überwacht werden muss, schlaglichtartig verdeutlicht. Denn gezielte Eingriffe in die menschliche Erbinformation, wie sie die Humangenetik insbesondere in Verbindung mit den neuen Reproduktionstechnologien ermöglicht, scheinen überlieferte Grenzmarkierungen menschlicher Natur und das tradierte kulturelle Selbstverständnis des Menschen zu tangieren. Uralte Fragen wie „Was ist der Mensch?" gewinnen vor dem Hintergrund gewandelter biomedizinischer Möglichkeiten eine neue normative Färbung.

Die biomedizinischen Innovationen führen somit zu bisher unbekannten moralischen Konfliktlagen in den weitgehend säkularisierten westlichen Gesellschaften. Die *normativen Dilemmata* auf diesem Gebiet sind jedoch durch Rekurs auf Ethik nicht aufzulösen, da es in der Moderne eine gesellschaftliche Pluralisierung ethischer Selbstbeschreibungen gibt. Der Verweis auf Werte entfaltet somit nur im Kontext der Anhänger des jeweiligen Wertekosmos eine rechtfertigende Wirkung – nicht jedoch darüber hinaus. Die unhintergehbare Pluralisierung von Moralen in der Moderne wirft solchermaßen die Frage auf nach dem gesellschaftlichen Umgang mit den dynamischen Erkenntnissen in der human- und molekulargenetischen Forschung. In der sozialwissenschaftlichen Literatur zur Biomedizin findet sich kaum ein Text, der nicht – explizit oder implizit – die Legitimationsfrage stellt. Es hat den Anschein, als ob die Grenzen der herkömmlichen Problembearbeitungsmechanismen des politischen Systems im Bereich Biomedizin besonders augenfällig sind – nicht zuletzt, da biomedizinischer Wissenserzeugung aufgrund ihrer existentiellen Dimension in unserer Gesellschaft ein herausragender Stellenwert zukommt. Mancherorts findet sich aus politikwissenschaftlicher Perspektive eine weitreichende Krisensemantik: So wird die Frage aufgeworfen, ob die neueren humangenetischen Entwicklungen nicht dazu beitragen, das Fundament unseres liberal demokratischen Rechtsstaats auszuhöhlen, da sie das Bündel des notwendigen Grundkonsenses aufzuschnüren drohen. Es geht bei der biopolitischen Debatte letztlich um die „Legitimationsgrundlagen des demokratischen Verfassungsstaates selbst".[7]

---

7 So etwa *Kauffmann*, Rationalitätsdefizite in der Biopolitik, in: Politische Vierteljahresschrift 1, 2008, 1.

Der Beitrag wird zunächst den schillernden Terminus der „Legitimität" ins Visier nehmen – angesichts essentiell unterschiedlicher Begriffsverständnisse und zunehmender begrifflicher Entgrenzungstendenzen dieser politikwissenschaftlichen Zentralvokabel ist vorab zu klären, von welcher Legitimationskonzeption ausgegangen wird. Hieran anknüpfend werde ich die Frage diskutieren, auf welche legitimitätserzeugenden Verfahren der Staat als biopolitischer Akteur zurückgreift. In diesem Zusammenhang ist von besonderem Interesse, ob und inwiefern politisch initiierte Diskurse und eine Ethisierung biomedizinischer Fragen aus staatlicher Perspektive neue Legitimationsressourcen bereitstellen könnten. Dabei werde ich argumentieren, dass das vorherrschende normative Verständnis von Deliberationsmodellen in der Politikwissenschaft nicht geeignet erscheint, ihre funktionale Bedeutung zu plausibilisieren. Es bedarf vielmehr – so die *These* – eines neuen *konstruktivistischen Framings* von organisierten kommunikativen Politikformen, welches Diskurspluralität als zentrales Problem spätmoderner Gesellschaften ernst nimmt.

II. Legitimation als Kontingenzformel des politischen Systems

In der Verwendung des politikwissenschaftlichen Schlüsselbegriffs „Legitimität" spannt sich traditionell ein *Bedeutungsbogen* auf zwischen seiner primär normativen bzw. empirischen Verwendungsweise. Der Frage nach der Rechtmäßigkeit des Politischen wird somit auf zwei Weisen begegnet: Zum einen geht es um die Anerkennungswürdigkeit einer politischen Ordnung (Legitimitätsanspruch); zum anderen liegt der Fokus auf dem Einverständnis der Bürger zu dieser Ordnung (Legitimitätsglaube) bzw. der Fähigkeit einer Ordnung, diese Zustimmung zu bewirken. In beiden Begriffsvarianten sind legitime politische Entscheidungen solche, die von den Normunterworfenen befolgt werden, weil sie von deren Verbindlichkeit überzeugt sind – ohne dass äußerer staatlicher Zwang angewandt werden muss.

Mit der sich im Laufe des 19. Jahrhunderts voll durchsetzenden *Positivierung des Rechts* in der Moderne, d.h. der Annahme, dass alles Recht durch Entscheidung gesetzt ist, entfällt die Möglichkeit des Rekurses auf außerrechtliche Instanzen wie göttliches Recht oder das Naturrecht. Damit hängt der Anspruch einer objektiven Legitimität quasi in der Luft. Für normative Legitimationstheorien, die auf die Rechtfertigung politisch-gesellschaftlicher Ordnungsstrukturen mittels bestimmter Sachkriterien (z.B. Gerechtigkeitsstandards) abzielen, stellt die für moderne Gesellschaften charakteristische Ausdifferenzierung des Rechts zu einem autonomen gesellschaftlichen Teilsystem eine besondere Herausforderung dar.

Jürgen Habermas – als prominenter zeitgenössischer Vertreter eines *normativen Legitimationsverständnisses* – hat auf diese theorietechnische Hürde mit dem Vorschlag einer Prozeduralisierung reagiert.[8] Es geht bei der legitimitätsbezogenen Beurteilung von Herrschaftsordnungen somit nicht mehr um die Frage ihrer Rechtmäßigkeit unter Zugrundelegung substantieller Maßstäbe, sondern darum, dass nur solche politischen Ordnungen als legitim bezeichnet werden können, die durch ein rechtsförmiges Verfahren der Normsetzung und Entscheidungsfindung hervorgebracht worden sind. Anerkennungswürdige Normen werden idealiter als konsensuales Ergebnis eines rationalen Diskurses ermittelt. Dabei erlangen – unter der kontrafaktischen Annahme herrschaftsfreier Kommunikation – im Verfahrensverlauf nur solche Forderungen Verbindlichkeit, die mit verallgemeinerungsfähigen *Gründen* gerechtfertigt werden können. Lassen sich begründete Meinungsverschiedenheiten in konkreten Streitfragen nicht auf diesem Wege einer argumentativen Auseinandersetzung ausräumen, so können in der politischen Praxis faire nicht-argumentative Entscheidungsverfahren (in der Demokratie insbesondere die Mehrheitswahl) als eine abgestufte Form der Legitimationsverbürgung hinzutreten. In jedem Fall beruht die normative Geltung von politischen Ordnungen auf der faktischen Genese in institutionalisierten Verfahren der kollektiven Willensbildungs- und Entscheidungsfindung.

In der normativ-prozeduralistischen Variante wird somit abgestellt auf die Überzeugung von der Richtigkeit der Inhalte einer Entscheidung, die durch ein (diskursives) Verfahren hervorgebracht wird. D.h. hier wird Legitimation in Verbindung gebracht mit den Prämissen, die einer Entscheidung zugrunde liegen, also mit dem Akzeptieren von Werten. Eine solche Version von Legitimität entspricht der klassischen Konzeption des Verfahrens als Suche nach (nun relativer) Wahrheit – sie wird von Luhmann mit Blick auf moderne Gesellschaften als unterkomplex kritisiert.[9] Richtigkeit, Gerechtigkeit oder Wahrheit einer politischen Entscheidung können deren Anerkennung bei den Entscheidungsunterworfenen keineswegs garantieren. Gerade aus der Perspektive einer rationalen Handlungstheorie lasse sich nicht plausibilisieren, weshalb der Einzelne seine eigenen Interessen den Kollektivinteressen im Hinblick auf generell anerkennungswürdige Werte unterordnen sollte.[10]

Gegenüber solch normativen Ansätzen betont Luhmann, dass Legitimität in komplexen Sozialordnungen auf dem Akzeptieren von Entscheidungen selbst beruhe. Er schließt somit an eine *empirische Begriffstradition* an, von deren gängiger, an Max Weber orientierter Fassung er sich gleichwohl absetzt. Denn

---

8   Vgl. *Habermas,* Faktizität und Geltung. Beiträge zur Diskurstheorie des Rechts und des demokratischen Rechtsstaats, 4. Aufl., 1992, S. 370ff.

9   Vgl. *Luhmann,* Legitimation durch Verfahren, 9. Aufl., 2013, S. 31f.

10   Vgl. *Luhmann* (Fn. 9), S. 2.

üblicherweise werde der empirische Legitimationsbegriff verstanden als die de facto verbreitete Überzeugung von der Gültigkeit von Normen und ihrer Rechtfertigungsgrundlagen.[11] Damit bleibe indes das eigentlich Erklärungsbedürftige des Phänomens Legitimität ausgespart, nämlich, wie es überhaupt zur Ausbildung eines Geltungsglaubens an die Legitimation von (legaler) Herrschaft (kraft Satzung) bei den Normunterworfenen (in modernen Gesellschaften) kommen kann.[12]

In seinem 1969 erschienenen, mittlerweile als „Klassiker" angesehenen Werk „Legitimation durch Verfahren" definiert Luhmann Legitimität als eine *„generalisierte Bereitschaft, inhaltlich noch unbestimmte Entscheidungen innerhalb gewisser Toleranzgrenzen hinzunehmen"*.[13] Die Generalisierung des fraglosen Akzeptierens von inhaltlich beliebigen Entscheidungen erscheint als typisches Charakteristikum des modernen politischen Systems, das durch diesen sozialen Mechanismus der Stabilisierung nicht auf inhaltlichen Konsens bei den jeweiligen Entscheidungen angewiesen ist. Das Interesse Luhmanns gilt nun der Frage, welche sozialen Mechanismen zu einem solchen quasi motivfreien Akzeptieren politischer Entscheidungen in komplexen Gesellschaften führen. Die zentrale These lautet, dass Legitimation in modernen Gesellschaften durch Verfahren, die generelle Anerkennung finden, erzeugt wird. Fokussiert wird beim Verfahren also nicht auf die offiziell deklarierte Funktion, richtige Entscheidungen zu treffen – vielmehr geht es um die latente Nebenfunktion von Verfahren: die Legitimierung von politischen Entscheidungen.

Verfahren werden von Luhmann als *soziale Systeme besonderer Art* konzeptualisiert:[14] Indem sich Verfahren als autonome Handlungssysteme gegenüber ihrer gesellschaftlichen Umwelt abkoppeln, tragen sie zur sinnvollen Handlungsorientierung und Reduzierung der Komplexität einer entscheidungsbedürftigen Situation bei. Auf diese Weise wird schließlich ein Ent-

---

11 Vgl. *Luhmann,* Grundrechte als Institution. Ein Beitrag zur politischen Soziologie, 1965, S. 144.

12 So verdeutlicht etwa das Beispiel des massenhaften Bürgerprotests in Stuttgart gegen die Umwandlung des bestehenden Kopfbahnhofs in einen unterirdischen Durchgangsbahnhof (Projekt *Stuttgart 21*), dass die verfahrensbasierte Legalität des Projekts offenbar nicht ausreicht, damit ein politischer Entscheid de facto von den betreffenden Bürgern als legitim anerkannt wird. Vgl. *Rucht,* Akzeptanzbeschaffung als Legitimationsersatz: Der Fall Stuttgart 21, in: Geis/Nullmeier/Daase (Hrsg.), Leviathan Sonderband 27: Der Aufstieg der Legitimationspolitik: Rechtfertigung und Kritik politisch-ökonomischer Ordnungen, 2012, 339. Die Aufmerksamkeit wird somit auf die Frage nach den sozialen Prozeduren gelenkt, die dazu führen, dass die Bürger die Normsetzungsmacht akzeptieren.

13 *Luhmann* (Fn. 9), S. 28.

14 Vgl. *Luhmann* (Fn. 9), S. 38ff.

scheid möglich, von dem unterstellt werden kann, dass die Betroffen ihn akzeptieren – gleichgültig, ob sie dem Ergebnis innerlich zustimmen. Damit eine solche Normbefolgung unabhängig von persönlichen Motiven erreicht werden kann, müssen bestimmte Verfahrenserfordernisse gewährleistet sein: Neben der Abschirmung des Verfahrens gegen die gesellschaftliche Umwelt durch strenge Verfahrensregeln und der Erwirkung eines letztendlichen Entscheids spielt insbesondere auch die Ungewissheit über das Verfahrensergebnis eine wichtige Rolle. Denn die Unsicherheit über den Verfahrensausgang motiviert die Beteiligten, sich auf ihre funktional definierten Rollen in dem Verfahren einzulassen – „es bringt sie jedenfalls zu einem: zu unbezahlter zeremonieller Arbeit".[15] Das Verfahren konstituiert im Verlauf sukzessive seine eigene Geschichte, auf die jede Kommunikation rückbezogen wird: „Im Lichte des schon Feststehenden wird das noch Offene interpretiert und weiter eingeengt."[16] Durch das fortlaufende Ausscheiden von alternativen Möglichkeiten lässt sich der Entscheidungsspielraum so weit reduzieren, dass die Entscheidung schließlich ohne großen Überraschungswert ausfällt. Die Institutionalisierung von Verfahren dient somit insbesondere der Konfliktkanalisierung – nicht zuletzt durch die „Schwächung und Zermürbung der Beteiligten, der Umformung und Neutralisierung ihrer Motive im Laufe einer Geschichte".[17]

Zentral für Legitimitätserzeugung ist somit ein sozialer Lernprozess, der die laufende Umstrukturierung von normativen Erwartungen bewirkt, die den Verfahrensprozess begleiten – bis hin zur Übernahme der Entscheidung als Prämisse des künftigen Handelns der Betroffenen. Die Nachhaltigkeit der Entscheidungsakzeptanz hängt ab vom sozialen Lernen des Publikums, welches das pauschale Akzeptieren von Entscheidungen als akzeptierten Kurswert beinhaltet. Selbst wenn das politische System dafür Vorsorge getroffen hat, dass ausreichend soziale Rahmenbedingungen der institutionellen Legitimitätserzeugung vorhanden sind, kann nicht ausgeschlossen werden, dass sich Betroffene der Zumutung einer Erwartungsumstellung entziehen und im Protest gegen die Entscheidung rebellieren. Solange sich der Protest nicht generalisieren lässt, findet er keine gesellschaftliche Unterstützung. Gerade die „Wehrlosigkeit des einzelnen Verlierers" etwa im Gerichtsverfahren nach einem Urteil fördert seine Lernbereitschaft – oder sein Weg führt in die soziale Isolation.[18] Von Bedeutung für die Stabilität komplexer Sozialordnungen ist jedoch gerade nicht die „freiwillige" Anerkennung der Individuen, sondern

---

15 *Luhmann* (Fn. 9), S. 114.
16 *Luhmann* (Fn. 9), S. 44.
17 *Luhmann* (Fn. 9), S. 4.
18 *Luhmann* (Fn. 9), S. 117.

die Schaffung eines „sozialen Klima[s], das die Anerkennung verbindlicher Entscheidungen als Selbstverständlichkeit institutionalisiert".[19]

Legitimation kann in der funktional ausdifferenzierten Moderne aus systemtheoretischer Sicht also nicht mehr durch eine Größe außerhalb des politischen Systems begründet werden. Vielmehr kann sich das politische System nur noch selbst legitimieren, indem es die Umstrukturierung sozialer Erwartungen institutionell sichert.[20] Die Legitimation politischer Entscheidungen geht solchermaßen als selbstläufiger Prozess vonstatten: Legitimation ist Selbstlegitimation. Statt auf „gute Gründe" kommt es auf die Aufrechterhaltung der *Anschlussfähigkeit* der systemspezifischen Kommunikationssequenzen an. Legitimation fungiert solchermaßen als Kontingenzformel des politischen Systems.

Luhmann hat zur Plausibilisierung seiner These von der Legitimität durch Verfahren in seiner Studie vor ca. 40 Jahren exemplarisch Verfahren aus verschiedenen Bereichen staatlicher Aktivität analysiert: Gesetzgebungs-, Wahl-, Verwaltungs- und Gerichtsverfahren. Die verschiedenen Verfahrenstypen weisen je spezifische Leistungsprofile auf. Gerade dem Zusammenspiel unterschiedlicher Mechanismen misst Luhmann eine wichtige Rolle zu, da sich durch unterschiedliche Typisierung von verschiedenen Verfahrensformen die Vorteile funktionaler Differenzierung für das politische System fruchtbar machen lassen.[21] Die von Luhmann angewandte Methode der funktionalen Analyse ist eine „Technik der Entdeckung schon gelöster Probleme".[22] Es kann nun reflektiert werden, inwiefern für vorhandene Lösungen von Problemen funktionale Äquivalente denkbar sind. Mit dem Fokus auf Vergleich führt die Methode also dazu, den Blick für andere Möglichkeiten zu weiten. Wenn die von Luhmann thematisierte systemkonstitutive Latenzfunktion von etablierten Verfahren darin besteht, gesellschaftliche Konflikte durch Kanalisierung für die Gesellschaft zu entschärfen, so kann diese Funktion prinzipiell auch auf andere Weise (d.h. durch andere Strukturen als sie in den von Luhmann beschriebenen vier Verfahrenstypen verkörpert sind) erfüllt werden.

Geht man von dem weiter oben konstatierten „Wandel der Staatlichkeit" aus, so lässt sich dieser als Indiz für die Grenzen der etablierten Konfliktlösungsverfahren interpretieren. Vor diesem Hintergrund ist zu fragen, ob und inwiefern sich Anzeichen für solche neuen Legitimationsanforderungen auch in der Biomedizin feststellen lassen.

---

19 *Luhmann* (Fn. 9), S. 34.
20 Vgl. *Luhmann* (Fn. 9), S. 252.
21 Vgl. *Luhmann* (Fn. 9), S. 224ff.
22 *Luhmann* (Fn. 9), S. 6.

III. Legitimationsbedarfe im Politikfeld Biomedizin

In den letzten Jahrzehnten ist eine neuartige Semantik in den sozialwissen-schaftlichen Diskursen zu verzeichnen: Der Terminus „Biopolitik" hat eine erstaunliche Karriere zu verzeichnen.[23] Der Begriff bezeichnet im weitesten Sinne alle Maßnahmen, die auf die Regulierung von Lebensprozessen abzie-len. Seit Mitte der 90er-Jahre konzentriert sich die Diskussion dabei auf die *biomedizinische Biopolitik*, d. h. auf den menschlichen Körper als Gegenstand politischer Interventionen. Hintergrund dieser semantischen Innovation sind die dynamischen Erkenntnisfortschritte in der human- und molekulargeneti-schen Forschung, die brisante Fragen zu Chancen und Risiken der Anwen-dung ihrer Ergebnisse aufwerfen.

Im Mittelpunkt des Interesses stand zunächst die *pränatale* (vorgeburtliche) *Gendiagnostik* im Rahmen der Schwangerenvorsorge, wie sie durch die Ver-bindung von humangenetischem Wissen und modernen Reproduktionstechno-logien ermöglicht wurde. Im Rahmen der Pränataldiagnostik (PD) werden Untersuchungen an Embryonen und schwangeren Frauen durchgeführt, um mögliche genetische Indikationen zu ermitteln, die im Falle des Verdachts einer genetischen Schädigung des ungeborenen Kindes in der Regel zu dessen Abtreibung führen. Noch kontroverser diskutiert wird das Problemfeld der Präimplantationsdiagnostik (PID), die aufgrund des Embryonenschutzgesetzes in Deutschland nur unter eingeschränkten Voraussetzungen möglich ist: Durch künstliche Befruchtung erzeugte Embryonen werden dabei in vitro auf krankheitsverdächtige Mutationen untersucht und noch vor der Übertragung in die Gebärmutter gezielt im Hinblick auf genetische Indikationen ausge-wählt. Parallel zu den Auseinandersetzungen um pränatal durchgeführte gene-tische Testverfahren erfährt in jüngster Zeit das Problemfeld der prädiktiven *postnatalen Gendiagnostik* vor dem Hintergrund der wachsenden Verfügbar-

---

23 Als Indiz hierfür spricht auch, dass „Biopolitik" als zentrale Analysekategorie Ein-gang in die Liste der 22 in der Politischen Theorie der letzten 20 Jahre besonders rele-vanten und umkämpften Begriffe gefunden hat. S. *Buchstein/Beier*: Artikel „Biopoli-tik", in: Göhler/Iser/Kerner (Hrsg.), Politische Theorie. 22 umkämpfte Begriffe zur Einführung, 2004, S. 29ff.
Die begriffsgeschichtlichen Wurzeln von Biopolitik im deutschsprachigen Raum liegen im Nationalsozialismus: Hier zielte biopolitisches Denken auf die systemati-sche und konsequente Schaffung eines neuen Menschentypus ab, d.h. auf die Vernich-tung aller, die nicht diesem Ideal entsprachen. Nachdem der Begriff aufgrund dieser semantischen Erblast in Deutschland zunächst in der Versenkung verschwunden war, wurde er in den 70er-Jahren über den Umweg des englisch- und französischsprachi-gen Diskurses auch hierzulande neu besetzt. Seit diesem semantischen Neustart wird auf die nationalsozialistische Begriffstradition allenfalls in distanzierendem Habitus Bezug genommen. Vgl. *Buchstein/Beier* (Fn. 23 weiter oben), S. 30f.

keit entsprechender Angebote verstärkt Aufmerksamkeit in der öffentlichen und sozialwissenschaftlichen Diskussion. Der Zündstoff dieser neuen biomedizinischen Entwicklung liegt darin begründet, dass sich hier Konturen einer *prädiktiven Medizin*[24] abzeichnen: Dabei sollen zum Zeitpunkt der Untersuchung auf der Ebene des Phänotyps gesunde Personen dahingehend getestet werden, ob sich bei ihnen bestimmte Krankheitsdispositionen in genetischer Hinsicht identifizieren lassen.[25] Bei diesen prädiktiven Gentests geht es um die Feststellung von Veränderungen im Erbgut, die – im Unterschied zu den klassischen Erbkrankheiten – nicht bereits nach der Geburt oder in jugendlichem Alter, sondern erst im Erwachsenenalter manifest werden (können). Einerseits verbindet sich mit den humangenetischen Innovationen die Hoffnung, durch das Ergreifen geeigneter Maßnahmen möglichen Erkrankungen vorbeugen oder doch zumindest den Krankheitsverlauf positiv beeinflussen zu können; andererseits gibt es verschiedene Gesichtspunkte, die diese Zuversicht dämpfen. Während sich in einigen Fällen mit an Sicherheit grenzender Wahrscheinlichkeit aufgrund einer genetischen Veränderung eine spätere Erkrankung voraussagen lässt (z.b. bei der Huntington-Krankheit), ist indes in den meisten Fällen mit einer sehr viel geringeren Durchschlagskraft einer Genmutation zu rechnen: In der Regel lassen sich somit allenfalls probabilistische Aussagen über ein späteres Erkrankungsrisiko treffen. Hinzu kommt, dass sich gegenwärtig eine wachsende Schere abzeichnet zwischen den (steigenden) genomanalytischen Diagnosemöglichkeiten und den (zurückbleibenden) Therapieoptionen. Das Wissen um genetische Krankheitsdispositionen ohne wirkungsvolle Behandlungsperspektiven kann insbesondere bei positiv getesteten Personen zu massiven psychosozialen Belastungen sowie erhebli-

---

24 Die Problematisierung einer „prädiktiven Medizin" erfolgt bis dato in der Regel mit Bezug auf die *postnatale* Diagnostik, wo bereits geborene gesunde Menschen auf mögliche genetische Veranlagungen getestet werden, die zu einem lebensgeschichtlich sehr viel späteren Zeitpunkt mit einer gewissen Wahrscheinlichkeit zu einer Erkrankung führen könnten. Prädiktion mit Hilfe von Gentests könnte indessen prinzipiell auch ein Thema für die *pränatale* Genetik werden: Naheliegenderweise ist die Vorhersage eines Erkrankungsrisikos aufgrund von Veränderungen im Erbgut beim noch ungeborenen Kind ein besonders heikles Thema, da hier mit der zu vermutenden Vernichtung des genetisch belasteten Embryos die Überschreitung der Schwelle zu eugenischen Praktiken im Raum steht. Manche PolitikwissenschaftlerInnen gehen davon aus, das eine Gefährdung durch eine marktgesteuerte „liberale Eugenik" für die liberalen Demokratien bereits zum gegenwärtigen Zeitpunkt gegeben ist und proaktive Strategien der Vorbeugung durch die Politische Philosophie erforderlich seien; vgl. für eine solche Position etwa *Kauffmann*, Vom Exodus zur Kolonialisierung der Natur: Biopolitik als Delegitimierung der liberalen Demokratie, in: Brodocz/Llanque/ Schaal (Hrsg.), Bedrohungen der Demokratie, 2008, S. 216ff.

25 Vgl. hierzu *Kollek/Lemke*, Der medizinische Blick in die Zukunft. Gesellschaftliche Implikationen prädiktiver Gentests, 2008, S. 120ff.

chen Folgen für die Selbst- und Fremdwahrnehmung führen. Die Angst vor genetischer Diskriminierung und Stigmatisierung bezieht sich nicht nur auf den Familien-, Freundes- und Bekanntenkreis, sondern auch auf befürchtete Benachteiligungen aufgrund genetischer Veranlagung am Arbeitsplatz oder beim Abschluss von Versicherungen. Gendiagnostische Untersuchungsverfahren eröffnen solchermaßen ein höchst ambivalentes Gebiet des technologischen Fortschritts mit zahlreichen Implikationen für die Individuen wie für die Gesellschaft.[26]

Im Gefolge dieser Entwicklungen in der modernen Biomedizin haben sich die Grenzen zwischen Gesundheit und Krankheit zunehmend verwischt. Der inzwischen geläufige Begriff des *gesunden Kranken* verweist schlaglichtartig auf diese Problematik. Dass nun potentiell jeder als problematischer genetischer „Anlageträger" gilt, hat zu einer exponentiellen Ausweitung des Krankheitsbegriffes geführt. Entsprechend lässt sich eine semantische Verschiebung beim Gesundheitskonzept ausmachen: Gesundheit meint nun weniger die Abwesenheit von Krankheit als vielmehr die anspruchsvolle Aufgabe einer fortgesetzten Optimierung des menschlichen Körpers. Damit korreliert eine Transformation des Systems der Krankenbehandlung hin zu einem Gesundheitssystem, das „zum Bezugs- und Inspektionspunkt eines ‚sanitären Projektes'[wird]".[27] Während die Stoßrichtung der klassischen Akutmedizin der „Reparatur" auf der Phänotypebene manifest gewordener Störungen galt, ist eine Genmedizin, die darauf abzielt, vorbeugend genetische „Risikoträger" zu identifizieren, für unendlich viele Aktivitäten zuständig. Da Vorbeugungsmaßnahmen gegen Risiken wiederum Sekundärrisiken (z.B. psychische Belastung) nach sich ziehen können, ist ein komplexes Risikomanagement erforderlich, wenn unabänderliches Nicht-Wissen über die Folgen von Handlungen konstitutiv wird für gegenwärtiges Entscheiden. Modernen Risikokonzepten zufolge sind Risiken jedoch nicht objektiv gegeben – vielmehr basieren Risikoaussagen auf Zurechnungen, die ein Beobachter vornimmt.[28] Im Kontext der genetischen Diagnostik wird nicht zuletzt ein Wandel des dominanten Zurechnungsmodus von Krankheitsrisiken im medizinischen Diskurs festgestellt: Das medizinische Interesse verlagert sich von der Untersuchung sozialer und exogener Faktoren (Umwelteinflüsse) auf individuelle und endogene

---

26 Für eine differenzierte Betrachtung s. *Lemke/Lohkamp:* Formen und Felder genetischer Diskriminierung. Ein Überblick über empirische Studien und aktuelle Fälle, in: Leviathan Sonderheft 23, 2005, 45.

27 *Bauch,* Selbst- und Fremdbeschreibung des Gesundheitswesens. Anmerkungen zu einem „absonderlichen" Sozialsystem, in: ders., Gesundheit als System. Systemtheoretische Beobachtungen des Gesundheitssystems, 2006, S. 10.

28 Vgl. *Luhmann,* Risiko und Gefahr, in: ders., Soziologische Aufklärung 5. Konstruktivistische Perspektiven, 2005, S. 126ff.

Aspekte (Körper- und Lebensstil-Einflüsse).[29] Moderne Risikoprävention weist den „Charakter des Unabschließbaren" auf und erfordert ein „unternehmerisches Selbst", dem Vorbeugen zur moralischen Pflicht avanciert.[30] Da die Testergebnisse bei prädiktiven Gentests quasi als Nebenfolge Auskunft über mögliche krankheitsbezogene genetische Dispositionen von Familienangehörigen und Verwandten liefern, werden hier Offenbarungspflichten gegenüber dem Recht auf vertrauliche Behandlung der genetischen Informationen eingefordert. Der in diesem Kontext verwandte Begriff der *Genetifizierung* von Medizin und Gesellschaft zielt ab auf die angenommene wachsende Bedeutung genetischen Wissens für medizinische und gesellschaftliche Deutungsmuster sowie die Sensibilisierung im Hinblick auf ihre Folgen für Individuum und Gesellschaft.

Bis dato galt Gesundheit in der Gesellschaft quasi als moderne Universalie, d. h. über Gesundheit als hehres Gut konnte man Einigkeit voraussetzen: „Dieser Konsens der Gesellschaft im Kampf gegen die Außenbedrohung Krankheit macht Begründungssemantiken für die Legitimierung der Funktionserfüllung des Medizin- und Krankheitssystems überflüssig".[31] Ein sich wandelndes Gesundheitssystem, das die Prävention von Risiken anvisiert und in tabuisierte Bereiche der Grenzverwischung von Natur und Kultur vorstößt, scheint essentiell auf kommunikative Strategien angewiesen. *Legitimationsfragen* gehören ganz offensichtlich zu den Schlüsselthemen der Biomedizin. Die beschriebenen komplexen und kontrovers diskutierten Entwicklungen in der Humangenetik plausibilisieren steigende Legitimationsbedarfe, wie sie vielerorts für die (biomedizinische) Biopolitik konstatiert werden: „Die Annahme, dass liberale Demokratien es im Bereich der Biopolitik mit grundlegend neuen Herausforderungen zu tun haben, die nicht einfach im Rahmen der etablierten Routinen, Verfahren und Institutionen bearbeitet werden können, begleitet die Diskussion um die Bio- und Gentechnologie von Anfang an."[32]

Nicht zuletzt die Veränderung des Status des Experten hatte den Bedarf an alternativen Konfliktregulierungsverfahren im politischen System befördert.[33] Denn die Funktion des klassischen Experten für die Politik bestand nicht nur

---

29 Vgl. *Kollek/Lemke* (Fn. 25), S. 23.

30 *Bröckling,* Vorbeugen ist besser ... Zur Soziologie der Prävention, in: Behemoth. A Journal of Civilisation 1, 2008, 38 (41 bzw. 46).

31 *Bauch* (Fn. 27), S. 2.

32 Vgl. für viele *Saretzki,* Biopolitik in diskursiven Designs: Empirische Analysen und politiktheoretische Implikationen, in: Kauffmann/Sigwart (Hrsg.), Biopolitik im liberalen Staat, 2011, S. 211.

33 Vgl. hierzu im Folgenden *Martinsen,* Demokratie und Diskurs. Organisierte Kommunikationsprozesse in der Wissensgesellschaft, 2006, S. 17ff.

im Bereitstellen von instrumentellem Wissen, sondern auch in der Legitimierung politischer Entscheidungen: Der Experte stellte die Produktion von *gesichertem*, d.h. verlässlichem und intersubjektiv übertragbarem Wissen in Aussicht und konnte damit im Prozess der Modernisierung zu einer Depolitisierung von Konflikten beitragen. Der sprichwörtliche Expertenstreit ist nur das sichtbarste Indiz für die zunehmende Politisierung von Expertise, welche vor allem im steigenden Bewusstwerden der unhintergehbaren Kontextgebundenheit von wissenschaftlichem Wissen gründet. Die Skepsis gegenüber autoritativen Deutungsangeboten von Experten zur Identifikation und Lösung von komplexen gesellschaftlichen Problemen hat schließlich zur Forderung nach einer *Demokratisierung von Expertise* geführt. Diese programmatische Formel zielt darauf ab, den prekären Umgang mit Risiken in entscheidungsnahen Situationen nicht einem exklusiven Expertenzirkel zu überlassen, sondern kollektive Willensbildungs- und Entscheidungs(findungs)prozesse in umstrittenen wissens- und technikbasierten Policyfeldern für die Teilnahme neuer gesellschaftlicher Akteure zu öffnen.

Offensichtlich gelangen somit die klassischen rechtsförmigen Verfahren der Problembearbeitung bei komplexen, wertkontroversen und wissenschaftlich-technisch geprägten Politikfeldern, wofür die Biomedizin paradigmatisch steht, an ihre legitimatorischen Grenzen. Vor diesem Hintergrund kam es in den letzten Jahrzehnten im Zuge der konstatierten Transformationsprozesse des Politischen hin zum „kooperativen Staat"[34] zur Entwicklung und Etablierung von Diskursen bzw. neuen kommunikativen Politikformen.

IV. *Entwicklung und Etablierung von Diskursverfahren als alternative Konfliktregulierungsinstrumente*

Es lässt sich beobachten, dass seit geraumer Zeit in westlichen Demokratien bei drohenden Handlungsblockaden oder proaktiv zur Vermeidung erwartbarer Friktionen in steigendem Maße (meist politisch initiierte) Diskurse zum Einsatz kommen. Unter *Diskurse* sollen hier organisierte Kommunikationsprozesse verstanden werden.[35] Im Unterschied zu den quasi anarchisch ablaufenden Meinungsäußerungen in der öffentlichen Arena handelt es sich bei Diskursen um eine Form der sozialen Interaktion unter Anwesenden („Runde

---

34 Der Begriff wurde erstmals eingeführt von *Ritter*, Der kooperative Staat, in: Archiv des öffentlichen Rechts 104, 1979, 389.

35 Diese weitgefasste und deskriptive Redeweise von „Diskursen" grenzt sich ab gegenüber der engeren und normativen Begriffsverwendung, die sich an der Habermasschen Leitidee einer herrschaftsfreien Kommunikation orientiert; vgl. *Habermas* (Fn. 8), S. 370ff.

Tische"), in der das Redegeschehen durch Regeln strukturiert wird. Diese Diskursverfahren lassen sich als *alternative* (d.h. außergerichtliche) *Streitschlichtungsverfahren* verstehen, insofern sie die klassischen rechtsförmigen Verfahren ergänzen sollen.

„Diskurse" als Oberbegriff für solche kommunikativen Politikmodelle[36] lassen sich auch als neue Formen der Politikberatung bzw. temporäre, issuebezogene Policy-Netzwerke konzeptualisieren.[37] Problematische politische Entscheidungen sollen nicht mehr ausschließlich unter Heranziehung wissenschaftlicher Expertise getroffen werden, sondern durch Diskurse eine breitere soziale und kognitive Basis erhalten. Dabei können zwei Varianten von Diskursen differenziert werden, je nachdem welcher der beiden analytisch unterscheidbaren Kommunikationsmodi *Argumentieren* bzw. *Verhandeln* im Vordergrund steht. Entsprechend der Schwerpunktsetzung lassen sich stärker verständigungszentrierte Bürgerbeteiligungsverfahren (z.B. Planungszelle, Konsensuskonferenz) von mehr positionsorientierten Verhandlungsverfahren (z.B. Mediation, Schlichtung) unterscheiden. Das sogenannte (Technikfolgenabschätzungs-)Diskursverfahren stellt eine eigenartige Hybridform dar, da den Diskursregeln zufolge nur „gute Gründe" zählen sollen, die Teilnehmer aber nicht repräsentativ oder zufällig ausgewählte BürgerInnen sind, sondern Vertreter von Interessengruppen, von denen eher ein verhandlungs- und ressourcenbezogenes Diskursverhalten zu erwarten ist. Im Kontext der Frage des gesellschaftlichen Umgangs mit biomedizinischen Streitfragen können auch die diversen interdisziplinär besetzten Ethikräte und -kommissionen als neue Formen eines deliberativen Politikstils zur Konfliktregulierung betrachtet werden. Inzwischen gibt es zahlreiche experimentelle Verfahrensvorschläge mit unterschiedlichen Diskursdesigns.[38] Die Besonderheiten der jeweiligen kommunikativen Politikformen zeitigen jeweils spezifische Auswirkungen auf den Ablauf von Diskursveranstaltungen, die im Rahmen einer empirischen Analyse differenziert zu bewerten sind. Im Kontext dieses Beitrags wird die Aufmerksamkeit hingegen primär auf die *strukturellen Gemeinsamkeiten* von Diskursen als einer spezifischen Form sozialer Interaktion (nach Regeln organisierte Kommunikationsprozesse) gerichtet.

---

36 Vgl. hierzu ausführlich *Martinsen* (Fn. 33), S. 29ff.

37 Vgl. *Krohn*, Die Innovationschancen partizipativer Technikgestaltung und diskursiver Konfliktregulierung, in: Köberle/Gloede/Hennen (Hrsg.), Diskursive Verständigung? Mediation und Partizipation in Technikkontroversen, 1997, S. 236.

38 Für eine Skizzierung der Grundtypen an kommunikativen Politikmodellen s. *Martinsen* (Fn. 33), S. 31ff.; für einen Überblick zum Variantenreichtum der partizipativen Diskursverfahren s. *Feindt*, Neue Formen der politischen Beteiligung, in: Klein/Koopmans/Geiling (Hrsg.), Globalisierung, Partizipation, Protest, 2001, S. 255ff.

Beim Versuch, einen *empirischen* Überblick über diese innovativen deliberativen Politikverfahren zu gewinnen, lässt sich konstatieren, dass sie auffallend häufig auf Fragen des gesellschaftlichen Umgangs mit neuen (gengestützten) Biotechnologien und molekularer Medizin fokussieren: „Biopolitik' erweist sich damit als Politikfeld, bei dem in der Tat in vielen europäischen Staaten versucht wurde, die aufgeworfenen Fragen und Probleme der neuen Biotechnologien und der Biomedizin auch in neuen Politikformen zu bearbeiten."[39] Biomedizinische Biopolitik scheint also das *Paradebeispiel* für die Erprobung neuer diskursiver Legitimationsstrategien zu sein. Zu fragen ist nun: Wie wirken Diskurse?

Die neuen kommunikativen Politikinstrumente sollen der *offiziellen Funktion* zufolge den Technisierungsprozess rationalisieren und demokratisieren, indem über Werte mit verallgemeinerungsfähigen Begründungen (Verständigung) oder durch Kompromisse (Verhandlung) ein inhaltlicher Konsens erzielt wird. Es erscheint wenig plausibel, dass dies gelingen kann: Denn der soziotechnische Fortschritt erzeugt auch einen Wertewandel in den lebensweltlichen Hintergrundfeldern, die in modernen Gesellschaften keineswegs als gesellschaftlicher Lieferant zeit- und kulturübergreifender konsensualer Normen herhalten können. Wenn beispielsweise neu entwickelte medizinische Gendiagnostiktechniken die Identifikation von wahrscheinlichen Genmutationen des noch ungeborenen Kindes ermöglichen, so verändern sich auch die gesellschaftlichen Wahrnehmungsmuster der Risiken in der Schwangerschaft: Die mögliche Schädigung des Embryos erscheint nicht mehr – wie ehedem – als quasi „natürlich" und schicksalhaft, sondern als ein Risiko, das gegen andere Risiken (wie die möglichen psychosozialen Belastungen einer Abtreibung oder die nicht auszuschließende Möglichkeit eines technischen Fehlers beim Testverfahren) abzuschätzen ist. Das moderne multifaktorielle Risikomanagement erfordert somit die Abwägung von unterschiedlichen normativen Relevanzkriterien, zwischen denen nicht durch einen übergeordneten Bezugspunkt rational entschieden werden kann. Es gibt in der fortgeschrittenen Moderne vielmehr eine differenzierte Landschaft ethischer Selbstbeschreibungen, welche den klassischen Deutungsansatz zur Erklärung der Leistung von Diskursen disprivilegieren.[40] Tatsächlich macht sich in den sozialwissenschaftli-

---

39   *Saretzki* (Fn. 32), S. 218. Beispielfälle für partizipative Verfahren sind etwa das Modellprojekt einer vom Deutschen Hygienemuseum Dresden durchgeführten Bürgerkonferenz „Streitfall Gendiagnostik" (2001) oder die Bürgerkonferenz zur Stammzellenforschung (2004), die vom Max-Delbrück-Centrum Berlin organisiert wurde.

40   Vgl. hierzu ausführlich *Martinsen,* Ethikpolitik als mentale Steuerung der Technik – Zur Kultivierung des Gewissens im Diskurs, in: Simonis/Martinsen/Saretzki (Hrsg.), Politik und Technik. Analysen zum Verhältnis von technologischem, politischem und staatlichem Wandel am Anfang des 21. Jahrhunderts, PVS-Sonderheft 31, 2001, 499 (508ff.); s. außerdem *Martinsen,* Der Mensch als sein eigenes Experi-

chen Diskursen zum Diskurs seit geraumer Zeit Ernüchterung breit, da die hochgespannten normativen Erwartungen bei der empirischen Analyse real stattfindender Diskursverfahren regelmäßig enttäuscht werden. Dennoch wird am Konzept Diskurs festgehalten und eine Prämisse nie in Frage gestellt: nämlich *dass Diskurse legitimieren*.[41] Lassen sich – jenseits des klassischen Erklärungsansatzes – im Diskursgeschehen soziale Mechanismen ausmachen, die eine legitimierende Funktion von Diskursen plausibel erscheinen lassen?

V. Soziale Legitimationsmechanismen in diskursiven Verfahren

Die hier vertretene postklassische These lautet, dass sich auch Diskursverfahren als soziale Systeme spezifischer Art konzeptualisieren lassen, die Legitimationsressourcen bereitzustellen vermögen. Folgende soziale Mechanismen tragen im Kontext von Diskursen zu einer organisationalen Strukturierung des Konfliktfeldes bei, welche die erhoffte Leistung eines Legitimationseffektes wahrscheinlich macht:

Eine erste Selektion möglicher Lösungsoptionen in einem Streitfall erfolgt durch das *Framing* des Diskurses. Häufig ist in umstrittenen biomedizinischen Feldern bereits die Definition der Problemdefinition umstritten. Vor Beginn der Diskursveranstaltung werden das Thema und der Diskurstyp definiert und damit ein konkretes Konfliktsetting als Ausgangspunkt des Kommunikationsprozesses festgelegt. Damit grenzt sich der Diskurs als eigenes Sozialsystem mit einer bestimmten Deutung des Konflikts gegen eine gesellschaftliche Umwelt mit rivalisierenden Konfliktinterpretationen ab. Ist der inhaltliche und prozedurale Rahmen des Diskursverfahrens abgesteckt, ist damit bereits präjudiziert, welche inhaltlichen und verfahrensbezogenen Vorschläge an die Ausgangssetzungen des Diskurses anschlussfähig sind und welche als illegitim ausgeschlossen werden können.

Wenn beispielsweise die Frage nach Chancen oder Risiken der genetischen Dia-gnostik als Ausgangspunkt eines Diskursverfahrens gewählt wird, dann ist der argumentative Abwägungskorridor vorab spezifiziert: Kritiker von Gentests müssen den Nachweis von Risiken erbringen – grundsätzliche Bedenken gegenüber der Entwicklung einer auf technische Beherrschung von Lebensprozessen ausgerichteten Apparatemedizin sind damit *außen vor*. Wer in Diskursverfahren diskurstranszendierende erkenntnistheoretische Fragen aufwirft, verfehlt den durch den Diskursrahmen vorgegebenen kommunikati-

---

ment? Bioethik im liberalen Staat als Herausforderung für die politische Theorie, in: Kauffmann/Sigwart (Hrsg.), Biopolitik im liberalen Staat, 2011, S. 27ff.

41   Vgl. etwa *Hennen* (Fn. 6), S. 197.

ven Möglichkeitsraum: Das Argument wirkt deplatziert. Offensichtlich wird bei real ablaufenden Diskursveranstaltungen die durch das Framing gesetzte Diskursgrenze von den Beteiligten weitgehend antizipiert.[42] Wer sich hingegen nicht an die sozialen Vorgaben seiner Rolle im Diskurs hält, begeht quasi einen Kategorienfehler und wird mit der Verweigerung von Anschlusskommunikation sanktioniert. Desgleichen ist es in der Regel ausgeschlossen, dass die prozeduralen Ausgangssetzungen später nochmals revidiert werden. Haben sich die beteiligten Parteien in einem Mediationsverfahren zu Beginn auf eine Person verständigt, welche die Funktion des „neutralen Dritten" übernehmen soll, werden spätere Einwände, der Mediator verhalte sich parteiisch, in der Logik des Diskurses als meist hilflose Versuche gewertet, eine drohende Niederlage im Verfahren durch unzulässige Mittel abwenden zu wollen.

Die zentrale Bedeutung, die dem Framing des Diskurses zukommt, hat bei einigen sozialwissenschaftlichen Diskursbeobachtern zur Forderung geführt, dass sowohl inhaltliche Problemstellungen als auch formale Randbedingungen von Diskursverfahren vorgängig und fortlaufend kritisch mitthematisiert werden sollten.[43] Allerdings gerät auch ein solch *reflexives Diskursmodell* an seine spezifischen Grenzen, da zum einen der Rahmen des „vordiskursiven" Verfahrens zur Ermittlung der Diskurskonditionen seinerseits wiederum durch letztlich dezisionistische Vorgaben begrenzt ist. Beispielsweise stellt sich nun die Frage, wer in welcher Form darüber entscheidet, wer im reflexiven Vorhof des Diskurses darüber mitreden darf, zu welchem biomedizischen Thema welches Diskursverfahren durchgeführt werden soll. Das kritische Modell mag eine graduelle Steigerung der reflexiven Komponente im Diskurs befördern – das Problem der Setzung eines kontingenten Diskursanfangs lässt sich solchermaßen indes nicht aus der diskursiven Welt schaffen. Zum anderen wäre eine fortgesetzte Problematisierung der diskursiven Ausgangssetzungen mit Blick auf die funktionalen Diskurserfordernisse problematisch. Denn dadurch würde die spezifische Deutung der sozialen Wirklichkeit, die der Diskurs mit seinen konstitutiven Annahmen privilegiert, laufend mit alternativen Interpretationen aus der gesellschaftlichen Diskursumwelt konfrontiert werden. Dies würde die Abkopplung des Diskurses als autonomem sozialem System von seiner gesellschaftlichen Umwelt gefährden, was im Sinne der hier vertretenen These aus Sicht des politischen Systems kontraproduktiv

---

42 Vgl. den Erfahrungsbericht von *Daele, van den,* Gewissen, Angst und radikale Reform. Wie große Ansprüche an die Technikpolitik in diskursiven Arenen klein gehandelt werden, in: Simonis/Martinsen/Saretzki (Hrsg.), Politik und Technik. Analysen zum Verhältnis von technologischem, politischem und staatlichem Wandel am Anfang des 21. Jahrhunderts, PVS-Sonderheft 31, 2001, S. 480f.
43 *Saretzki,* Technologiefolgenabschätzung – ein neues Verfahren der demokratischen Konfliktregelung?, in: Feindt/Gessenharter/Birzer/Fröchling (Hrsg.), Konfliktregelung in der offenen Bürgergesellschaft, 1996, S. 207.

wäre. Geht man davon aus, dass es die latente Nebenfunktion von Diskursverfahren ist, prinzipiell unentscheidbare Fragen durch schrittweise Selektion
alternativer Möglichkeiten politisch handhabbar zu machen, stellt das Framing
unhintergehbar den im wahrsten Sinne des Wortes „bedeutungsmächtigen"
Eröffnungszug des Diskursgeschehens dar. Die Konstruktion des Diskurssett-
tings ist politisch umkämpft: Im Diskurs dürfen alle gleichberechtigt mitreden, aber die Definitionsmacht zur Konstruktion von Konflikten bleibt auch in
demokratischen Gesellschaften asymmetrisch verteilt.

Nach der anfänglichen Festlegung von Diskursgegenstand und Diskurstyp
kann die *Prozeduralisierung* der Entscheidungsmaterie im spezifischen Kon-
fliktfeld erfolgen, die entlang methodischer Gesprächsregeln verläuft. Die
institutionellen Regeln des organisierten Kommunikationsprozesses können je
nach spezifischem Diskurstyp und hier wiederum je nach konkretem Diskurs-
design variieren, was nicht ohne Relevanz für den konkreten Streitfall ist. Für
Diskursdesigns, die dem Kommunikationstyp *Verständigung* folgen, steht in
der Regel das normative Diskursmodell von Jürgen Habermas Pate, das von
einem Rationalisierungspotential sprachlicher Verständigung unter den ideali-
sierten Bedingungen herrschaftsfreier Kommunikation ausgeht.[44] Insgesamt
finden sich in verständigungsorientierten Diskursanlagen häufig etwa folgende *diskursiven Spielregeln*, deren Respektierung von den Diskursteilnehmern
als adäquates Rollenverständnis eingefordert wird:[45] die Rechtfertigung von
Positionen mit verallgemeinerungsfähigen Gründen, die Betonung von Sach-
wissen, die Trennung von Fakten und Werten, die Ausrichtung an gesellschaftlich geltenden Normen, die hierarchische Strukturierung von Werten
(„logischer Gesamtwertbaum"), der Verzicht auf moralische Kritik am Gegner, die Bereitschaft zum Lernen, die Suche nach einem Konsens etc.

Die Regelvorgaben bei eher *verhandlungsorientierten* kommunikativen Po-
litikforen unterscheiden sich nicht grundsätzlich von den beschriebenen Leit-
vorgaben primär verständigungszentrierter Kommunikationsmodelle. Während sich verständigungsbetonte Diskursformen sowohl aus TeilnehmerInnen
der Zivilgesellschaft (sogenannte partizipative bzw. Bürgerbeteiligungsverfahren) als auch aus VertreterInnen von gesellschaftlichen Interessengruppen
bzw. spezifischen wissenschaftlichen Professionen rekrutieren können, werden verhandlungszentrierte Verfahren typischerweise nur oder ganz überwie-

---

44 Vgl. *Habermas* (Fn. 8), S. 370ff.
45 Als Beispiel dienen kann hier das von Renn/Webler entwickelte Verfahren des soge-
    nannten „kooperativen Diskurses", in dem Anregungen aus verschiedenen anderen
    Diskursen in ein spezifisches Design einfließen; vgl. *Renn/Webler,* Steuerung durch
    kooperativen Diskurs. Konzept und praktische Erfahrungen am Beispiel eines De-
    ponieprojektes im Kanton Aargau, in: Köberle/Gloede/Hennen (Hrsg.), Diskursive
    Verständigung? Mediation und Partizipation in Technikkontroversen, 1997, S. 64ff.

gend mit Stakeholdern bestückt. In letzteren ist der Druck zur Übersetzung von Partikularinteressen in das Sprachspiel von Allgemeininteressen abgemildert, da hier in der Regel der Kontext „Öffentlichkeit" entfällt.[46] Betrachtet man Diskursverfahren nicht primär unter einer normativen Analyseperspektive (Verallgemeinerungsfähigkeit von Gründen), wie sie überwiegend in der sozialwissenschaftlichen Literatur zu Grunde gelegt wird, sondern unter einer funktionalen Perspektive, so relativiert sich die kategoriale Unterscheidung zwischen den Kommunikationsmodi Verhandeln und Argumentieren, die als die beiden Seiten einer Medaille interpretiert werden können: Das empirische Diskursgeschehen oszilliert zwischen Konfliktentfaltung und Konflikteinhegung.

Die diskursiven Mechanismen wirken wie *Filterverfahren*: Sie „reinigen" die Diskussionsprozesse von überschießenden Kommunikationssequenzen, welche nicht mit der vorgegebenen Verfahrensrationalität kompatibel sind – und bewirken dadurch eine grundlegende Transformation des normativen Status der Konfliktelemente. In der formal geregelten Diskurskultur soll eine Fürsprache stets mit „guten" (rationalen und universalisierbaren) Gründen erfolgen. Dabei fallen jedoch bestimmte Gründe systematisch durch das mit den Randbedingungen des Diskurses abgesteckte Raster der Anerkennung. Ein diskursives Szenario könnte sich mit Blick auf das Regelwerk etwa wie folgt gestalten: Wenn im Rahmen einer Erörterung der Chancen und Risiken von prädiktiver genetischer Diagnostik Befürchtungen einer Diskriminierung behinderter Menschen im Zuge einer Genetifizierung der Gesellschaft vorgebracht werden, so erweisen sich solche *emotionalen Gründe* als nicht anschlussfähig. Beim Passieren der rationalen Filterverfahren werden Angst-Argumente regelmäßig übersetzt in Risikoabwägungen[47] – Risiken sind in

---

46 Vgl. *Elster*, Deliberation and Constitution Making, in: ders. (Hrsg.), Deliberative Democracy, 1998, S. 97ff. Traditionell wurde davon ausgegangen, dass *Nicht-Öffentlichkeit* ein Charakteristikum von verhandlungszentrierten Kommunikationsverfahren darstellt: Geheimhaltung erleichtert das Finden eines Kompromisses zwischen Interessengruppen, da das Abrücken von einer Position in der öffentlichen Sphäre eher als Schwäche erscheinen könnte. Wie das Beispiel der Schlichtung (als Verfahrenstypus mit Fokus auf Verhandlung) im Falle des Projekts von *Stuttgart 21* zeigt, bei dem die Schlichtungsrunden live im Fernsehen übertragen wurden, kann dieses Definitionselement auch entfallen – und es ist anzunehmen, dass dies im massenmedialen Zeitalter einen Trend beschreibt; vgl. hierzu ausführlich *Martinsen*, Demokratie, Protest und Wandel. Zur Dynamisierung des Demokratiebegriffs in Konflikten um große Infrastrukturprojekte am Beispiel von *Stuttgart 21*, in: dies. (Hrsg.), Ordnungsbildung und Entgrenzung – Demokratie im Wandel, 2015, S. 45ff.

47 Analog werden moralische Werte konzeptualisiert als „Wertepluralismus", Gewissen läuft unter „subjektive Präferenz", Ethik wird übersetzt in „Güterabwägung" etc. – Diskursverfahren wirken in diesem Sinne als eine Art generativer Mechanismus, der Kommunikationen in spezifischer Weise *formatiert*.

modernen Gesellschaften unvermeidlich, verschiedene Risiken müssen gegeneinander abgewogen werden, dazu ist Sachverstand erforderlich, der die Risiken evaluiert und gewichtet vor dem Hintergrund einer angenommenen gesellschaftlichen Common-Sense-Moral, in der Gesundheit als höchster Wert gilt, und einer liberalen Gesellschaftsordnung, in der jeder privat entscheiden kann, ob er eine vorhandene Technik auch nutzen möchte. Die so handhabbar gemachten Restrisiken einer möglichen „genetischen" Diskriminierung lassen sich durch Vergleich mit einer denkbaren Ungleichbehandlung von nicht genetisch bedingten Behinderten entschärfen. Der Verweis auf das Erfordernis politisch-rechtlicher Regelungen zur Gleichstellung behinderter Menschen kann nun mit breiter Zustimmung rechnen. Die Diskussion wird sich in diesem Stadium dann kleinformatig darauf konzentrieren, ob die vorhandenen gesetzlichen Schutzregelungen ausreichen oder ob sie in der einen oder anderen Form ergänzungsbedürftig sind. Aus dem Spektrum möglicher Konfliktdeutungen werden so sukzessive Alternativen ausselektiert und finden im weiteren Diskursablauf keine Berücksichtigung mehr. Die Diskursregeln präfigurieren solchermaßen, was als legitimes Konfliktelement überhaupt in die Geschichte des Diskursverfahrens eingeht – und damit als künftige strukturelle Vorgabe zur Erlangung kommunikativer Anschlussfähigkeit zu berücksichtigen ist. Im Rahmen ihrer sozialen Rollen werden die Teilnehmer an kommunikativen Politikverfahren in eine Diskursdynamik von rationalen Begründungszwängen und dem daraus resultierenden Sog einer pluralistischen Relativierung verstrickt. Im Zuge dieser sozialen Lernprozesse der Diskursteilnehmer steigt die Wahrscheinlichkeit, dass das Diskursverfahren unaufhaltsam auf ein unspektakulär erscheinendes Ergebnis zusteuert, das als konsensuale Konfliktlösung von den Beteiligten akzeptiert wird.

Auch Diskursverfahren können den Ausschluss von *Protest* nicht garantieren. Er kann vornehmlich in zwei Formen auftreten: Zu Beginn (und manchmal auch im Verlauf) eines Diskurses kann es vorkommen, dass sich bestimmte (in der Regel kritisch gesinnte) Betroffene oder gesellschaftliche Interessengruppen dem Diskurs verweigern, da sie in ihm eine Form symbolischer Politik vermuten und befürchten, dass sie ihrem inhaltlichen Anliegen im Rahmen eines von etablierten Politikinstitutionen inszenierten Deliberationsverfahren nicht angemessen Ausdruck verleihen können. Diskursverweigerer setzen auf ihre Mobilisierungsressourcen (z.B. im Rahmen einer sozialen Bewegung oder Bürgerinitiative) und tradieren eine konfrontative Strategie gegenüber staatlicher Politik. Doch ist dieser Versuch, sich dem Risiko der Vereinnahmung durch den Diskurs zu entziehen, seinerseits nicht unriskant. In der öffentlichen Wahrnehmung wird ein solches Verhalten in der Regel nicht honoriert: Wer sich der Aufforderung entzieht, an einem „Runden Tisch" teilzunehmen, bei dem alle Gründe offen auf den Tisch gelegt und mit dem Ziel einer konsensualen Konfliktlösung sachlich beurteilt werden sollen, erscheint suspekt. Eine weitere Möglichkeit zu anhaltendem Protest besteht am Ende des Diskursverfahrens, indem einige Kursteilnehmer ein abweichendes Sondervotum verfassen und damit ihren Dissens mit dem offiziellen Ergebnis bekunden. Auch sie haben einen schweren Stand in der öffentlichen Arena, da ihnen unterstellt werden kann, ein auf systematisch-methodische Weise erzieltes und mehrheitlich akzeptiertes rationales Ergebnis zu torpedieren, d.h. aus eigensinnigen Motiven eine Lernverweigerung zu betreiben. Analog zu den rechtsförmigen Verfahren gilt auch hier: Solange sich der Protest nicht generalisieren lässt, können einzelne Widerständler sozial isoliert werden: als Fundamentalisten, Querulanten, Technikfeinde etc. Nach einem durchgeführten Diskursverfahren erscheint der womöglich noch weiter schwelende Protest in den Augen des Publikums, das insbesondere über die Berichterstattung in den Medien das Diskursgeschehen beobachtet, in einem anderen Licht: nämlich delegitimiert.[48] Entscheidend für die legitimierende Funktion von Konfliktlösungen, die im Diskurs erzielt werden, ist somit die Rolle des Publikums, das – wie die Diskursteilnehmer – gleichfalls in einen sozialen Lernprozess einbezogen und zur Umstrukturierung von normativen Erwartungen angeregt wird. Die gesellschaftliche Akzeptanz von Konfliktlösungen ist *de facto* gegeben, wenn das Publikum dem im Diskursverfahren erzielten Ergebnis fraglos Validität zuspricht.

Verschiedene Diskursmechanismen tragen somit dazu bei, dass das Sagbarkeitsfeld zu einer bestimmten Thematik (hier der Biomedizin) im Diskurs als soziales System kanalisiert wird. In exemplarisch durchgeführten Diskursveranstaltungen wird biomedizinisches Wissen hervorgebracht, legitimiert und sozial verbreitet, zum Beispiel in Form von kulturellen Leitbildern der Humangenetik, die in der medialen Öffentlichkeit zirkulieren. Die Erzeugung von Wissen zu Gentests am Menschen erfolgt demnach in einer *Koproduktion* von Technikentwicklung und soziokulturellen Prozessen der Technikgestal-

---

48 Natürlich gibt es auch eine Reihe von *Hürden*, die Diskursverfahren zum Scheitern bringen können: (a) Eine mögliche Achillesferse von Diskursveranstaltungen liegt in der nicht ausreichend repräsentativen Rekrutierung der TeilnehmerInnen am Diskurs in sachlicher und sozialer Hinsicht, z.B. aufgrund von Fehleinschätzungen der politischen Relevanz von bestimmten gesellschaftlichen Gruppierungen. (b) Auch offensichtliche Fehler in der Diskursdramaturgie oder zu Tage tretende sachliche Inkompetenz der für die Einhaltung der Diskursregeln zuständigen Person/Steuerungsgruppe können den Erfolg einer Diskursveranstaltung in Frage stellen, indem dem Verfahren zunächst aus der Teilnehmerperspektive, dann aber – und hierauf kommt es an – aus der Sicht beobachtender Dritter nicht die Autorität zukommt, die nötig ist, damit die vorgeschlagene Konfliktlösung de facto gesellschaftlich Akzeptanz findet. (c) Berichte über Diskursverlauf und -ergebnis diffundieren schließlich nicht nur über die Medien in die Gesellschaft, sondern werden ggf. auch von den – im Diskursverfahren anwesenden – Repräsentanten von Interessengruppen an die jeweils Repräsentierten über- und vermittelt. Hier muss prinzipiell damit gerechnet werden, dass die externe soziale Zustimmung nicht erfolgen könnte, weil die erzielten Verhandlungsergebnisse suboptimal erscheinen.

tung. Diese Deutungsfolie wird gestützt durch neuere Erkenntnisse der wissenssoziologischen Technikforschung: Dieser zufolge ist „biomedizinisches Wissen das Ergebnis eines komplexen Herstellungsprozesses, der nicht nur durch wissenschaftliche Präferenzen und apparative Techniken, sondern auch durch spezifische Vorannahmen, soziale Praktiken und gesellschaftliche Selektion geprägt ist".[49] Diskurse im Sinne von organisierten Kommunikationsprozessen stellen eine Spezialform gesellschaftlicher Diskurse dar, welche als *Katalysator* biomedizinischer Wissensgenerierung wirken.

Die Rekonstruktion von Legitimationsmustern in Diskursverfahren wäre unvollständig, wenn nicht auf die eigentümliche Tendenz einer Ethisierung von Technikkonflikten gerade in Diskursen zu biomedizinischen Problemfeldern Bezug genommen würde. Unter *Ethisierung* wird dabei eine Thematisierungsweise verstanden, die gesellschaftliche Auseinandersetzungen in spezifischer Weise strukturiert. Wenn es zutrifft, dass „insbesondere in Kontroversen um die Biomedizin [...] Ethik zur maßgeblichen Reflexions-, Begründungs- und Legitimationsinstanz [wird]",[50] dann ist das Verhältnis von Diskursverfahren und Ethik-Label als Legitimationsressourcen für die biomedizinische Biopolitik zu klären.

VI. Zur Renaissance einer Ethisierung von Technikkonflikten

Im Kontext der Beurteilung des technischen Fortschritts scheint der Ethik eine neue Bedeutsamkeit zuzuwachsen, wie nicht zuletzt die Installation von neuartigen Ethikkommissionen insbesondere im humangenetischen Bereich belegt. Waren die herkömmlichen Ethikkommissionen im Gesundheitsbereich vornehmlich mit der Installation von Verfahren der professionellen Selbstkontrolle und damit dem internen Durchsetzen von gesellschaftlich akzeptierten Normen befasst, so verkörpern die neuen Ethikräte (z.B. der Deutsche Ethikrat) einen anderen Typus der rechtlichen Institutionalisierung von Ethik: Es geht nun um die politisch-ethische Gestaltung eines gesellschaftlichen Korridors der Normbildung in bioethischen Fragen. Die Rede ist von einer „erkennbar tiefgreifenden Renaissance der Ethik im Recht", da diese Gremien (bio-)technische Entwicklungen *aus ethischer Perspektive* beurteilen sollen.[51]

---

49   *Bora/Kollek,* Der Alltag der Biomedizin. Interdisziplinäre Perspektiven, in: Dickel/ Franzen/Kehl (Hrsg.), Herausforderung Biomedizin. Gesellschaftliche Deutung und soziale Praxis, 2011, S. 26.

50   *Bogner,* Die Ethisierung von Technikkonflikten. Studien zum Geltungswandel des Dissenses, 2011, S. 14.

51   *Albers,* Die Institutionalisierung von Ethikkommissionen: Zur Renaissance der Ethik im Recht, in: Ruch (Hrsg.), Recht und neue Technologien, 2004, S. 108.

Aus sozialwissenschaftlicher Sicht erscheint klärungsbedürftig, ob diese politische Aufwertung ethischer Kommunikationen die Funktion des Rechts, gesellschaftliche Konflikte verbindlich zu lösen, konterkariert bzw. wie das Verhältnis von Bioethik, Biorecht und Biopolitik zu konzeptualisieren ist.

Die Beobachtung, dass sich biomedizinische Kontroversen seit geraumer Zeit verstärkt mit einem ethischen Duktus präsentieren, mag zunächst irritieren. Moral als *funktionsunspezifische* Kommunikation schien im Zuge der Modernisierung zunächst evolutionär disprivilegiert, da sie sich gegenüber den funktionsspezifischen Kommunikationen durch eine quasi unmoderne Diffusivität auszeichnet. Die funktionale Ausdifferenzierung des modernen Rechts ermöglichte demgegenüber eine stabile normative Erwartungsbildung und politische Legitimation durch rechtsförmige Verfahren. Auch in Diskursverfahren ist moralische Kommunikation verpönt: Nicht umsonst lautet eine Standardregel in Diskursverfahren, moralisch-persönliche Kritik zu unterlassen. Insbesondere Luhmann hat auf den polemogenen Charakter von Moral aufmerksam gemacht: Moralische Kommunikation hat einen streitentfachenden Charakter, da moralische Kritik die Integrität des Gegenübers in Frage stellt.[52] Moral soll handlungsleitende Orientierungen nach dem Code gut versus schlecht ermöglichen. In der Diskussion um die adäquaten moralischen Maßstäbe gibt es jedoch eine Pluralität von Ethikpositionen, die sich an jeweils anderen Höchstkriterien (Heiligkeit der Natur, Lebensqualität, Menschenrechte, Gesundheit, Fortschritt etc.) orientieren.[53] Alle Bioethikpositionen konzedieren zwar die Pluralisierung von Moral in der Moderne, zugleich treten sie aber jeweils mit einem unbedingten moralischen Geltungsanspruch auf. Diese mit Deutungsmonopol ausgestatteten Ethiken sind untereinander inkompatibel. Die philosophisch geprägten Grundsatzdebatten haben sich mittlerweile erschöpft, da sie kaum mehr einen erkenntnistheoretischen Mehrwert zu generieren vermögen.

Wenn vor diesem Hintergrund zunächst überraschenderweise gegenwärtig eine Ethisierung der biomedizinischen Debatte zu konstatieren ist, so ist in einem ersten Schritt die Verwendung des Terminus *Ethik* zu klären. Im akademischen Verständnis wurde der Begriff im Anschluss an Niklas Luhmann als „Reflexionstheorie der Moral" definiert,[54] d.h. als wissenschaftliche Beobachtung unterschiedlicher moralischer Kommunikationen. Mit Bezug auf bioethische Handlungskontexte geht es nun weniger um den Rekurs auf einen akademischen Ethikbegriff inklusive wissenschaftstheoretischer Implikatio-

---

52 *Luhmann,* Ethik als Reflexionstheorie der Moral, in: ders., Gesellschaftsstruktur und Semantik: Studien zur Wissenssoziologie der modernen Gesellschaft, Bd. 3, S. 358ff.
53 Vgl. ausführlich *Martinsen,* Staat und Gewissen im technischen Zeitalter. Prolegomena einer politologischen Aufklärung, 2004, S. 76ff.
54 *Luhmann* (Fn. 52), S. 370.

nen. Der Begriff „Ethik" markiert zwar weiterhin gewissermaßen einen Be-
obachtungsmodus zweiter Ebene: Kommuniziert wird nicht moralisch, sondern *über* Moral. Seine neue Wertigkeit wächst der Ethik jedoch durch die
Situierung in jeweils spezifischen praxeologischen Rechtfertigungskontexten
zu. Gerade die funktionale Unterbestimmtheit und unmoderne Diffusität des
Ethikbezugs ist letztlich ausschlaggebend für die Renaissance von Ethik als
kommunikative Plattform, an die unterschiedliche biomedizinische Hand-
lungsmoralen anschließen können. Dies macht die Karriere ethischer Begrifflichkeiten im Rahmen biopolitisch initiierter Diskursverfahren verständlich.

Entgegen der klassischen normativen Deutungsfolie wird in diesem Beitrag
nicht davon ausgegangen, dass Diskurse in biomedizinisch brisanten Streitfragen als Instrumente zur Generierung von Konsensen geeignet sind. Diskurse
beteiligen jedoch die Akteure an der Konstruktion des umstrittenen Gegenstandes und befördern auf diese Weise die Hervorbringung von *Konsensfiktionen*. Diese schaffen keinen übergeordneten normativen Referenzrahmen, der
einen substantiellen Konsens impliziert. Vielmehr ermöglichen organisierte
Kommunikationsprozesse aus konstruktivistischer Sicht die Schaffung eines
Konsenskonstruktes, auf das aus unterschiedlichen Perspektiven zugegriffen
werden kann. In systemtheoretischen Termini könnte man diesbezüglich von
einer strukturellen Kopplung sprechen. Die spezifische Unschärfe des Kon-
struktes ist insofern funktional, als sie plurale kommunikative Zugriffsoptio-
nen eröffnet. Biopolitik via Diskursverfahren schafft solchermaßen einen
organisational strukturierten Kontext, der sich für fundamental unterschiedliche Handlungs- und Beobachtungsperspektiven als anschlussfähig erweist. So
kann beispielsweise die Zulassung der Pränataldiagnostik als Maßnahme im
Dienste der Gesundheit oder als Würdigung der Patientenautonomie oder als
sozialethisch gebotene Entlastung der Solidargemeinschaft „gewertet" werden. Diskurse vermitteln, indem sie Konsenskonstrukte erschaffen, die eine
unterschiedliche Lesart ermöglichen. Werte befördern dabei als systemüber-
greifende Generalklauseln den Vermittlungsprozess – sie eröffnen einen
kommunikativen Spielraum, der interpretationsfähig und -bedürftig ist.

Die unterschiedlichen Moralen, die in biomedizinischen Kontroversen im
Spiel sind, lassen sich bei genauerer Betrachtung als *Professionsethiken* klas-
sifizieren. Mit „Profession" wird eine Gruppe von Akteuren bezeichnet, denen
die Handlungskompetenz zugeschrieben wird, ihr wissenschaftliches Wissen
in lokalen Kontexten fallbezogen zu spezifizieren.[55] Sieht man das Entstehen
moderner Professionsethiken in spezifischen Handlungskontexten in Zusammenhang mit der Ausdifferenzierung gesellschaftlicher Funktionssysteme,[56]

---

55 *Bora/Kollek* (Fn. 49), S. 37.
56 Vgl. *Stichweh,* Wissenschaft, Universität, Professionen. Soziologische Analysen,
    1994, S. 278ff.

so legt dies den Gedanken nahe, dass sich auch die unterschiedlichen Bio-ethikkonzeptionen unter einer sozialhistorischen Perspektive entsprechend typologisieren lassen. Tatsächlich fallen strukturell analoge Relevanzkriterien zwischen spezifischen Bioethiken und gewissen gesellschaftlichen Funktions-systemen ins Auge. „Wahlverwandtschaften" bestehen etwa zwischen deonto-logischer Ethik und Religionssystem (Immanenz/Tranzendenz), utilitaristi-scher Ethik und Wirtschaftssystem (Haben/Nicht-Haben), liberaler Ethik und Rechtssystem (Recht/Unrecht), konventionalistischer Ethik und Gesundheits-system (Gesundheit/Krankheit), soziobiologischer Ethik und wissenschaftlich-technischem System (Innovation/Stagnation).[57] Solche Affinitäten zwischen spezifischen gesellschaftlichen Funktionssystemen und den Ethikkonzeptio-nen gewisser Professionen erhellen die neue Attraktivität von Ethikbezügen im Kontext organisierter Kommunikationsforen mit meist interdisziplinärer Besetzung. Interdisziplinarität soll die Pluralisierung von Wissensperspekti-ven bei risikobehafteten Entscheidungslagen gewährleisten. Der Bezug auf Ethik vermag dabei offenbar die Schaffung von Konsensfiktionen zu beför-dern, da die Vorgabe des binären Codes „gut/schlecht" so allgemein gehalten ist, dass sie es verschiedenen Professionen ermöglicht, ihr Anliegen im Ethik-sprachspiel zu reformulieren.

Droht durch die Renaissance von Ethik eine *Entdifferenzierung*, welche die funktionale Ausdifferenzierung im Zuge der gesellschaftlichen Modernisie-rung rückgängig macht? Oder anders formuliert: Wird die Ausbildung auto-nomer gesellschaftlicher Teilsysteme, die sich durch die Ausrichtung ihrer Kommunikationen an einem spezifischen Code von ihrer gesellschaftlichen Umwelt abkoppeln, durch die Zunahme von organisierten Kommunikations-foren mit spezifischem Ethikbezug im Bereich Biomedizin konterkariert? In der sozialwissenschaftlichen Literatur wird in diesem Zusammenhang insbe-sondere thematisiert, ob die interdisziplinär besetzen Ethikkommissionen die exklusive Funktion des Rechts, gesellschaftliche Konflikte verbindlich zu entscheiden, beeinträchtigen. Indes erweist sich bei genauerer Betrachtung der Maßstab der „ethischen Vertretbarkeit" in Ethikkommissionen keineswegs als außerrechtlicher Wertmaßstab: „Der Grundsatz der Gesetzmäßigkeit der Ver-waltung wirkt bei rechtssoziologischer Betrachtung als Entdifferenzierungs-sperre, da er andere als rechtliche Maßstäbe für die Rechtfertigung von (grundrechtsrelevantem) öffentlichem Verwaltungshandeln nicht zulässt."[58] Normative Postulate können verschiedenartig begründet werden. Im prakti-

---

57 Vgl. *Martinsen* (Fn. 40, 2011), S. 36ff.
58 *Fateh-Moghadam/Atzeni*, Ethisch vertretbar im Sinne des Gesetzes. Zum Verhältnis von Ethik und Recht am Beispiel der Praxis von Forschungs-Ethikkommissionen, in: Vöneky/Hagedorn/Clados/von Achenbach (Hrsg.), Legitimation ethischer Entschei-dungen im Recht. Interdisziplinäre Untersuchungen, 2009, S. 124.

schen Vollzug der Rechtsanwendung greift eine *Verrechtlichungsdynamik*, die ethisch ausgewiesene Argumente in rechtliche Kriterien transferiert. Diese Interpretation wird gestützt durch sozialwissenschaftliche Analysen empirischer Kommunikationen von Ethikkommissionen.[59] In Bezug auf den Beurteilungsspielraum, der z.b. im Kontext von gesetzlichen Prüfungen von Verträglichkeitsstiftungen, Versagenskriterien oder Informationspflichten besteht, können in interdisziplinär besetzten Ethikkommissionen plurale Wissensperspektiven nutzbar gemacht werden – und so die Reflexivität des Rechts erhöhen. Dabei wird das fremde Sinnmaterial in der Rechtspraxis grundlegend neu rekonstruiert: „Ständig auf der Suche nach Kriterien für gleich/ungleich sucht der Rechtsdiskurs seine Diskursumwelten ab und borgt sich, wo er sie auch findet, Ideen, Regeln und Prinzipien von anderen Diskursen" – und zwar mit folgendem Ergebnis: „Das Inkommensurable wird kommensurabel gemacht".[60] Es geht demnach nicht um eine Moralisierung des Rechts, sondern umgekehrt um eine Verrechtlichung rechtsfremder Kommunikationen. Wenn man sich vergegenwärtigt, dass Ethik quasi als Gleitmittel des Switchens zwischen spezialisierten funktionsspezifischen Kommunikationen dient, erhellt sich von hier aus auch die originäre Funktion des Sachverständigen für Ethik (vorzugsweise Philosophen) in Ethikkommissionen. Die „besondere Expertise" des Ethikexperten liegt „in der Eigenschaft, gerade nicht Experte zu sein"[61] – weshalb diese Position als funktionales Äquivalent auch mit Laien besetzt werden kann.[62]

Was hier am Beispiel für die Verhältnisbestimmung von Bioethik und Biorecht erläutert wurde, trifft analog auch für die Funktion der Ethik in der Biopolitik zu. Wie das Rechtssystem folgt auch das politische System eigensinnigen Rationalitätskriterien und übersetzt alle politikfremden Kommunikationen in die politische Grammatik der Machtfrage. Mit der politischen Initiierung

---

59 Das Forschungsprojekt von *Fateh-Moghadam/Atzeni* (Fn. 58), S. 100ff. überprüft die Funktion von Ethik im Recht am Beispiel der Zentralen Ethikkommission des Stammzellgesetzes und der Ethikkommission des Arzneimittelgesetzes; s. außerdem die Studie von *Wagner/Atzeni*, Zur Legitimationsfunktion der Ethik am Beispiel von Ethik-Komitees und Ethikkommissionen der Arzneimittelforschung, in: Dickel/Franzen/Kehl (Hrsg.), Herausforderung Biomedizin. Gesellschaftliche Deutung und soziale Praxis, 2011, S. 67ff.

60 *Teubner,* Altera Pars Audiatur. Das Recht in der Kollision anderer Universalitätsansprüche, in: Pawlowski/Roellecke (Hrsg.), ARSP-Beiheft 65: Der Universalitätsanspruch des demokratischen Rechtsstaates, 1996, 199 (210f.)

61 *Fateh-Moghadam/Atzeni* (Fn. 58), S. 140.

62 Die Ethikkommission des Landes Berlin hat die Position des Ethikexperten konsequenterweise mit Laien besetzt, die dafür nachgerade prädestiniert sind, da „das Hauptaufgabengebiet des Mitglieds mit besonderer Qualifikation auf dem Gebiet der Ethik" darin besteht, „die Patienteninformation darauf hin zu untersuchen, ob sie verständlich ist" – so *Fateh-Moghadam/Atzeni* (Fn. 58), S. 140 bzw. S. 137.

von Diskursforen wie z.B. interdisziplinär besetzten Ethikräten erhöht das politische System dieser Lesart zufolge seine Chance, den Konfliktreichtum von basal unterschiedlichen gesellschaftlichen Selbstbeschreibungen für sich selbst produktiv zu machen. Es findet keine Moralisierung der Politik statt – vielmehr pflegt die Politik in der *Bioethikpolitik* einen spezifischen Umgang mit moralischen Ansprüchen. Dabei geht es nicht um die Lösung des eigentlichen biomedizinischen Streits, sondern um die Steigerung der Responsivität des politischen Systems sowie die Transformation der normativ umkämpften Konfliktmaterie in eine politisch bearbeitbare Konfiguration. Die latente Nebenfunktion von Diskursverfahren mit dezidiertem Ethikbezug ist die Sicherung der politischen Legitimität unter den erschwerten Bedingungen spätmoderner Gesellschaften, wie sie besonders für biomedizinische Bereiche charakteristisch sind.

VII. Diskursive Legitimation: Rückfall in archaische Zeiten oder Signatur der Moderne?

Politische Legitimität wird in modernen Gesellschaften durch soziale Prozeduren gewährleistet, die Entscheidungen, welche durch rechtsförmige Verfahren hervorgebracht werden, de facto mit einer fraglosen Akzeptanz bei den Normunterworfenen ausstatten. In komplexen und stark konflikthaltigen Politikfeldern, wie es exemplarisch für die Biomedizin zutrifft, scheinen diese etablierten Problemlösungsverfahren jedoch an die Grenzen ihrer Leistungsfähigkeit zu stoßen. In liberalen Demokratien wird vor diesem Hintergrund seit einigen Jahrzehnten mit alternativen (d.h. außergerichtlichen) Konfliktlösungsstrategien experimentiert, die als „Diskurse" im Sinne von organisierten Kommunikationsprozessen definiert wurden. Im Beitrag wird die *These* vertreten, dass sich auch Diskurse als soziale Systeme spezifischer Art konzeptualisieren lassen: Mittels Framing und Proeduralisierung erzeugt das Diskursverfahren seine eigene Geschichte und selektiert sukzessive alternative Möglichkeiten einer Konfliktlösung – bis die quasi selbstläufige Diskursdynamik auf eine Entscheidung zusteuert, die für die Beteiligten schließlich wenig überraschend erscheint und im Regelfall mit Akzeptanz rechnen darf. Fortdauernder Widerstand nach einer Diskursveranstaltung kann zwar nicht ausgeschlossen werden – jedoch erscheint vereinzelter Protest nun in den Augen des Publikums delegitimiert. Entscheidend mit Blick auf die Legitimationsfrage ist also, dass sich soziale Lernprozesse nicht nur bei den Beteiligten am Diskursverfahren vollziehen. Vielmehr findet im Erfolgsfall eine normative Umstrukturierung von Erwartungen auch auf Seiten des beobachtenden Publikums statt. In Diskursforen wird biomedizinisches Wissen erzeugt, legitimiert und gesellschaftlich verbreitet – politisch angestoßenen Diskursverfahren kommt somit eine Katalysatorfunktion für gesellschaftliche Debatten zu.

Dabei ist davon auszugehen, dass in den neuen kommunikativen Politikmodellen kein inhaltlicher Konsens erzielt wird, wie die klassische normative Deutungsfolie nahe legen möchte. Aus konstruktivistischer Sicht geht es vielmehr um die Verständigung auf ein Konsenskonstrukt, das Anschlussfähigkeit divergierender gesellschaftlicher Perspektiven erlaubt. Den politisch angestoßenen Diskursen kommt also eine spezifische Wertigkeit als Koordinierungs- und Konfliktregulierungsinstrument bei gesellschaftlich exponierten Streitlagen zu. Dabei lässt sich die zunächst überraschend erscheinende Renaissance einer Ethisierung von Technikkonflikten damit erklären, dass das Label „Ethik" gerade aufgrund seiner funktionalen Unterbestimmtheit die Bildung von Konsenskonstrukten befördert, die für die eigensinnigen gesellschaftlichen Funktionslogiken anschlussfähig sind. Was beispielsweise in (Bio-)Ethikkommissionen vordergründig als Konflikt verschiedener Interessengruppen erscheinen mag, erweist sich bei näherer Betrachtung als Disput von Professionsethiken, die der Leitunterscheidung der jeweiligen Disziplinen folgen. Die Pluralität unterschiedlicher Sprachspiele in modernen Gesellschaften kann nicht mehr durch Rekurs auf eine Rationalität bewältigt werden. Die Operationalisierung von Wertbegriffen ist vielmehr zu einer Funktion fortlaufender sozialer Verständigung geworden. Die neuen kommunikativen Politikmodelle können als Indiz dafür betrachtet werden, dass die konstruktive Funktion von Dissens als Legitimationsressource für das politische System verstärkt Beachtung findet – gerade in dem normativ prekären Bereich der Biomedizin.

Folgt man der These, dass die neuen kommunikativen Verfahren in exemplarischen Fällen die klassischen rechtsförmigen Verfahren *ergänzen*, so stellt sich die Frage nach einer vergleichenden Bewertung der beiden Verfahrensmodi. Sind Diskursverfahren mit den Kommunikationsmodi Argumentieren und Verhandeln ein Rückfall in überwunden geglaubte „archaische" Muster der Schlichtung von Konflikten ohne rechtlich bindende Entscheidung? Tatsächlich ersetzen Diskursverfahren die klassischen Verfahren nicht, sondern ergänzen sie nur in besonderen Fällen. Bei stark kontrovers diskutierten Problemfällen wie etwa den genetischen Diagnostikverfahren, können sie auch dazu eingesetzt werden, einen Konflikt so weit zu entschärfen, dass er anschließend relativ friktionslos in rechtliche Bahnen überführt werden kann. Mit Blick auf den Umstand, dass die Lernzumutungen anspruchsloser und die Lernmöglichkeiten gesellschaftlich gesteigert sind, stellen Verhandlungen („Diskurse" in der Terminologie dieses Beitrags) gegenüber den rechtsförmigen Verfahren sogar die „modernere Variante der Akzeptanzbeschaffung dar, die an die Pluralität sozialer Wirklichkeiten direkt anschließt".[63]

---

63 *Vollmer*, Akzeptanzbeschaffung, in: Zeitschrift für Soziologie 2, 1996, 147 (163).

Der zentrale Punkt in der politikwissenschaftlichen Diskussion kreist um die Frage nach der *Verbindlichkeit* der neuen kooperativen Politikformen bzw. die Problematisierung der Anbindung der gesellschaftlichen Kommunikationsprozesse an die politischen Entscheidungsprozesse. Dabei oszilliert die Kritik zwischen dem Vorwurf einer bloß symbolischen Politik (mangelnde Verbindlichkeit) und dem Einwand, dass in den Diskursforen mehr oder weniger willkürlich ausgewählte Personen(gruppen) ohne demokratisches Mandat versuchen, politische Regelungen zu vereinbaren, für die dann kollektive Akzeptanz (illegitime Verbindlichkeit) gefordert wird. Wenn man nicht nur auf die Input-Seite des politischen Willenbildungsprozesses fokussiert, sondern auch das Throughput-Kriterium (kollektive Lernprozesse) und das Output-Kriterium (sozialer Friede) bezüglich sozialer Interaktionen als relevant in Rechnung stellt, eröffnet sich die Möglichkeit, die Legitimationsproblematik mehrdimensional zu konzeptualisieren. Eine Bindungswirkung durch rechtliche Formalisierung der Kommunikationsergebnisse in Diskursverfahren wäre aus Sicht des politischen Systems eher dysfunktional. Der Gewinn für die Politik (und das Publikum) liegt zuvorderst im Bereich der Informationspolitiken. Die Entkoppelung der Diskursverfahren von den politischen Entscheidungsprozessen stellt nicht zuletzt ein institutionell relevantes Sicherheitsnetz für die Politik dar. Als sich beispielweise abzeichnete, dass der beim Gesundheitsministerium angesiedelte Ethikrat die geplante politische Regelung zur Legalisierung des Stammzellimports zu blockieren drohte, konnte durch Neugründung des Nationalen Ethikrats 2001 und durch die Übertragung des strittigen Issues auf denselben ein – aus politischer Sicht – unerwünschter Diskursverlauf institutionell korrigiert werden. Durch den Vorbehalt einer formalrechtlichen Ratifizierung von gesellschaftlich im Diskurs hervorgebrachten Kommunikationsresultaten bleibt für die Politik gewährleistet, dass sie die Machtmittel besitzt, ethische Voten kommunikativer Gremien im Bedarfsfall zurückzustufen – sofern diese sich als nicht anschlussfähig an die konkrete evolutionär gewachsene Politikpraxis erweisen. Dass biomedizinische Diskursverfahren mit spezifischem Ethikbezug lediglich eine lose Kopplung des reichhaltigen Angebots normativer systemfunktionaler Beobachtungsperspektiven in Gestalt von Konsensfiktionen ermöglichen, ist aus Sicht des politischen Systems also kein Nachteil. In diesem Sinne gilt für die biomedizinische Biopolitik das Eingangszitat: „Werte und Diskurse können immer legitimieren, nur bleibt dabei noch unentschieden was."

Bioethik, Biopolitik, Biorecht: Interdisziplinäre Netzwerke

Heiner Fangerau

I. Einleitung

Bioethik, Biopolitik und Biorecht erscheinen in ihrer vordergründigen Wortbedeutung als drei Kulturen der Betrachtung des Lebendigen. Mit einer gewissen semantischen Unschärfe behaftet, geht es diesen drei disziplinären Ordnungen der Beschreibung eines Phänomens jedoch weniger um die Untersuchung von Leben selbst als um die Analyse des menschlichen Umgangs mit technischen Handlungsoptionen in Bezug auf Leben. Es geht ihnen um Handlungsoptionen, die sich seit der Mitte des 19. Jahrhunderts mit dem Siegeszug eines Ingenieursideal in den Lebenswissenschaften ergeben haben. Aus jeweils eigener methodischer und konzeptueller Grundausrichtung wenden sich unter dem Dach der genannten Begrifflichkeiten die Disziplinen der Ethik, der Soziologie (nicht etwa die Politik) und des Rechts diesen Handlungsoptionen zu, wobei sie jeweils eigene Fragen stellen, die sie mit eigenem Inventar und eigenen disziplinären Analysemethoden zu beantworten suchen. Das „Bio-" vor dem nicht geschriebenen Bindestrich spielt dabei je nach Sichtweise entweder die Rolle eines so genannten „Floating Signifiers",[1] eines unbestimmten Begriffs, dessen Bedeutung jeweils vom Nutzer determiniert werden kann, oder die eines „Boundary Objects", eines Gegenstands, der von allen beteiligten Disziplinen für betrachtenswert erachtet und gemeinsam verwendet wird.[2] Auch als „Boundary Object" nimmt der Wortbestandteil „Bio-" in der jeweiligen disziplinären Orientierung der Deuter eine eigene Gestalt an, verfügt dabei aber gleichzeitig über eine so große eigene Kernbedeutung, dass er sich der Vereinnahmung durch eine einzelne der genannten Disziplinen widersetzt.

Diese Widerständigkeit, die sich auch aus der Komplexität der um den Umgang mit dem Lebendigen gelagerten Probleme ergibt, führt dazu, dass

---

1   *Chandler*, Semiotics: the basics, London, 2007 Routledge, S. 78f.
2   *Leigh Star und Griesemer*, Institutional Ecology, ‚Translations' and Boundary Objects: Amateurs and Professionals in Berkeley's Museum of Vertebrate Zoology, 1907-39, Social Studies of Science 1989, 387-420, *Wenger*, Communities of practice. Learning, meaning, and identity, Cambridge, 1998 Cambridge University Press, S. 106ff.

eben vor allem eine interdisziplinäre Betrachtung sinnvoll erscheint, dem Gegenstand gerecht zu werden oder – auf das „Bio-" bezogen – Erklärungsmodelle für den gesellschaftlichen Umgang mit technischen Eingriffsoptionen in das Lebendige zu etablieren.[3] Es wirkt wie eine Ironie der Geschichte, dass die unter den genannten Labels behandelten Phänomene aus einer gewissen Entfernung selbst wie das Ergebnis einer Spezialisierung und Ausdifferenzierung einer einst einheitlichen und ganzheitlichen Universalwissenschaft des Lebens wirken, die nun nur durch die Wiederherstellung einer universalen Betrachtungsweise ergründbar zu sein scheinen. Sich verzweigende, ausweitende und dann wieder verdichtende Netzwerke bilden eine mögliche Strukturmetapher, um diese Bewegung von disziplinären Annäherungen und Verbindungen zu illustrieren; Jürgen Mittelstraß' Konzept der Transdisziplinarität[4] bietet vielleicht ein zu der diachronen Strukturmodifikation passendes Narrativ.

Im Folgenden möchte ich diesem Gedanken nachgehen, indem ich nach einer kurzen Darstellung von Mittelstraß' Idee der Transdisziplinarität ihren Bezug zum Konzept der historischen Netzwerkanalyse kurz beschreibe, um dann die Ausdifferenzierung in den Lebenswissenschaften des ausgehenden 19. Jahrhunderts mit Hilfe zweier Netzwerke zu illustrieren. Nach einer Darstellung eines intellektuellen Bezugsnetzwerkes des Physiologen Jacques Loeb (1859-1924) möchte ich danach mit Bezug auf das Netzwerk der Eugenik einen frühen Versuch der Zusammenführung ausdifferenzierter Einzelwissenschaften zu einer Universalerklärung gesellschaftlichen Lebens zu Beginn des 20. Jahrhunderts skizzieren,[5] der fast danach verlangt, auch die Bereiche

---

3   Vgl. *Albers*, Bioethik, Biopolitik, Biorecht: Grundlagen und Schlüsselprobleme, in diesem Band, S. 9 ff.

4   *Mittelstraß*, Transdisziplinarität: wissenschaftliche Zukunft und institutionelle Wirklichkeit, Konstanz, 2003 UVK, Univ.-Verl, *Mittelstraß*, Methodische Transdisziplinarität, Technikfolgenabschätzung – Theorie und Praxis 2005, 18-23. Siehe auch *Mittelstraß und Wangermann*, Methodische Transdisziplinarität – Mit den Anmerkungen eines Naturwissenschaftlers, LIFIS Online 05.11.2007.

5   Einzelne Abschnitte dieses auf einem Vortrag basierenden Beitrags erschienen bereits in *Fangerau*, Der Austausch von Wissen und die rekonstruktive Visualisierung formeller und informeller Denkkollektive, in: Fangerau und Halling (Hrsg.), Netzwerke. Allgemeine Theorie oder Universalmetapher in den Wissenschaften? Ein transdisziplinärer Überblick, Bielefeld, 2009, Transcript: 215-246, *Fangerau/Martin und Lindenberg*, Vernetztes Wissen: Kognitive Frames, neuronale Netze und ihre Anwendung im medizinhistorischen Diskurs, in: Fangerau und Halling (Hrsg.), Netzwerke. Allgemeine Theorie oder Universalmetapher in den Wissenschaften? Ein transdisziplinärer Überblick, Bielefeld, 2009, Transcript: 29-48, *Fangerau*, Spinning the Scientific Web: Jacques Loeb (1859-1924) und sein Programm einer internationalen biomedizinischen Grundlagenforschung, Berlin, 2010 Akademie Verlag, *Krischel/Halling und Fangerau*, Anerkennung in den Wissenschaften sichtbar

der Bioethik, Biopolitik und Biorecht, die sich jeder für sich heute noch an den Folgen dieser Bewegung abarbeiten, zu einem transdisziplinären Netzwerk zusammenzuführen. Auf Basis dieser historischen Modelle möchte ich Anregungen für eine Selbstreflexion transdisziplinärer Ansätze geben, die vielleicht dazu beiträgt, die Methodik transdisziplinärer Arbeit weiter zu verfeinern.

II. Transdisziplinarität

In der Geschichte werden seit Jahren Prozesse des wissenschaftlichen Austauschs untersucht und dabei die Wahrnehmung und Überschneidung gemeinsamer Forschungsinteressen zusammen mit Kultur-, Technologie- und Wissenstransfers zwischen Denk-Kollektiven analysiert. Vielfach wurde dabei darauf hingewiesen, dass transferiertes und bestehendes Wissen im Einflussbereich des transferierten „Kulturgutes" in eine Wechselbeziehung treten, woraus sich ein neues, transformiertes Wissen und Handeln ergeben kann. Diese durch Transfer verursachten Wechselwirkungen zwischen unterschiedlichen Denkkulturen lassen sich in vielen Bereichen, nicht nur in Wissenschaft und Technologie, verfolgen, die vornehmlich durch Handel, Reisen, Migration, Korrespondenzen oder andere Formen der transkulturellen Kommunikation aufeinander stoßen.[6] Das Konzept eines gegenseitigen Befruchtens durch Kontakt liegt auch interdisziplinären Ansätzen des Forschens zu Grunde, die davon ausgehen, dass die Überschreitung von Disziplinengrenzen neues Wis-

---

machen: Wie die Bibliometrie durch die soziale Netzwerkanalyse neue Impulse erhält, Österreichische Zeitschrift für Geschichtswissenschaften 2012, 179–206.

Die Darstellung von Personennetzwerken in der Eugenik erfolgt in dieser Arbeit nicht. Sie findet sich in exemplarischer Weise in den Arbeiten von *Grimm*, Netzwerke der Forschung: die historische Eugenikbewegung und die moderne Humangenomik im Vergleich, Berlin, 2012 Logos, *Krischel/Halling und Fangerau*, Anerkennung in den Wissenschaften sichtbar machen: Wie die Bibliometrie durch die soziale Netzwerkanalyse neue Impulse erhält. Grimms Arbeit stellt eine umfangreiche lesenswerte Übersicht über die personalen Netzwerke der Eugenik in ihrer Entwicklung dar. Die Arbeit von Krischel et. al. hat eher methodologischen Charakter.

6   Dieser Textabschnitt findet sich auch in *Fangerau und Müller*, Deutsch-amerikanischer Wissenschaftsaustausch: Jacques Loeb (1859-1924) und Emil Godlewski (1875-1944) als Vertreter einer transatlantischen Entwicklungsbiologie, in: Sachs/Plonka-Syroka und Dross (Hrsg.), Austausch in der Medizin zwischen Deutschen und Polen, Breslau, 2008, S. 219, *Fangerau*, Der Austausch von Wissen und die rekonstruktive Visualisierung formeller und informeller Denkkollektive, S. 215. Für eine Übersicht siehe z.B. *Paulmann*, Internationaler Vergleich und interkultureller Transfer: Zwei Forschungsansätze zur europäischen Geschichte des 18. bis 20. Jahrhunderts, Historische Zeitschrift 1998, 649-685.

sen und vor allem auch eine Modifikation des eigenen Wissens mit sich bringt. Jürgen Mittelstraß hat diese Überlegung schon in den 1980ern zum Anlass genommen, besser von Transdisziplinarität als von Interdisziplinarität zu sprechen. Zu seiner Idee der Transdisziplinarität hält er fest:

„Wie Fachlichkeit und Disziplinarität ist auch Transdisziplinarität ein forschungsleitendes Prinzip und eine wissenschaftliche Organisationsform, allerdings in der Weise, dass Transdisziplinarität fachliche und disziplinäre Engführung aufhebt, die sich eher institutionellen Gewohnheiten als wissenschaftlichen Notwendigkeiten verdanken. Methodische Transdisziplinarität heißt, dass diese Aufhebung selbst argumentativ erzeugt und gerechtfertigt wird".[7]

Dabei geht Mittelstraß davon aus, dass die seit 100 Jahren nahezu exponentiell verlaufene Zunahme wissenschaftlicher Produktion und die damit verbundene Beschleunigung des Wissenszuwachses sich auf organisatorischer und institutioneller Ebene in einer zunehmenden fachlichen und disziplinären Partikularisierung niedergeschlagen habe.[8]

In den Politikwissenschaften wird die These vertreten, dass einmal etablierte Institutionen große Beharrungstendenzen aufweisen, weshalb sie bestehen bleiben, auch wenn neue (und sie eigentlich ersetzende Strukturen) etabliert werden,[9] was wiederum den Druck zur Legitimation des eigenen Tuns erhöht. Auf diese Weise drohen in der Wissenschaft institutionelle Grenzen mehr und mehr zu „Erkenntnisgrenzen" (Mittelstraß) zu werden. Eine Verfestigung dieser Grenzen jedoch bedeutet Dogmatik und den Verlust des wissenschaftlichen Wertes eines „organisierten Skeptizismus"[10], da sich letztendlich zum einen wissenschaftliche Systeme etablieren, die nur ihre eigenen Fragen, Methoden, Gegenstände und Konzepte im Blick haben und zum anderen Grenzüberschreitungen und damit einhergehender Ideenaustausch und Modifikationen des eigenen Denkens kaum möglich erscheinen. Beides wiederum bedeutet, dass komplexe, multiperspektivisch zu betrachtende Probleme kaum bearbeitbar erscheinen, wenn sie sich „dem Zugriff einer einzelnen Disziplin entziehen". Genau hier wiederum können und sollen transdisziplinäre Austauschprozesse Abhilfe schaffen.

---

7   *Mittelstraß*, Methodische Transdisziplinarität, S. 18.
8   Derek de Solla Price hat in seiner bahnbrechenden Analyse zu „Little Science" und „Big Science" diesen Prozess eindrücklich geschildert, s. *Price*, Little Science, Big Science: von der Studierstube zur Grossforschung, Frankfurt, 1974 Suhrkamp.
9   *Siedschlag*, Politische Institutionalisierung und Konflikttransformation: Leitideen, Theoriemodelle und europäische Praxisfälle, Opladen, 2000 Leske und Budrich, S. 79ff.
10 *Merton*, The Normative Structure of Science, in: Merton und Storer (Hrsg.), The Sociology of Science. Theoretical and Empirical Investigtions, Chicago, 1973 [1942], University of Chicago Press: 267-278.

Ein Zeichen für derartige Probleme, die sich dem reinen disziplinären Zugriff verweigern, stellt in meinen Augen das Entstehen eines Gegenstands um solche Probleme dar, der sich im Sinne eines Boundary Objects begreifen lässt. Nicht das Boundary Object ruft nach transdisziplinärer Bearbeitung, nicht der Wunsch nach Transdisziplinarität schafft den Grenzgegenstand, sondern eben Phänomene, die so komplex sind, dass Einzelwissenschaften an disziplinäre Grenzen des Denkens und Erklärens stoßen, gebären ein Boundary Object. Die Entstehung eines solchen Objekts und seiner transdisziplinären Bearbeitung, die Dynamik im Kontakt wissenschaftlicher institutioneller und disziplinärer Ordnungen, die zwischen Auflösung, Abgrenzung, Partikularisierung sowie Verbindung, Kontakt und Vereinheitlichung changiert, ist in plastischer Weise mithilfe von Netzwerkanalysen retrospektiv illustrierbar.

III. Transdisziplinäre Vernetzung und ihre Repräsentation

Netzwerke, die zusammenhängende Strukturen symbolisieren, bestehen aus Knoten und Verbindungen. Die Knoten repräsentieren dabei die zu untersuchenden Gegenstände oder Akteure, während die Verbindungslinien ihre jeweilige Beziehung illustriert. Knoten müssen dabei nicht immer Personen sein. Nicht jedes Netzwerk repräsentiert ausschließlich soziale Beziehungen. Vielmehr können Netzwerke abstrakter sein und auch schon in einem Knoten Konzepte ganzer Personengruppen in abstrahierter Form symbolisieren.

Gerade an diesem Punkt liegt eine große Stärke und gleichzeitige Schwäche der Netzwerkanalyse, denn diese Verbindungen gilt es zu definieren und qualitativ aus den für die Netzwerkanalyse herangezogenen Quellen zu erheben.[11] Mögliche Beispiele für solche Verbindungen können in erster Linie soziale Beziehungen wie persönliche Kontakte zwischen Forschern, familiäre Bindungen, Korrespondenzaustausch, in Korrespondenzen genannte Personen oder gemeinsame Mitgliedschaften in Vereinen und Verbänden sein, aber auch abstraktere Bezugsetzungen wie Preisnominationen, Finanzströme, Vertrauensvorschüsse, Zitationen, Ko-Zitationen, Gruppenbezüge und viele andere Verbindungen sind möglich. Im Wesentlichen repräsentieren die Verbindungen vorab in der Quellenanalyse zu definierende Transferbeziehungen von Ideen, Methoden, Wissensbeständen, praktischen Fertigkeiten oder auch sym-

---

11 Vgl. für diese Ausführungen auch *Fangerau*, Der Austausch von Wissen und die rekonstruktive Visualisierung formeller und informeller Denkkollektive, *Fangerau*, Spinning the Scientific Web: Jacques Loeb (1859-1924) und sein Programm einer internationalen biomedizinischen Grundlagenforschung.

bolische Transaktionen wie Anerkennung, Vertrauen, Einflussnahme.[12] Knoten und Verbindungen sind selbst wiederum bündel- und damit abstrahierbar. In abstrahierter Form können sie, wenn sie für eine zusammengefasste Gruppe von Personen stehen z.b. Disziplinen oder Nationen repräsentieren oder in Anlehnung an Latours Actor-Network Theory[13] auch für Dinge (Aktanten) oder für Theorien und Konzepte stehen, wenn in vorherigen Analyseschritten solche z.b. aus Texten extrahiert worden sind.[14] Auf diese Weise lassen sich mehrere Netzwerkebenen anhand eines Quellenkorpus erheben, miteinander vergleichen und in Beziehung setzen.

Als Quellen zur Erhebung von Netzwerkknoten und ihren Verbindungen können Briefe, Publikationen, Teilnahmelisten, Sonderdrucksammlungen, Bibliotheken, ja jede mögliche Referenz für eine irgendwie geartete Verbindung gelten. Diese Quellen wiederum sind systematisch auf gesuchte Beziehungstypen hin auszuwerten, wobei größte Sorgfalt ebenso auf die Kategorisierung der gewünschten Typen als auch auf die Vergleichbarkeit zu kombinierender Kategorien zu richten ist. Das bedeutet, dass letztendlich nicht nur die in einem ersten Schritt auf ihre Vernetzung zu untersuchenden Personen miteinander in Beziehung gesetzt werden können, sondern auch von ihnen abstrahierten Qualitäten und Ordnungsstrukturen wie z.B. Religion, Stand, Geschlecht, Nationalität, Gruppenzugehörigkeit, Konzepte etc. Intellektuelle Konzepte selbst müssen dabei genau definiert und ihre Bestandteile in z.B. Begriffslisten zerlegt werden.

Die Strukturanalyse von auf Basis derartiger Quellenauswertungen vorgenommener Vernetzungen verspricht nun Aufschlüsse über zum einen die Dichte eines Gesamtnetzes sowie zum anderen über die Rolle einzelner Akteure/Elemente im Netzwerk, die mittels so genannter Zentralitätsmaße erhoben werden. Die Netzwerkdichte bemisst sich dabei am Grad der bestehenden Beziehungen im Vergleich zu allen möglichen Beziehungen und kann als analytische Kategorie eingesetzt werden, um beispielsweise unter Bezugnahme auf andere analytische Kategorien den Charakter eines Netzwerkes zu bestimmen. Wenn beispielsweise disziplinäre Homogenität eines Forscherkollektives und ihre Netzwerkdichte in Relation zueinander gesetzt werden, ergibt sich etwa eine Matrix von vier idealtypischen Kombinationen, auf de-

---

12 *Krischel/Halling und Fangerau*, Anerkennung in den Wissenschaften sichtbar machen: Wie die Bibliometrie durch die soziale Netzwerkanalyse neue Impulse erhält.

13 *Latour*, Reassembling the Social: An Introduction to Actor-Network-Theory, Oxford; New York, 2005 Oxford University Press.

14 Vgl. *Andersen/Barker und Chen*, The Cognitive Structure of Scientific Revolutions, Cambridge; New York, 2006 Cambridge University Press, *Fangerau/Martin und Lindenberg*, Vernetztes Wissen: Kognitive Frames, neuronale Netze und ihre Anwendung im medizinhistorischen Diskurs.

nen sich ein bestimmtes Kollektiv verorten und mit denen es sich charakterisieren lässt (Abbildung 1).

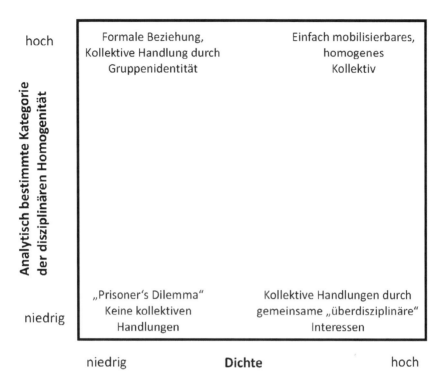

Abbildung 1: Idealtypische Kombinationen im Beziehungsverhältnis zwischen Netzwerkdichte und Homogenität eines Forscherkollektivs nach Daniel Nexon (2009)[15]

Einzelne Akteure wiederum nehmen Rollen wie die des so genannten „Brokers" als Vermittler zwischen Gruppen oder als zentrale Person ein. Während ein Akteur als Vermittler eine wichtige Position einnimmt, weil er zum Beispiel einen Wissenstransfer befördert oder Personen zusammenbringt, die sonst keine Verbindung hätten, so zeigt eine Zentralperson an, dass sie beispielsweise auf Grund einer bestimmten Position Einfluss auf viele andere

---

15 *Nexon*, Struggle for Power in Early Modern Europe: Religious Conflict, Dynastic Empires, and International Change, Princeton, 2009 Princeton University Press, S. 49, Abb. 42.43.

Akteure ausüben kann (z.B. im Sinne einer Schule). Je nach Untersuchungs-feld können nun „Boundary Objects" die Brokerrolle ebenso einnehmen wie auch „Disziplinen" im Sinne von methodisch und inhaltlich kohärent zu Kate-gorien gebündelten wissenschaftlichen Konzepten oder Gruppen, die diese Konzepte vertreten. Empirisch konnte als einer der ersten Mark Granovetter die Rolle von Brokern für den Transfer von Ideen oder die innovative Kraft neuer Konzepte für eine Gruppe belegen. Mit seiner Idee der „Stärke schwa-cher Verbindungen" („strength of weak ties") verdeutlichte er, wie einzelne Knoten mit wenigen Verbindungen in Netzwerken doch gleichzeitig den Aus-tausch zwischen Knotenclustern ermöglichen können, die ohne diese Broker nicht in Verbindung miteinander stehen würden.[16]

1. Intellektuelle Bezugnahmen: Bezugsdisziplinen der „Technischen Biologie"

Als erstes Netzwerk, das verdeutlichen soll, wie neues Wissen aus dem Netz-werk bestehenden Wissens etabliert wird, möchte ich ein personenzentriertes Zitationsnetzwerk eines einzigen Wissenschaftlers darstellen, der zwischen 1890 und 1920 eine „Allgemeine Physiologie" zu etablieren suchte. Dabei wird deutlich, auf wie viele zersplitterte Einzelbefunde sich dieser Forscher berief, um zu seiner einheitlichen „Allgemeinen Physiologie" zu gelangen. Das von ihm herangezogene Themenfeld ist umgrenzt. Im Vergleich zu den wahrscheinlich thematisch weiter gefassten, auch geisteswissenschaftliche Literatur enthaltenen Zitationsnetzen von „Universalgelehrten" des frühen 19. Jahrhunderts lässt sich eine gewisse Eingrenzung und Partikularisierung der Forschung zumindest erahnen.[17]

Das dargestellte Netzwerk aus Quellen, aus denen sich das Forschungsfeld des hier beschriebenen Wissenschaftlers speist, ist das des deutsch-amerikanischen Physiologen Jacques Loeb. Loeb war 1891 in die USA emi-griert, wo er sich zum international anerkannten Physiologen entwickelte. Sein Forschungsziel bzw. seine Forscherphilosophie bestand in der Entwick-lung einer „Technischen Biologie" bzw. einer „Synthetischen Morphologie", die als auf Experimenten beruhende biologische Disziplin die Grundlage auch der therapeutischen Medizin bilden sollte. Im Wesentlichen ging es ihm da-

---

16 Zu Granovetters in den 1960er Jahren erstellten Arbeit siehe die Übersicht von *Easley und Kleinberg*, Networks, Crowds, and Markets: Reasoning About a Highly Connected World, New York, 2010 Cambridge University Press.

17 Die folgenden Ausführungen und Abbildungen finden sich wortgleich bei: *Fangerau*, Spinning the Scientific Web: Jacques Loeb (1859-1924) und sein Programm einer internationalen biomedizinischen Grundlagenforschung.

rum, zu zeigen, dass alle Lebensprozesse physikalisch-chemische Prozesse seien, die experimentell kontrolliert werden könnten.[18] Seine Hauptthemenfelder waren dabei die Untersuchung der Lebensprozesse der Irritabilität, der Regeneration und der Fortpflanzung.

Die von ihm rekrutierten Wissensgebiete, wie sie sich in den thematischen Zuordnungen der von ihm zitierten Zeitschriften darstellt, finden sich in Abbildung 2. Die Darstellung zeigt das Ergebnis einer Journal-Ko-Zitationsanalyse, wobei die Zeitschriften thematisch gruppiert wurden. Die Einordnung der Themengebiete erfolgte nach dem Subject Catalogue der Library of Congress[19] und (wenn hier nicht verfügbar) der Deutschen Nationalbibliographie. Zumindest die Library of Congress behielt einmal vergebene Themengebiete weitgehend bis heute bei, so dass die den Zeitschriften zugewiesenen Themen im Wesentlichen den zeitgenössischen Themenwahlen entsprechen.[20] Erstellt wurde das Netzwerk mit der Methode des Pathfinder Networks mit dem Programm CiteSpace.[21] Die Knoten wurden zur besseren Darstellbarkeit nachträglich von Hand feinjustiert. Die Darstellung illustriert die Vernetzungen der von Loeb herangezogenen Arbeitsgebiete ebenso wie die thematische Vielfalt der von ihm inkorporierten Wissensgebiete mit den Schwerpunkten der Biologie, der Chemie, der Physik, der Physiologie und der Medizin. Auch wird über die farbliche Kodierung die disziplinäre Verschiebung seiner Publikationsorgane von der Sinnesphysiologie in den 1880er Jahren über die biologischen Disziplinen um 1900 hin zur Chemie nach 1910 deutlich. Schlüsselstellungen als Ansatz für interdisziplinäre Übergänge haben die Sinnesphysiologie, die Physiologie, die Biologie, die Biochemie und physiologische Chemie, die physikalische Chemie, sowie die Naturwissenschaften und die allgemeine Chemie. Die quantitativen Verhältnisse der Hinzuziehung von Zeitschriften unterschiedlichster Wissensgebiete sind in Abbildung 3 dargestellt.

---

18   Siehe *Pauly*, Controlling life: Jacques Loeb and the Engineering Ideal in Biology, New York, 1987 Oxford University Press, *Fangerau*, Spinning the Scientific Web: Jacques Loeb (1859-1924) und sein Programm einer internationalen biomedizinischen Grundlagenforschung.

19   *Hanson*, The Subject Catalogs of the Library of Congress, Bulletin of the American Library Association 1909, 385-397.

20   *Mai Chan*, Still Robust at 100. A Century of LC Subject Headings, Library of Congress Information Bulletin 1998, n.p.

21   *Chen*, Visualizing scientific paradigms: An introduction, Journal of the American Society for Information Science and Technology 2003, 392-393, *Chen*, Searching for intellectual turning points: progressive knowledge domain visualization, Proceedings of the National Academy of Science 2004, 5303-5310.

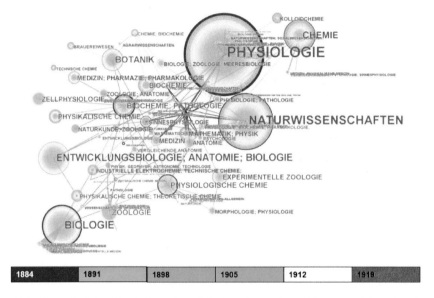

Abbildung 2: Von Loeb in seine Arbeiten integrierte Themengebiete (nach Library of Congress und ZDB) 1884-1926[22]

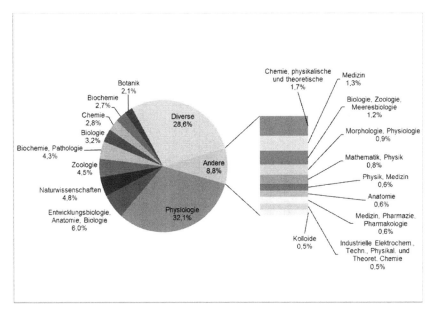

Abbildung 3: Fachgebiete der von Loeb zwischen 1884 und 1924 zitierten Zeitschriften, quantitative Anteile[23]

Es ist auf Basis dieser Wissensnetzwerke, die Loebs Arbeiten zu Grunde liegen, durchaus möglich, einen Teil seines wissenschaftlichen Erfolges auf seine transdisziplinäre Bezugnahme auf andere Forschungsfelder als seine Ureigensten zurückzuführen.

2. Eugenik als „transdisziplinäre" soziale Bewegung

Das zweite Netzwerk wiederum soll illustrieren, wie schon vor der Rede von Transdisziplinarität eine soziale Bewegung ganz bewusst auf Transdisziplinarität setzte, um ein einzelwissenschaftlich kaum bearbeit- und propagierbares Problem zu bearbeiten. Hier möchte ich kurz auf das Netzwerk der Eugenik eingehen, eines Wissensfeldes, das nicht zuletzt als eines der Paradebeispiele auch für die Erklärungskonzepte der Biomacht und Biopolitik gilt und dessen historisches Beispiel auch in bioethischen Diskussionen immer wieder im

---

23 *Fangerau* (Fn. 22), S. 173.

Sinne der historischen Illustration eines Arguments der schiefen Ebene oder Dammbrucharguments genutzt wird.[24]

Biopolitik – in Anlehnung an Foucaults Werk verstanden als Praxis des Umgangs mit Leben, die durch Wissen(schaft) und Macht legitimiert einen normalisierenden Steuerungseinfluss auf das Verhalten und Denken von Menschen zum Ziel hat – stellt dabei ein Konzept dar, das vor allem durch das historische Modell der Eugenik/Rassenhygiene und dem diesen Konzepten inhärenten Rassismus bzw. dem Glauben an die ungleiche Wertigkeit menschlichen Lebens eine narrative Folie erhielt.[25] Die Frage nach der „Zäsur zwischen dem, was leben soll, und dem, was sterben muss"[26] ließ sich in den Augen der Eugeniker mit den Mitteln eugenischen Wissens beantworten, durch politische Macht auf dieser Wissensbasis durchsetzen und in das Selbstverständnis der Menschen und ihre Haltung zu sich selbst einschreiben.

Gegen Ende des 19. Jahrhunderts hatte sich mit der eugenischen Theorie eine soziale Bewegung formiert, die im ersten Drittel des 20. Jahrhunderts vor allem in den westlichen Industriestaaten einen großen wissenschaftlichen und politischen Einfluss ausüben konnte.[27] Unter dem Eindruck der sozialen Folgen der Industrialisierung mit Verelendung, Armut, dem Zunehmen psychi-

---

24 Vgl. *Allen*, Essays on science and society. Is a new eugenics afoot?, Science 2001, 59-61. Siehe hierzu und zum Folgenden u. a. auch die Übersichten *Fangerau und Noack*, Rassenhygiene in Deutschland und Medizin im Nationalsozialismus, in: Schulz/Steigleder/Fangerau und Paul (Hrsg.), Geschichte, Theorie und Ethik der Medizin, Frankfurt, 2006, Suhrkamp: 224-246, *Fangerau*, Utopien der Menschenzüchtung: Eugenik und Rassenhygiene im 20. Jahrhundert, in: Noack/Fangerau und Vögele (Hrsg.), Im Querschnitt: Geschichte, Theorie und Ethik der Medizin, München, 2007, Elsevier: 117-125, *Fangerau*, Genetics and the Value of Life: Historical Dimensions, Medicine Studies 2009, 105-112, *Fangerau*, Armut, Arbeit, Menschenwert: Anerkennung und Selbstkonstitution als Schlüsselkategorien in der eugenischen Bewegung des frühen 20. Jahrhunderts, in: Fangerau und Kessler (Hrsg.), Achtung und Missachtung in der Medizin. Anerkennung und Selbstkonstitution als Schlüsselkategorien zur Deutung von Krankheit und Gesundheit, Freiburg, 2013, Karl Alber Verlag: 69-87, in denen die folgenden Abschnitte zum Teil bereits erschienen sind.
25 Vgl. hierzu den lesenswerten Sammelband Stingelin (Hrsg.), Biopolitik und Rassismus. Frankfurt, 2003, Suhrkamp.
26 Stingelin nutzt hier ein Wort von Foucault. Siehe *Stingelin*, Einleitung: Biopolitik und Rassismus. Was leben soll und was sterben muß, in: Stingelin (Hrsg.), Biopolitik und Rassismus, Frankfurt, 2003, Suhrkamp: 7-26, S. 18f.
27 Zur eugenischen Bewegung im internationalen Kontext siehe u. a. *Weingart/Jürgen und Bayertz*, Rasse, Blut und Gene: Geschichte der Eugenik und Rassenhygiene in Deutschland, Frankfurt, 1992 Suhrkamp; *Kühl*, Die Internationale der Rassisten: Aufstieg und Niedergang der internationalen Bewegung für Eugenik und Rassenhygiene im 20. Jahrhundert, Frankfurt & New York, 1997 Campus Verlag; *Barrett und Kurzman*, Globalizing social movement theory: The case of eugenics, Theory and Society 2004, 487-527.

scher Erkrankungen sowie armutsbedingter Arbeitsmigrationsströme gewannen evolutionäre Vorstellungen vom Werden der Menschen und der Entwicklung menschlicher Gesellschaften vor allem in den bürgerlichen Schichten der westlichen Industriestaaten eine ungeheure Popularität. Einhergehend mit Sorgen vor einer zivilisatorisch bedingten Degeneration der eigenen Gesellschaft erschien es logisch, anzunehmen, dass viele sozialen Verwerfungen, die Ende des 19. Jahrhunderts offenbar wurden, ihren Ursprung weniger in äußeren Umständen als in erblichen Belastungen der unterprivilegierten Schichten hätten, die nun ein solches Ausmaß und eine solche Zahl erreicht hätten, dass sie die gesellschaftliche Weiterentwicklung bedrohten.

Genau an diesem Punkt wurde die Eugenik neben einer sozialpolitischen Forderung auch ein transdisziplinäres Projekt. Es entstand ein konzeptuelles Netzwerk der Eugenik, das von der Biologie über die Medizin bis hin zur Statistik, zum Recht und zur Politik reichte. Das Disziplinen übergreifende „Boundary Object" war das Problem des Erhalts der „Zivilisation" mittels biotechnischer und soziotechnischer Maßnahmen.

Die in den Jahren der Etablierung der Eugenik transdisziplinär entwickelte, einfache, aber für die Zeitgenossen zugleich bestechende Logik der eugenischen Argumentation lautete, dass die von Darwin in seiner Evolutionstheorie beschriebene natürliche Auslese von schwachen und unangepassten Personen durch zivilisatorische Errungenschaften ausgeschaltet worden sei. Die Zivilisation führe dazu, dass Menschen zur Fortpflanzung gelangten, die eigentlich in der ursprünglichen Natur keine Nachkommen erzeugen könnten, z.B. weil sie kein fortpflanzungsfähiges Alter erreichten. Dies wiederum habe den Effekt, dass im Sinne einer Gegenauslese nach und nach die Gesellschaft degenerierte. Die politische Einführung einer Reproduktionshygiene, Eugenik oder im deutschen auch Rassenhygiene erschien den Zeitgenossen umso notwendiger, als Bevölkerungswissenschaftler zum Beispiel in den USA, in England oder in Deutschland festgestellt hatten, dass sich die unteren Bevölkerungsschichten mit niedriger Bildung zunehmend stärker vermehrten als die höheren Schichten mit höherer „geistige(r) Begabung",[28] was in der Folge unweigerlich zum zahlenmäßigen Überwiegen der Anlageträger unterer Schichten in einer Population führen müsse. Schon der Begründer des eugenischen Konzeptes Francis Galton (1822-1911) hatte sich darum bemüht, statistische Beweise für eugenische Grundannahmen zu etablieren. Ein mehrdimensionales

---

28 *Lenz*, Menschliche Auslese und Rassenhygiene (Baur/Fischer und Lenz, Grundriss der menschlichen Erblichkeitslehre und Rassenhygiene, Band 2), München, 1921 Lehmanns, S. 73.

Wertkonzept bildete dabei die Grundlage für seine statistischen Untersuchungen und seine daraus abgeleiteten soziotechnischen Forderungen.[29]

Schon dieser Argumentationsgang verdeutlicht, wie biologische Konzepte, kulturelle Deutungen, historische, sozialwissenschaftliche und bevölkerungspolitische Erhebungen sowie statistische Berechnungen und politische Praktiken sich zu einem Argumentationsgebäude zusammenfügten, das in den Folgejahren biopolitische Macht entfalten sollte. Eine Macht, die nicht nur in eugenischen Gesetzen von der Steuer- über die Einwanderungs- bis hin zur Sterilisationsgesetzgebung einen Niederschlag fand, sondern die auch das Denken und die Subjektivität der Betroffenen in Kategorien des „wertvollen" und „wertlosen" Lebens bestimmte.

In ihrem Selbstverständnis bauten die Eugeniker explizit auf Transdisziplinarität auf, ohne jedoch diesen Begriff zu bemühen. Im Katalog der Gruppe Rassenhygiene[30] auf der Hygiene Ausstellung in Dresden 1911 publizierten die Herausgeber Max Gruber und Ernst Rüdin beispielsweise eine dort gezeigte Tafel, die die Rassenhygiene nach den „Betrachtungs-Methoden" der Lehre vom Leben als Disziplin darstellt, die sich aus der Physiologie und Morphologie, der Pathologischen Physiologie und Morphologie sowie aus der Hygiene als „Lehre von den besten Erhaltungsbedingungen des gesunden Lebens" und der Therapie als „Lehre von den besten Wiederherstellungsbedingungen des gesunden Lebens nach Störung durch Krankheit" speise.[31]

Auch Fritz Lenz etwa zählte in seinem Lehrbuch die theoretische und praktische Hygiene, die soziale Hygiene als „Lehre von den sozialen Bedingungen der Erhaltung des Lebens und der Gesundheit" und indirekt die Erbbiologie sowie die Wirtschaftswissenschaft zu den Bezugsdisziplinen der Rassenhygiene. Am weitesten aber ging die inzwischen berühmte symbolische Darstellung, die auch als Logo ein Zertifikat zierte, das an Leihgeber von Ausstellungsstücken für die 2. Internationale Eugenik Ausstellung 1921 in New York vergeben wurde. Sie zeigt – in Anlehnung an die von ihr in der Forschung

---

29 *Gillham*, A Life of Sir Francis Galton: From African exploration to the birth of eugenics, Oxford & New York, 2001 Oxford University Press, S. 155-268, *Grue und Heiberg*, Notes on the history of normality - reflections on the work of Quetelet and Galton, Scandinavian Journal of Disability Research 2006, 232-246.

30 Hier wird der Begriff „Rassenhygiene" als deutsches Pendant zum international geläufigen Begriff „Eugenics" benutzt. Schon Zeitgenossen diskutierten die mögliche unterschiedliche Semantik der beiden Begriffe. Der deutsche Rassenhygieniker Fritz Lenz etwa legte sich im ersten deutschsprachigen „Lehrbuch" zur Eugenik aber fest, indem er das Wort Rassenhygiene als deutsche Übersetzung des Wortes Eugenik verstanden wissen wollte. Vgl. *Lenz* (Fn. 28), S. 112-113.

31 Gruber und Rüdin (Hrsg.), Fortpflanzung, Vererbung, Rassenhygiene. Katalog der Gruppe Rassenhygiene der Internationalen Hygiene-Ausstellung 1911 in Dresden. München, 1911, Lehmanns, S. 109, Tafel 175.

benutzten Stammbäume – einen mit „Eugenics" beschrifteten Baum, dessen Wurzeln sich nicht gabel- oder astförmig aufteilen, sondern netzwerk- oder rhizomartig verzweigen und die mit den Bezeichnungen verschiedener wissenschaftlicher Disziplinen beschriftet sind. Die Abbildung symbolisiert die netzwerkartige Verknüpfung von Genetik, Anthropologie, Statistik, Medizin, Soziologie, Genealogie etc. zur nun alle überragenden Disziplin der Eugenik (siehe Abbildung 4). Sie ist untertitelt mit dem erklärenden Satz: „Wie ein Baum bezieht die Eugenik ihre Baustoffe aus verschiedenen Quellen und organisiert sie zu einer harmonischen Einheit".[32] Kurzum, die Abbildung zeigt ein explizit transdisziplinäres vernetztes Verständnis des Ursprungs eugenischen Denkens. Umgekehrt wiederum zeigt die Rezeption der Rassenhygiene in Form von Rezensionen, wie vielfältige Disziplinen Interesse an rassenhygienischen Fragestellungen zeigten.[33]

---

32 *Laughlin*, The second International Exhibition of Eugenics held September 22 to October 22, 1921, in connection with the Second International Congress of Eugenics in the American Museum of Natural History, New York; an account of the organization of the exhibition, the classification of the exhibits, the list of exhibitors, and a catalog and description of the exhibits, Baltimore, 1923 Williams & Wilkins Company, S. 15.

33 Siehe hierzu *Fangerau*, Etablierung eines rassenhygienischen Standardwerkes 1921 - 1941. Der Baur-Fischer-Lenz im Spiegel der zeitgenössischen Rezensionsliteratur, Frankfurt, 2001 Peter Lang; *Fangerau*, Rassenhygiene und Öffentlichkeiten. Die Popularisierung des rassenhygienischen Werkes von E. Baur, E. Fischer und F. Lenz, in: Krassnitzer und Overath (Hrsg.), Bevölkerungsfragen. Prozesse des Wissenstransfers in Deutschland und Frankreich (1870-1939), Köln, 2007, Böhlau: 131-153.

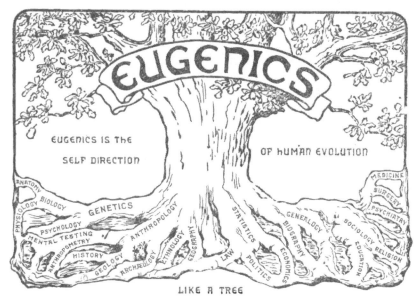

Abbildung 4: Quellen der Eugenik auf einem Zertifikat für Leihgeber von Exponaten für die 2. Internationale Ausstellung zur Eugenik.[34]

IV. Schluss

Welche Folgerungen ergeben sich nun aus diesen Überlegungen für Fragen der Bioethik, der Biopolitik und des Biorechts als interdisziplinäre Netzwerke? Zunächst einmal ist festzuhalten, dass nicht das eine Netzwerk des Forschers Loeb ein positives Beispiel und das andere Netzwerk der Eugenik ein negatives Beispiel für erfolgreiche Innovation durch transdisziplinäres Denken sein soll.[35] Vielmehr sollen die dargestellten transdisziplinären Netzwerke

---

34 *Laughlin*, The second International Exhibition of Eugenics held September 22 to October 22, 1921, S. 15.
35 Loeb selbst übrigens war ein Gegner eugenischen Denkens, dessen rassistische Elemente er auf Ideologie und interessanter Weise eine Fixierung auf kulturwissenschaftliche Inhalte und deren Vermittlung als der Naturwissenschaft überlegen zurückführte, vgl. *Fangerau*, From Mephistopheles to Isaiah: Jacques Loeb, Science and Modernism, Social Studies of Science 2009, 229-256, *Fangerau*, Spinning the Scientific

zeigen, wie auf individueller Ebene des einzelnen Wissenschaftlers und auf der Ebene zunächst eines Forscherkollektives und dann auf der Ebene einer ganzen gesellschaftlichen Schicht vernetztes, transdisziplinäres Denken ein Innovationspotential hat, das im ersten Fall zu einem neuen biomedizinischen Programm und im zweiten Fall zur Durchsetzung einer sozialen Bewegung in eine politische und wissenschaftliche Realität geführt hat.

Während im Falle des Physiologen Loebs die Bezugnahme auf Disziplinen wie die Chemie und die Physik sein Denken mit neuen Ideen versorgte, bedeutete die Transdisziplinarität für die Eugeniker die Schaffung einer breiten Basis für eine Unterstützung ihres „Boundary Objects" der privaten und öffentlichen „Erbhygiene". Als in den USA zu Beginn der 1930er Jahre die öffentliche und politische Unterstützung für die Eugenik als deterministisch-erbbiologisch arbeitende sozial disziplinierende Bewegung schwand, verschob sie ihr „Boundary Object", das transdisziplinär wirksam war, von der Erbhygiene zur „Familie" und zur „gesunden Mutterschaft", ein Ansatz, der ihr unter anderem Namen einen gewissen Erfolg über 1945 hinaus sicherte.[36]

Zusammenfassend mutet es aus heutiger Sicht beinahe wie eine Ironie der Geschichte an, dass gerade auf dem paradigmatischen Feld historischer Biopolitik, nämlich der Eugenik, transdisziplinäres Denken propagiert wurde, bevor überhaupt Transdisziplinarität als Konzept geprägt wurde. Vielleicht ist gerade dieser Umstand Grund genug, die Aufarbeitung der Folgen und Konsequenzen dieser Eugenik für den heutigen Umgang mit Lebenswissen ebenfalls transdisziplinär zwischen Bioethik, Soziologie und Biorecht zu gestalten. Zum zweiten erscheint es sinnvoll, transdisziplinäre Prozesse mit Hilfe von Netzwerkanalysen auf der einen Seite zu rekonstruieren und auf der anderen Seite zu begleiten, um so im Sinne einer angewandten Wissenschaftsforschung Boundary Objects, Themencluster, Ausdifferenzierungen und oft verdeckte, aber zentrale Broker zu identifizieren. Netzwerke, so scheint es, sind hier nicht nur eine Metapher für Austauschbegegnungen und ihre strukturellen Repräsentationen. Vielmehr versprechen sie eine Heuristik zur Begleitung transdisziplinärer Arbeit und zur Aufarbeitung der Gründe gelungener und misslungener transdisziplinärer Projekte.

Web: Jacques Loeb (1859-1924) und sein Programm einer internationalen biomedizinischen Grundlagenforschung, S. 96ff., 109ff.

36   Vgl. hierzu *Kline*, Building a better race. Gender, sexuality, and eugenics from the turn of the century to the baby boom, Berkeley, 2001 University of California Press, S. 95ff.

Verzeichnis der Autoren und Autorinnen

PD Dr. phil. *Johann S. Ach*, Leiter des Centrums für Bioethik an der Westfälischen Wilhelms-Universität Münster, Mitglied der Kolleg-Forschergruppe „Theoretische Grundfragen der Normenbegründung in Medizinethik und Biopolitik", Mitglied der Akademie für Ethik in der Medizin (AEM). Hauptarbeitsgebiete: Theorie- und Begründungsfragen in der Ethik, theoretische Fragen der Angewandten Ethik, ethische Probleme der modernen Medizin, Tierethik, Ethik der Sexualität. Ausgewählte Publikationen: Ach/Runtenberg, Bioethik: Disziplin und Diskurs. Zur Selbstaufklärung angewandter Ethik, Campus, Frankfurt a.M., 2002; Ach (Hrsg.), Grenzen der Selbstbestimmung in der Medizin, mentis, Münster, 2013; Ach/Lüttenberg/Quante (Hrsg.), leben–wissen–ethik. Themen und Positionen der Bioethik, mentis, Münster, 2014.

Prof. Dr. *Marion Albers*, Lehrstuhl für Öffentliches Recht, Informations- und Kommunikationsrecht, Gesundheitsrecht und Rechtstheorie, Universität Hamburg, Mitglied der Enquête-Kommission „Ethik und Recht der modernen Medizin" des Deutschen Bundestages in der 15. Legislaturperiode, Geschäftsführende Direktorin des Hamburg Center for Bio-Governance. Forschungsschwerpunkte: Bio- und Gesundheitsrecht, Informationsrecht und Datenschutz, Sicherheitsrecht, Rechtstheorie. Ausgewählte Publikationen: Albers (Hrsg.), Risikoregulierung im Bio-, Gesundheits- und Medizinrecht, Nomos, Baden-Baden 2011; Albers, Enhancement, Human Nature, and Human Rights, in: Albers/Hoffmann/Reinhardt, Human Rights and Human Nature, Springer, Dordrecht, 2014, S. 235-266; Albers, Biotechnologies and Human Dignity, in: Grimm/Kemmerer/Möllers (Eds.), Human Dignity in Context, Beck/Hart/Nomos, München/Oxford/Baden-Baden, 2016.

Prof. Dr. *Heiner Fangerau,* seit 2016 Direktor des Instituts für Geschichte, Philosopie und Ethik der Medizin der Universität Düsseldorf; 2014 bis 2016 Direktor des Institutes für Geschichte und Ethik der Medizin der Universität Köln, 2008 bis 2014 (Gründungs-)Direktor des Institutes für Geschichte, Theorie und Ethik der Medizin der Universität Ulm, Präsident der Gesellschaft für Wissenschaftsgeschichte e.V. Forschungsschwerpunkte: Geschichte, Theorie und Ethik der Biomedizin des 19. und 20. Jahrhunderts, Historische Netzwerkanalysen in der Geschichte der Biowissenschaften, Geschichte und Ethik in der Medizinischen Diagnostik. Publikationen u.a.: Fangerau, Spinning the Scientific Web: Jacques Loeb (1859–1924) und sein Programm einer internationalen biomedizinischen Grundlagenforschung, Akademie

Verlag, Berlin 2010; Lenk/Duttge/Fangerau (Hrsg.): Handbuch Ethik und Recht der Forschung am Menschen, Springer, Berlin/Heidelberg, 2014.

Prof. Dr. *Ulrich M. Gassner*, Professur für Öffentliches Recht an der Juristischen Fakultät der Universität Augsburg, Direktor des Institus für Bio-, Gesundheits- und Medizinrecht (IBGM), Gründungsdirektor der Forschungsstelle für Medizinprodukterecht (FMPR) und der Forschungsstelle für E-Health-Recht (FEHR). Forschungsinteressen: vor allem Arzneimittel- und Medizinprodukterecht und angrenzende Rechtsgebiete, E-Health-Recht und Umweltrecht. Letzte größere Veröffentlichungen: Recent developments in the area of supplementary protection certificates, in: Pharmaceuticals Policy and Law, Volume 16 (1-2) 2014, S. 45-72; Unterirdische Transport- und Transitwege, in: Kment (Hrsg.), Unterirdische Nutzungen. Systematisierung und planerische Steuerung, Gewinnpartizipation und Haftung, 2015, S. 43-82; MedTech meets M-Health, MPR 2015, S. 73-82.

Prof. Dr. *Stefan Huster*, Lehrstuhl für Öffentliches Recht, Sozial- und Gesundheitsrecht und Rechtsphilosophie, sowie Geschäftsführender Direktor des Instituts für Sozial- und Gesundheitsrecht (ISGR) an der Ruhr-Universität Bochum. Forschungsinteressen: Gesundheits- und Krankenversicherungsrecht mit seinen interdisziplinären Bezügen, Religionsverfassungsrecht, Rechtsphilosophie. Ausgewählte Publikationen: Die ethische Neutralität des Staates. Eine liberale Interpretation der Verfassung (Jus Publicum Bd. 90), Tübingen, Mohr Siebeck, 2002; Soziale Gesundheitsgerechtigkeit. Sparen, umverteilen, vorsorgen?, Berlin, Klaus Wagenbach, 2011.

Prof. Dr. *Renate Martinsen*, Lehrstuhl für Politische Theorie an der Universität Duisburg-Essen. Forschungsschwerpunkte: moderne politische Theorien; Konstruktivismus; Demokratie-, Governance- und Machttheorien; Wissenschafts-, Technik- und Risikoforschung; Biopolitik und Bioethik; Stammzellforschung; kommunikative Politikverfahren. Neuere Publikationen: Ordnungsbildung und Entgrenzung – Demokratie im Wandel, Wiesbaden, Springer VS, 2015 (Hrsg.); Die andere Seite der Politik. Theorien kultureller Konstruktion des Politischen, Wiesbaden, Springer VS, 2016 (Hrsg. gem. mit Wilhelm Hofmann).

Prof. Dr. *Ulrich Willems*, Lehrstuhl für Politische Theorie mit dem Schwerpunkt Politik und Religion an der Westfälischen Wilhelms-Universität Münster. Forschungsschwerpunkte: moderne politische Theorie, Verfassung pluraler Gesellschaften, Politik und Religion, Politik und Moral, Wertkonflikte, Biopolitik, Interessenvermittlung. Neuere Publikationen: Politik und Kontingenz, Wiesbaden: Springer VS, 2012 (Hrsg. gem. mit Katrin Toens); Moderne und Religion. Kontroversen um Modernität und Säkularisierung, Bielefeld: Transkript, 2013 (Hrsg. gem. mit Detlef Pollack, Helene Basu, Thomas Gutmann und Ulrike Spohn); Wertkonflikte als Herausforderung der Demokratie, Springer VS: Wiesbaden, 2016; Ordnungen religiöser Pluralität. Wirklichkeit – Wahrnehmung – Gestaltung, (Hrsg. gem. mit Astrid Reuter und Daniel Gerster), Frankfurt/New York: Campus, 2016 (i. E.).

Sachverzeichnis